立德树人：
中国优秀传统文化与高校德育教育研究

朱维全　王志雄　著

九州出版社
JIUZHOUPRESS

图书在版编目（CIP）数据

立德树人 : 中国优秀传统文化与高校德育教育研究 /
朱维全 , 王志雄著 . -- 北京 : 九州出版社 , 2023.10
ISBN 978-7-5225-2480-1

Ⅰ . ①立… Ⅱ . ①朱… ②王… Ⅲ . ①中华文化—关
系—高等学校—德育工作—研究—中国 Ⅳ . ① K203
② G641

中国国家版本馆 CIP 数据核字（2023）第 207272 号

立德树人：中国优秀传统文化与高校德育教育研究

作　　者　朱维全　王志雄　著

责任编辑　周　昕

出版发行　九州出版社

地　　址　北京市西城区阜外大街甲 35 号（100037）

发行电话　（010）68992190/3/5/6

网　　址　www.jiuzhoupress.com

印　　刷　北京亚吉飞数码科技有限公司

开　　本　710 毫米 ×1000 毫米　16 开

印　　张　13

字　　数　245 千字

版　　次　2024 年 4 月第 1 版

印　　次　2024 年 4 月第 1 次印刷

书　　号　ISBN 978-7-5225-2480-1

定　　价　82.00 元

前　言

育人为本，德育为先。大学生是我国社会主义现代化事业的建设者和接班人，也是实现中华民族伟大复兴中国梦的参与者与构筑者，他们的思想道德状况不仅会影响我国社会主义和谐社会的构建，而且会对我国未来的政治发展与走向产生重大影响。高校作为哲学社会科学研究创新的重要平台，理应担负起推动哲学社会科学大发展大繁荣的重任。而大学生德育培育作为高校培养高素质人才的重要环节，更应该予以重视。因此，新时代如何进一步增强我国大学生德育的实效性，就成为当下摆在我们面前的一项重大而又十分紧迫的战略任务。

中华优秀传统文化是中华文明的智慧结晶和精华所在，是中华民族的根和魂，是我们在世界文化激荡中站稳脚跟的根基。当前，随着世界经济的飞速发展以及国际国内形势的不断变化，传统文化与现代文化、东方文化与西方文化、主流文化与非主流文化等多元文化的冲击日益加剧，这些对高校大学生的思想意识、价值取向及生活方式都有着较大的影响，随之而来的就是大学德育的失效性不断显现。面对这样的情况，高校德育工作者应该在马克思主义理论的指导下，坚持研究、鉴别多元文化在碰撞、交流中所产生的影响，并进行仔细分析，制定对策，为大学生德育工作营造良好的环境，切实提高其实效性。

在本书写作过程中，我们坚持将中国传统文化与高校德育教育相结合、理论与实际相结合的原则，注重学术价值和应用价值，尤其突出应用价值。本书逻辑清晰，内容翔实，结构合理，共分为六章。第一章《中国传统文化与高校德育教育》，主要介绍中国传统文化的内涵、德育教育的基本概念以及中国传统文化与高校德育教育的融合；第二章《中国传统思想文化与高校德育教育研究》，着重分析了儒家思想文化、道家思想文化、墨家思想文化、法家思想文化、中国传统哲学思想与高校德育教育研究；第三章《中国传统礼仪风俗文化与高校德育教育研究》，内容包括中国传统礼仪文化、传统饮食文化、传统服饰文化、传统节日习俗文化与高校德育教育研究；第四章《中国传统艺术文化与高校德育教育研究》，主要介绍中国传统音乐艺术、传统绘画艺术、传统戏曲艺术、传统书法艺术与高校德育教育研究；第五章《中国传统文学文化与高校德育教育研究》，着重阐述了中国传统文学的发展、中国传统文学的地位与文化特征、中国传统文学的基本特色、中国传统文学与高校德育教育研究；第六章《中国传统科学技术与高校德育教育研究》，主要介绍中国传统科学技术的发展历程、中国传统科学技术与高校德育教育研究。

本书在撰写过程中，借鉴了许多专家、学者的研究成果和观点，在此表示诚挚的谢意。另外，由于时间和精力有限，书中难免有不妥之处，敬请读者谅解并指正。

目　录

第一章　中国传统文化与高校德育教育

中华优秀传统文化是中华民族最深层的精神追求，是中华民族不断壮大的深厚基础。大学生肩负着祖国的未来，不但需要科学知识的储备，还需要健全的德育，二者相互支撑，不可或缺。将中华优秀传统文化渗透到大学生的德育中去，一方面可以传播中华优秀传统文化，增加大学生对我国传统文化的认同感；另一方面也可以通过文化的力量搭建大学生德育的平台，拓宽培育的渠道。

第一节　中国传统文化的内涵

一、文化的功能

（一）意识形态功能

文化作为上层建筑的观念形态是由经济基础决定的，因而文化的内容由特定经济关系决定，而利益关系和阶级关系为经济关系的核心。在特定社会条件下，人作为文化主体总是处在一定的意识形态中，人们进行创作、想象离不开特定的社会背景，人们的思维方式也会受到意识形态的制约与影响。文化生产也不是自由创造，客观上会受到一定阶级、集团利益的约束。哲学、法律、道德、政治是文化的组成部分，都是带有意识形态的文化生产，即便是最具审美特征的文学艺术同样也是如此。意识形态是一种较高层次的特殊文化，是一种带着强烈的社会意识、阶级意识的观念系统。在阶级利益支配之下，每种文化形态会对与己异性质对立的经济、政治现实进行批判，对与己同性质的经济、政治现实进行维护。随着历史的前进，统治阶级将走向灭亡，文化具有的意识形态功能也会消失而成为文化遗产或传统。

（二）教化功能

文化的教化功能就是通过文化手段、文化形式教育和改造，使人适应社会发展的需要。人在不同阶段、不同环境中创造出文化，经过世世代代积累，成为人们生活于其中的具体的、历史的文化环境。人与动物不同，人既能创造文化，又能理解、接受文化。一个人来到世上即处在先人创造的文化氛围中，在成长中，不断学习、领悟规则、习惯、禁忌、风俗等，不断获取文化，并将文化转为人内在需要的教化，从自然人转变为社会人。成为什么样的人，判别、区分出什么是真善美，都是在社会环境中日渐形成的，是社会化作用的结果。社会环境包括文化环境，人的个性、气质、行为的形成以及人的社会性，主要通过文化环境的教化逐渐形成。

（三）调节功能

人类社会生活中，不可避免地存在着人与人、人与自然、人与社会之间的矛盾，并且存在着自身情感与理智之间的矛盾，文化在调节种种矛盾方面发挥着重要的作用。人类社会进入阶级社会后将一直存在社会、集体、个人三者之间的矛盾。在阶级对立的社会中，统治阶级既要调节自身内部的矛盾，又要调节与被统治阶级之间的矛盾，除了用法律武器调节外，文化中的道德、理想也起着很大的作用。一个阶级处于统治上升期时，总是强化社会理想的功能，鼓励全体社会成员为共同目标努力奋斗，这时社会理想发挥自身作用，有力地调节着各个阶级间的冲突和矛盾。道德规范在调节个人与集体、个人与他人利益矛盾中也发挥着重要作用。另外，文化在调节人们精神状态、生活状态上也是非常关键的。

（四）娱乐休闲功能

人们在生活中为了更好地娱乐、休息而产生了文化的娱乐休闲功能。娱乐休闲一般指消除体力疲劳、恢复生理平衡和获取精神的慰藉。娱乐休闲是人在社会必要劳动时间之后的生命状态和精神状态，它在人类社会进程中发挥着重要作用。历史阶段不同，人们的劳动生产方式不同，感到的疲劳和压力就会不同，所采取的娱乐方式方法也会不同。现代化生产给人们最大的感受是精神上的疲劳，人们在工作、劳动之余，到文化宫、音乐厅、图书馆等场所得到文化的熏陶、精神的娱乐和休息，可以消除疲劳，为再生产积蓄能量。传统年代向工业、后工业时代转变过程中以及在将来无论处在什么时代，人们都必然需要娱乐休闲。可见，文化的娱乐休闲功能对人的生活与发展具有重要意义。

二、中国传统文化

中国传统文化是根植于中国疆域以中华民族为创造主体的、具有鲜明特色和稳定结构的、世代传承并影响整个社会历史的宏大文化体系。我们将着重于以下方面的相关论述。

第一，本土性。中国传统文化历来重视的是"中国""民族"，而非"他国"

和"其他民族"。它是中国人在一定的历史时期，在一定的地域空间，在一定的政治、经济和风俗习惯下创造出来的文化成果。它的创造主体是中华民族，是中华民族在特殊的自然环境、经济模式、政治结构、意识形态等因素的影响下，形成的文化习惯和文化积淀。

第二，历史性。传统文化是相对于当代文化来说的，传统既代表了过去，也代表了历史。社会在不断前进，历史在不断发展。但是，它并不只存在于过去和历史之中，还会有后世的人对其进行继承、发扬、创新。以史为鉴，传承文明，是当代的宝贵财富，也是文化发展的历史趋势。对中国传统文化来说，它不仅是中华民族上下五千年来创造出的辉煌文化，也是一笔宝贵的历史和文化财富。中国传统文化不仅是一个国家的根源、一个国家的象征，更是国家的自豪，而中国传统文化就像牛顿所说的"巨人的肩膀"，我们要想看到更远的地方，做更多的事情，就需要借用这个巨人的肩膀来拓宽我们的视野。

第三，传承性。中国传统文化是一个由中国人世世代代传承下来的文化结晶。所谓"历代"，就是从有文字以来，一直到现代，这些历史上形成的文化并没有被消灭，而是可以被一代代传承下去，所以中国传统文化就是中国历史上形成的道德伦理、制度和民族习俗等优秀文化的结晶。

第二节　德育教育概述

一、中华传统文化中的道德思想

2013年，习近平总书记在山东孔府和孔子研究院参观考察时强调"中华民族伟大复兴需要以中华文化发展繁荣为条件。对历史文化特别是先贤传承下来的道德规范，要坚持古为今用……有扬弃地予以继承。"①在同年的中共中央政治局第十二次和次年第十三次集体学习讲话中强调要"引导人们向往和追求讲道德、尊道德、守道德的生活"，让每个公民都成为传播中华传统文化和美德的主体之一，并强调"培育和弘扬社会主义核心价值观必须立足中华优秀传统文化"②。

这些都表明了从中华优秀传统文化中挖掘道德教育资源是我国教育者需要把握的重点。在我国传统文化中，道德作为一种崇高的人格境界和精神支柱，其有着至高无上的地位与价值，儒家学派创始人孔子认为道德是社会生活中最为重要的一环。孔子个人十分重视道德修养，在其进行教学过程中也极为重视道德教育的推广，儒家的"慎独"思想就是提升道德修养的重要思想源泉。"慎独"作为古代儒者的修德之方，强调的是一个人在独处的时候，也要谨慎对待自己的言行，始终能保持在"人前"的道德礼仪规范，其本质是强调个体内在的理性自觉，追求自律。"慎独"的内涵包括慎省、慎辨、慎欲、慎言、慎微。慎省，就是指认真自省，对自己的言行进行检查，对自身的缺点进行反省。孔子的"见贤思齐焉，见不贤而己内省也"、曾子的"吾日三省吾身"等都是要求人们自我反省、约束自己的言行，自觉反思检验自己思想言行中的不足之处。慎辨，指的是当一个人处于周围无人的状态时，依然能够根据自己的处事思维对事物进行分辨。明清时期思想家王夫之在其《论语季氏篇》中对慎辨思想进行了重点阐释，认为人们想要获得收获，必须谨慎思考，认真辨析所做之事，方可行动。慎欲，就是指人们要正视欲望，并且尽力战胜欲望，不被欲望所左右。"欲虽不可尽，可以近尽也；欲虽不可去，求可节也。"荀子的这句名言则对欲望本身进行了深刻剖析，认为人的欲望虽然不可能排除干净，但是可以无限趋近于无，而且前进的动力会随着欲望的消退而逐渐枯竭，人应该寻求办法对欲望加以节制。慎言，就是指人们要谨慎言语，即使在独处的时候也要注意自己的言论与说话方式。中国最早的典籍《诗经·大雅·抑》中提到我们说话时应该谨慎并深思熟虑。孔子以"君子欲讷于言而敏于行"作为有德之士的重要标志，在这里讷言的

① 人民网.习近平：汇聚起全面深化改革的强大正能量[EB/OL].2013-11-28.http://politics.people.com.cn/n/2013/1128/c1024-23688474.html.
② 人民网."习近平谈核心价值观"——民族的根与魂[EB/OL].2014-07-31.http://jhsjk.people.cn/article/25373960.

意思是要说话谨慎。慎微，是指从行为的细微之处严格要求自己。朱熹在《中庸章句集注》中提到"隐，暗处也。微，细事也。独者，人所不知而己所独知之地也。"强调君子越是在隐秘细微之处越是要防微杜渐、谨小慎微。"慎独"思想充分体现了儒家传统文化中对于个人道德自律意识培养的重视。道家学派的开创者老子对先贤的思想进行了归纳总结，并提出了以"道"为核心的价值体系。我国传统道德观念"勤俭朴素""谦让不争""淡泊名利"等都与道家有关。道家与儒家所宣扬的道德观念有所不同。在《庄子》中，有不少否定和批判儒家的"仁""义""礼"的内容，道家认为"道德"是"天德"，是自然的"道德"，并且道家并没有像儒家那样做出任何具体的规范和约束。庄子的道德知识体系中将"大道"排在最高位，然后是"德"，"是非""赏罚"则排在末尾，他认为，道德是建立在"道"这一顶层观念的基础上，而不是建立在"道德是非"的内容上；道德行为是由自然的"道德"支配，而不是取决于道德的"是非"或"赏罚"；自身对于道德是非内容的认可程度和畏惧惩罚的恐惧并不起着决定作用，而自身"道德"才是决定一切的力量。也就是说，道德是非知识并不是道德基础和必要前提。所以，庄子认为，"道固不小行，德固不小识。小识伤德，小行伤道。"（《庄子·外篇·缮性》）

道德受到来自底层观念的影响很小，且道德水平与底层知识掌握程度呈负相关，底层知识掌握得越多，道德水平可能越低，因为大多数时候，我们会按照自己对于是非观念和价值观的理解去判定世上其他人存在的价值或某件事情的性质，与自己认同的价值观相同的为"是"，反之，与自己所认可的观念相反即为"非"，至此产生许多道德是非问题。所以，庄子强调个人的主体性和个体性，在道德教育实施过程中，关注个体本身，通过调节个体本性、减少物欲，得到个体内心的自由。

综上所述，中华传统文化中的道德思想具有较强现实意义与实践价值，在进行道德教育时公民可从慎省、慎微、慎欲、慎言、慎辨五个方面领会并践行儒家"慎独"思想的核心精神。并且，道德教育时应以人为本，合乎人性，避免道德教育异化，走向扭曲人性的道路。只要我们上下一心，不断追求"美好崇高的道德境界"，我们的国家、民族就永远充满希望。儒家"慎独"思想作为我国优秀的道德教育思想之一，通过加强大学生道德自律来改善当前道德失范现状，提升自身道德素养的实践既是道德教育的目的，也是道德教育的方法。

二、新中国成立以来的道德教育思想

道德教育是把一定的道德意识转化为人的道德品质的关键教育活动，是有目的地对受教育者进行道德影响的实践活动，是通过教育引导公民将社会道德吸收内化为个人道德的途径，也是个体完善自我修养的重要方法，在德育过程中，"教育—引导—内化"三个阶段缺一不可，道德教育是中国共产党以德治国的重要方法。马克思主义中国化的道德教育思想，就是汲取马克思主义关于道德方面的思想理论，将其应用于我国的道德教育当中去，其间要不断发展道德教育思想，使其符合我国不同社会阶段的国情。新中国成立以来各个时期的党和国家的领导人高瞻远瞩地预见了青年道德教育的重要性，并进一步制定了战略部署，为我国道德建设指明了方向，也为道德教育的开展打下了坚实的理论基础。

第三节　中国传统文化与高校德育教育的融合

一、中华优秀传统文化在大学生德育中的缺失

（一）中华优秀传统文化在大学生德育中缺失的表现

1.缺乏对传统文化与德育关系的正确认识

（1）缺乏对文化教育的重视

长期以来，我国高校德育始终存在结构偏失的问题，从课程内容建构上来看，主要是以政治理论为主要内容，严重缺乏文化内容，尤其是缺乏中国传统文化相关教育内容，这种只重视政治教育忽略文化教育的德育无法充分发挥作用，获得的教育效果也无法持久。近年来，我国高校开始重视优秀传统文化教育，高校德育发生了一定变化，但是从整体上看仍然是重政治而轻文化。在这样的背景下，随着市场经济发展和改革开放程度加深，西方文化思潮通过各种渠道

涌入我国，对我国高校德育产生了一定影响。一方面，这种文化流动可以帮助大学生提升更广阔的学术视野，使他们可以直接对比中西文化，从而吸收其中精华的部分；另一方面，西方文化对大学生的政治态度、价值观念和道德意识等造成了一定影响，使大学生在一定程度上对主流思想文化持冷漠态度，甚至排斥接受德育。

（2）缺乏对思想教育的重视

市场经济的发展带来了激烈的市场竞争，在这样的环境下，高校教育产生了功利性倾向，在课程设置方面将专业技能培养作为重点，忽略了大学生的文化素养培养，也就导致很少有涉及中国传统文化的教育内容。一些高校虽然开设了《大学语文》《中国传统文化概论》等选修课，却没有真正将优秀传统文化教育作为一项重要教育内容，没有意识到这项教育的重要性。中华优秀传统文化教育的效果并不会在短时间内显现出来，使得高校不重视传统文化教育，在教育制度和课程设置方面均不重视传统文化教育，这就导致和传统文化密切相关的道德观、价值观等的教育都受到了极大的冲击和挑战，高校德育也就出现了重智不重德、重技能轻思想等问题，导致当前很多高校都缺乏人文思想和人文精神。

2.缺乏对中国传统文化的正确认识

（1）缺乏对中国传统文化价值的深刻认知

当前我国很大一部分民众对中国传统文化缺乏正确的认识或是认识得不够深刻，在西方文化的冲击下，很多人开始对中国传统文化失去信心，而在这种冲击下只有少数思想家和学者仍然坚持研究和传承发展中国传统文化。中华人民共和国成立后，各种国内外因素制约了传统文化的发展，这就使得传统文化在我国进一步丧失了民众基础。当时间推移至20世纪90年代，外国学者对中国传统文化的兴趣甚至超过了中国人，传统文化在中国被人们漠视，那些传统典籍也几乎无人问津，反而是日本、韩国等亚洲国家和一些西方国家开始深入研究中国传统文化，在这样的背景下，中国人逐渐意识到传统文化的重要性，逐渐重视传统文化的研究，积极挖掘和探索传统文化，推动优秀传统文化在中国的发展。

当前，很多青年男女一味地追求物质，在精神建设方面出现滑坡，他们的成长和发展与中华优秀传统文化渐行渐远，相较于中国传统文化，西方文化更吸引他们，对他们的影响更大。但他们仅是通过商业化、炒作等看到了西方文化的表象，实际上并不了解西方文化的本质与内涵。同时，人们一味地追求西方文化，却忽略了中华优秀传统文化的价值，没有意识到中华优秀传统文化对自身成长和发展的重要意义。当代大学生不重视中华优秀传统文化的潜在价值，在"西化"背景下，他们的价值取向趋于单一化，过于功利成为当代大学生的一个显著特征，在精神领域的追求十分匮乏，并未将伟大的历史人物作为偶像，而是将那些影视明星、富豪当作自己向往的对象；他们不再将科学家、教师、医生等职业作为自己的追求，而是认为什么职业能获得更多金钱和权利才是他们的理想职业。这些问题并不是单纯地反映社会事实，更重要的是体现了中国文化的发展趋势，这种发展趋势已经严重偏离了中国特色社会主义文化建设提出的要求。从传统文化的角度来看，中国传统文化是中华民族的灵魂，是中华民族的民族象征，是促使中华儿女可以在磨难中坚韧不屈的精神力量。对于中国特色社会主义建设而言，中华民族传统文化的巨大凝聚力可以发挥重要作用，同时这也是推进我国社会主义现代化建设的重要精神力量。

（2）缺乏对中华民族传统美德的继承和发展

在中华民族的历史发展中出现了很多传统文化，中华民族传统美德则是这些传统文化中的精华部分，是中华民族的宝贵历史遗产和财富，但是就我国大学生当前的思想道德品质而言，仍然有很多人不具备这些优秀品德，其言行与身份严重不符。

虽然这只反映了大学生个人素质的一个组成部分，但是当代大学生的确存在缺乏集体主义精神、公德意识、诚信意识等问题，这是一个普遍现象。一些大学生过于强调个人，以自我为中心，将社会和集体的利益放在个人利益之后；无法客观认识和处理物质和精神关系，只顾眼前利益而忽视远大理想，在市场经济高速发展的今天，很多大学生的人生目标就是获得金钱和权力，重物质而轻精神，缺乏社会责任感，甚至陷入极端个人主义的泥潭；无法正确看待和处理索取与奉献的关系，只会一味地索取却不奉献，没有形成正确的贡献和索取观念。一些大学生的价值观出现扭曲现象，这主要表现为急功近利、敬业意识薄弱、理想追求功利化等。

一些大学生思想消极，不愿意为了集体奉献，没有将个人利益和集体利益结合在一起，缺乏对事业的献身精神。还有一些大学生缺乏诚信意识，没有意识到诚信的重要性，如一些大学生考试作弊、抄袭论文等，甚至会谎报特困生申请补助、拖欠银行助学贷款不归还等。而其中最严重的问题在于，很多大学生并没有意识到这些问题会对其个人发展产生消极影响，认为这些思想观念和行为方式都在正常范畴内，意识不到这些现象严重阻碍了他们的健康成长。

（3）缺乏对中华传统文化内涵的深刻理解

当前对大学生进行优秀传统文化教育的力度较小，这对中华传统文化的继承与发展造成了不利影响。还有人对大学生掌握传统文化的状况进行了调查，让大学生选择一个除了春节以外最重要的节日，大部分大学生都选择了情人节、圣诞节等西方节日，但是选择中秋节、端午节等中国传统节日的人比较少，从这项调查也可以看出我国传统文化教育的缺失。同时，随着经济全球化推进和改革开放程度不断加深，各国各民族的文化进入我国社会，这些"洋文化"在大学生中受到了极大欢迎，而这又进一步淡化了他们对中华优秀传统文化的关注。例如，当代大学生对圣诞节、情人节等西方节日的认识超过中国传统节日，在餐饮、娱乐等方面也逐渐"洋化"，一味地崇拜西方文化，却忽视了中国传统文化。

当前，我国很多大学生甚至不了解中国历史上的代表人物和重大事件，很少有大学生看"四书五经""经史子集"等书籍。此外，随着就业压力的不断加大，大学生更注重个人专业能力的培养，注重专业知识和技能的学习，却忽略了培养自身的人文素质，没有意识到人文素质对于自身成长和发展的重要意义。

在对一些企业进行调查后发现，他们反映当前我国大学生在工作中表现出很强的专业能力，在计算机和数学应用能力、外语能力等方面都比较出色，却严重缺乏社会责任感和工作责任心。因此，在提高大学生的专业能力的同时应该加强人文素质培养，这就要求我们加强德育，并将传统文化有机融入其中，以此有效地提升大学生的综合素养，实现个人的全面成长和发展。

（二）中华优秀传统文化在大学生德育中缺失的原因

1.传统文化与现代文化之间存在冲突

（1）不良文化与优秀传统文化的冲突

当前，"黄色""灰色""黑色"不良文化已经成为荼毒青少年的"三色污染"，对青少年的身心健康造成了严重损害。其中，"黄色"不良文化是指文化市场上那些低级、庸俗的产品，这些产品可以满足青少年感官刺激的需求，但是会对他们的身心健康造成危害；"灰色"不良文化是指那些社会腐败风气以及一些社会的潜规则，在潜移默化中侵害青少年的思想意识；"黑色"不良文化主要是指黑社会的"哥们儿义气"等文化，是提倡无视道德和法律，有福同享、有难同当的浅薄风气。随着电视、电影、网络媒体等行业的发展，经常会出现美化暴力、赌博等不良文化的情况，而大学生正处于逐渐走向成熟的阶段，对外界的抵御能力较弱，这就导致他们很可能受这些风气的侵蚀，从而影响他们树立正确的世界观、人生观、价值观，阻碍他们的健康成长。

当前，由于我国存在一定的制度缺陷，导致我国教育发展没有良好的制度环境，阻碍了我国教育的发展。在缺乏良好制度环境的背景下，我国教育过于功利化、短期化，这十分不利于我们在大学生中开展中华优秀传统文化教育。此外，随着信息时代的到来，各种外来文化可以通过网络进入我国，对大学生产生影响，西方资本主义宣扬的自由主义、享乐主义、个人主义等严重影响了我国大学生的价值观塑造，同时社会中还存在一些贪污腐败等道德失范行为，这些都对大学生的成长和发展造成了消极影响，严重阻碍他们形成正确的世界观、人生观和价值观。在大学生的成长过程中已经初步形成了良好的道德品质和健康的兴趣爱好，但是在社会不良文化的长期影响下，这些已经形成的良好品德会受到侵蚀，价值取向也会出现错位。尤其是微博、微信、论坛平台等新媒体平台的快速发展，为不良文化的传播提供了新平台，在我国当前网络监管仍存在问题的背景下，大学生在利用网络平台时会接收一些不良文化，从而对他们的精神生活造成严重的负面影响。

（2）西方文化与优秀传统文化的冲突

随着全球化进程的推进，人们的思想观念和行为方式发生了巨大变化。在复杂多变的国内外形势下，大学生身边充斥着各种思想观念、价值取向和生活方式，其中不乏一些腐朽落后、不积极、不健康的内容，这些内容对大学生的健康成长产生了消极影响。20世纪90年代以来，西方强国为了在多元世界格局中稳固自身的地位，利用自身在经济、文化、军事等方面的力量优势，大力推行"文化霸权主义"，试图在世界范围内利用资本主义价值观念、生活方式、社会制度的方法稳固自身地位，从而获取更多利益。例如，西方资本主义国家会利用商品消费作为载体进行文化渗透，试图通过这种方式让其他国家的人民接受、认同资本主义文化，潜移默化地影响人们的思想观念和行为方式。

优秀传统文化融入大学生德育，不仅会受到以上不良文化的影响，在教育教学实践中也会出现各种问题。例如，中华优秀传统文化教育的内容缺乏系统性、整体性，存在重视知识灌输、轻视精神内涵阐释的情况，缺乏完善的课程体系和教材体系，未从整体上提高教师队伍的综合素质水平，没有形成全社会共同参与的教育合力等。而要想切实有效地解决这些问题，就必须进一步完善对大学生输入中华优秀传统文化的教育。

2.融入工作的体系化水平有待提高

当前我国很多高校已经在德育的过程中加强优秀传统文化的内容建设，但是在具体教学实践中存在一个显著问题——没有将中国优秀传统文化教育联系大学生的生活实际，这就导致无法在大学生的日常实践中提升他们的基本素养。当前优秀传统文化融入德育存在方法和途径的错误，导致优秀传统文化和大学生生活实际的分离，也就严重影响了优秀传统文化的融入效果。也就是说，就当前的大学生德育来说，优秀传统文化只是其中的一项内容，并没有真正融入大学生的日常生活。

第一，当前的优秀传统文化教育重视课堂教育，却忽略课堂以外的教育途径。也就是说，当前的大学生优秀传统文化教育重视在课堂上传授各种理论知识，但是很少有课堂教育以外的途径发挥作用，这就导致了优秀传统文化驾驭与大学生生活实际的分离，形成了"课上"教育与"课下"教育分离的现象，这种单一教育模式很难对大学生产生持续影响。实际上，应该加强优秀传统文化的"课下"教育，在大学生的生活中融入教育内容，实现潜移默化的文化熏陶，从而有效提升融入教育的实效性。

第二，重视理论教育而忽视实践教育。当前很多德育者仍然单纯地依靠理论教育，没有意识到实践教育的重要性，这就导致教育缺乏层次性，严重影响了优秀传统文化融入大学生德育的效果，无法发挥实践育人的重要作用。这就要求德育者应该在实践中让大学生意识到优秀传统文化的重要作用，引导他们在实践中运用相关知识解决实际问题，以此实现德育的入脑入心。

3."说教式"教育方式无法使优秀传统文化教育取得良好效果

中华优秀传统文化随着我国历史发展而产生和不断演变，在现代社会传承和发展优秀历史文化一定要结合当前的历史背景和社会环境，并根据这些条件选择恰当的教育方式，只有这样才能充分发挥优秀传统文化的教育功能。

二、中华优秀传统文化与高校德育教育融合的必要性

（一）德育自身发展的内在要求

我们开展德育必须充分汲取中华优秀传统文化的营养，要尊重中国传统文化、行为方式、思维习惯等，并且基于中国发展实际和人民需求创造性地继承和发展具有鲜明民族特色的中国传统文化。这是实现马克思主义中国化的重要基础，只有这样才能推动我国德育事业在马克思主义理论的指导下不断前进，才能充分发挥德育的作用以推动社会发展。我们党通过历史实践总结出，必须将德育当作一项长期持续的事业并加以重视，我们开展德育教育从根本上是为了提高受教育者的思想道德素质，促进人的全面自由发展，并以此为基础为中国特色社会主义建设提供重要力量，从而最终实现建设共产主义的目标。促进人的全面自由发展包含了很多内容，其中就包括提高人们的文化素养，因此开展德育工作必须将文化当作一个重要方面。从我国德育的发展现状可以看出，政治性一直是我国德育的重点，文化性在一定程度上被忽略，这也是造成德育资源过于单一、教育形式过于呆板的主要原因，即在我国德育发展中忽略了文化要素的丰富性与提升性。由于我国当前的德育存在文化性缺失，导致教育资源日益减少，同时还在一定程度上削减了德育的育人功能，这些因素均对我国德育的健康发展形成了阻碍。中国传统文化是一种崇德型文化，这就使其在继承和发展的过程中逐渐形成了"文化化人"和"文化育德"的优良传统，这也是中国传统文化可以成为德育资源的原因。

可以看出，随着文化在国家和社会发展中重要性的不断提升，增强德育的文化性成为必然趋势，这就要求我国德育工作必须与中华优秀传统文化有机融合，在充分结合中国发展实际的基础上继承和发展中华优秀传统文化。

（二）拓宽德育渠道的要求

将传统文化融入德育中，不仅补充和丰富了原有的教育内容，同时还在一定程度上拓展了德育的渠道。中国传统文化重视人格修养，强调律己修身。在大学生中开展修身教育，可以有效调动他们自我教育的积极性，实现德育从全靠外部力量向内外力量同时发挥作用转变，通过这种方式提升德育的实效性。

1.省察克治

这里所说的"省察"主要是指自我检查、自我反省，通过"省察"可以使人们及时发现自身行为和思想中的不足之处和不良倾向，在此基础上可以做出及时调整和改正；这里所说的"克治"主要是指自我纠正，这是在"省察"基础上实现的自我完善，通过自我检查及时调整思想和行为中的不足之处和不良倾向。省察克治来源于孔子思想，由王阳明正式提出并阐明。具体来说，省察克治可以从以下两方面进行阐释。

（1）自省。"自省"在大学生德育中十分重要，要求大学生要经常在内心反省自己的言行，扫除邪恶的东西，保留善的东西。

（2）内察。人们在发现错误后应该及时改正错误，而改正错误的关键就是要有勇气，应该用端正的态度对待错误。子曰："过则勿惮改。"这就是说人们犯错后不应该害怕改正，要求人们正视错误，用端正的态度及时改正错误。"人非圣贤，孰能无过？过而能改，善莫大焉。"人无完人，每个人都会犯错，但是不用正确的态度看待错误，坚决不改正错误那就会成为真正的错误了。"过而不改，是谓过矣！"孔子曾经称赞颜回"不贰过"，实际上就是说颜回勇于直面错误并及时改正，这样才能从错误中吸取经验教训，做到不犯同样的错误，正视错误、及时改正是提高自我的重要途径。可以看到，用端正的态度看待和改正错误是一种重要的学习方式，以此可以有效提高自身的道德修养。

同时，我们可以从一个人对待自己错误的态度判断这个人的品行。具有优秀品质的人会用端正的态度看待自己的错误，并及时予以改正；品行差的人则会一味逃避、不承认自己的错误，还会有人坚持不改正自己的错误。子贡曰："君子之过也，如日月之食焉；过也，人皆见之；更也，人皆仰之。"子夏曰："小人之过也必文。"子贡和子夏所说的就是通过人们对待错误的方式评判一个人的个人品质。

2.慎独

随着社会主义市场经济发展，很多大学生在激烈的市场竞争下将提高专业知识和技能作为最重要的事情，却忽略了自身道德品质的培养，这种过分强调功利的态度和做法十分不利于他们的健康成长。这就要求大学生从隐蔽处、细微处入手，培养自身的道德修养，严于律己，树立正确的价值观，用客观的态度认识和判断是非、善恶、美丑，塑造符合社会要求的完美人格。

从以上分析可以看出，我国古代有很多德育途径，所以将传统文化融入当代德育可以有效拓宽教育渠道，提供更丰富的教育方式。我国古代先贤有过很多关于道德修养的论述，仅儒家在道德修养方面就有十分丰富的论述。文化发展具有历史继承性，在新环境、新形势下，我们需要在符合当前社会要求的基础上合理地取舍和改造传统文化修养的方法，要将马克思主义作为理论指导，将优秀传统文化与当前社会的道德要求有机结合在一起，通过这种方式有效丰富大学生德育的途径和方法。

（三）在大学生中开展中国梦教育的要求

中国梦是国家的梦，是民族的梦，是人民的梦，它集中体现了近代以来中国人民的理想和夙愿。

首先，中华民族伟大复兴拥有坚实的大众心理基础和基本精神动力，也就是中华民族文化为中华儿女带来了强烈的民族自豪感和文化自豪感。

其次，中国梦和中华优秀传统文化均包含了强烈的爱国主义精神。从中国的历史发展来看，中华民族发展历程中留下了很多壮怀激烈、感人至深的爱国事迹和诗篇。中华优秀传统文化中包含了舍生取义、精忠报国等爱国主义精神信念。

最后，中国梦涉及的很多要素都带有浓厚的中华优秀传统文化气息，中华优秀传统文化的精神气质在中国梦的各个方面都有所体现。中国梦要求人们要有自强不息的拼搏精神，要求社会要实现公平正义，强调个人理想、前途与民族理想、前途的有机统一，强调国家和社会要实现和平发展、追求合作共赢，而这些精神理念同时也是中华优秀传统文化的重要内容，中华优秀传统文化可以为中国梦的内涵提供重要的内在依据和有力支撑。

可以看出，中国梦在一定意义上继承和发展了中华优秀传统文化，浓缩了中华民族五千多年的优秀文化基因。因此，要想实现中国梦就必须将中华优秀传统文化资源作为重要内涵，加强中华优秀传统文化和社会主义先进文化的有机融合、共同发展，在中国特色社会主义伟大事业的建设中充分发挥中华优秀传统文化的作用，使之成为重要的力量源泉，并将优秀传统文化作为实现中国梦的重要根基。

（四）在大学生中培育和践行社会主义核心价值观的要求

社会主义核心价值观的发展和完善离不开中华优秀传统文化发挥作用，社会主义核心价值观是在充分结合现代社会实际发展的基础上对中华优秀传统文化的继承和发展，二者具有内在统一性，只有加强社会主义核心价值观培育，促进中华优秀传统文化弘扬和发展，才能为国家和民族的发展提供重要的精神力量，才能推动中国特色社会主义事业的兴旺发达。

中华民族一直重视"民本"，在我国历史文化长河中，"民本"始终是人们对文化思考的重要方面。人民是一个国家的根本和基础，只有为人民提供良好的生活条件，保障他们的生活富足安康，才能实现国家的安定团结、和谐稳定。而这与社会主义核心价值观所倡导的"富强"和"民主"契合，都是从人民的利益出发，为人民创造良好的生活条件，只有关注民生问题，为人民解决生存和发展的问题，才能实现国家富强，可以说，社会主义核心价值观提倡的"富强""民生"是对中国传统民本思想在现代社会的升华和发展。中华传统文化中蕴含着"天人合一""和而不同"等思想："天人合一"是指人们在从事各种社会活动时应该遵循自然规律，应该维护人与自然的和谐共处，构建人类社会和自然环境的和谐关系；"和而不同"是指人们在人际交往的过程中应该坚持自己的立场，同时建立和谐友善的人际关系。也就是说，在与自然相处的时候应该做到敬畏自然、尊重自然，在与他人相处的过程中应该做到求同存异，与他人建立自由、民主、平等的人际交往关系，从而实现人与自然、人与人的和谐、可持续发展。而这实际上就是社会主义核心价值观中"和谐"思想的体现。

二、中华优秀传统文化融入高校德育教育的内容与路径

（一）中华优秀传统文化融入高校德育教育的内容

1.中华优秀传统思想文化内容

（1）儒家思想文化的德育价值

在中华五千年的文化史中，儒家思想一直占据统治地位，对国人的生活、思想、文化影响深远。儒家思想中的道德教育历来是学者研究的重点，其内容中包含丰富的德育资源，具体来说，儒家思想文化对当代道德教育的启示。

①强调德育，重视"教化"的作用。儒家文化非常重视教化，相信每个人都可以成为圣人，同时也承认世界上没有天生的圣人，圣人是后天实践的结果。后

天的训练一方面取决于自我修养，另一方面取决于教育。二者相互合作，缺一不可。重视教化是儒家的优良传统，这给我们带来了启示，即我们应该高度重视道德教育的作用，把道德教育作为治理国家的重要手段，利用道德的内在约束力来协调和规范社会，促进社会主义道德建设的发展和进步。

在现代社会中，维护社会稳定的基本手段有两种：一种是靠法律刑罚强制的行政手段，另一种是以教育为手段的道德教育。对于法律惩罚，人们出于恐惧而接受它的约束；而对于道德教育，人们以愉快的心情接受它，并自觉地受到它的影响。道德教育与法律和行政手段相比具有无可比拟的优势。在现代社会，我们应该重视道德教育的作用，从传统文化中汲取营养，用高尚的道德风格和规范来教育学生。

②注重仁爱、重视孝道。注重仁爱是儒家思想的主要特征。以孝为例，儒家思想认为爱父母是爱的起点，具有伦理的优先地位，所以儒家思想非常重视孝道。父母的养育之恩终身难报，赡养父母是孩子不可推卸的责任和义务，这是孝道的基本要求。此外，孔子还强调"敬"，使父母不仅可以获得物质上的满足，还可以获得精神上的满足，这是人类特有的孝道。时至今日，儒家所倡导的仁孝思想对社会主义道德教育仍有重要的借鉴和启示意义。这种仁爱思想对于协调现代社会的人际关系，促进人与人、人与自然、人与社会的和谐共处具有重要作用，这也是社会主义核心价值观所追求的目标。把仁爱作为社会主义道德教育的重要组成部分，可以增强集体凝聚力，从而在社会上形成团结互助的社会氛围，这不仅有利于国家的繁荣，也有利于社会的发展和进步。

③重视"内圣外王"理想人格的塑造。儒家强调"内圣外王"。"内圣外王"思想不仅反映了人们对自我修养和自我完善的追求，也反映了理想的政治追求。

首先，"内圣外王"的理想人格提醒我们要重视个人修养。道德修养的内在动力是个人追求完美的道德需要，自我修养是创造完美人格，追求和实现更高的人生价值。要培养优秀的道德品质，既要依靠道德教育，又要依靠个人道德修养。

其次，"内圣外王"的观念向我们展示了一种自强不息的精神。在现代社会，人们在工作和生活上都承受着巨大的压力，这使得人们有时会有消极悲观的情绪。尤其是当代大学生，心理素质欠佳，各种因素导致的心理问题层出不穷。儒家强调的"内圣外王"展现给我们的自强不息、乐观进取的精神，可以增强我们克服困难的勇气和信心。

④强调自省和慎独。顾名思义，自省要求我们善于自我反思，通过有意识地反思认识自己的缺点和错误。自我反思向我们展示了严格要求自己、宽以待人的精神和品质。慎独意味着一个人可以严格要求自己，对自己的想法和行为保持谨慎。

强调自省与慎独，实际上是强调道德主体的自我修养意识。二者都是基于高度的道德主体意识，都依赖于自律和自我约束。如果我们能够做到慎独和自我反省，从自己身上找到一切的理由，不责怪他人，那么我们的人际关系就会更加和谐。因此，从这个角度来看，自省与慎独在促进人际关系和谐方面发挥着不可估量的作用。

⑤重义轻利、以义导利的价值观念。儒家主张利益应该以符合道德的适当方式获得，社会整体的巨大利益应该考虑在内，人民的利益应该以道德为标准来解决。一切都应该从道德的角度出发，只要符合正义，即使对自己有害也要去做。这些价值观提醒我们要正确处理国家、集体和个人之间的利益关系，我国是社会主义国家，坚持集体主义，坚持人民利益至上。当国家、集体、个人利益发生冲突，应当维护国家和集体的利益，这是实现个人利益的前提和保障。

自全球疫情大暴发至今，上至党和政府，下到人民群众，始终把国家和集体的利益放在首位，牺牲个人利益乃至生命，这不是一朝一夕所能培养的品质，而是长期文化熏陶的结果。只有实现国家和集体的利益，个人利益才能不受损害，个人才能获得更大的利益。因此，个人应该维护国家和集体的利益，应该舍小利而取大义。

（2）道家思想文化的德育价值

道家思想与儒家思想相比，其内容、功用、产生的影响虽不尽相同，但同样是中华优秀传统文化的瑰宝，对中华民族产生深远的影响。进入新时代，道家思想不断创新发展，其对当代德育有以下的启示。

①有利于德育理念的创新，促进受教育者主体性的培养。在老庄道家的道德教育思想中，他们从受教育者的实际阶段和思想认识水平出发，强烈主张遵循客观自然规律，倡导培养受教育者自我个性，维护受教育者独立的道德人格，重视受教育者自身主体性的培养和发展，这与当前德育观念的创新基本同步。对主体进行道德教育离不开主体实际的思想认识水平，离不开主客体存在的客观规律。德育本身就是按照一定的客观规律，在主体思想认识水平基础上施加的有组织、有计划、有影响的教育过程。在教育过程中，充分认识主体的能动性，调动主体的积极性，维护主体的独立性，是对道家思想的继承与发展，也是德育理念不断

创新的结果。

②有利于德育方法的完善，促进隐性德育资源的开发。与孔孟儒家的道德教育思想相比，老庄道家道德教育思想的隐性特征更为突出。老庄道家的道德教育思想主张在充分发挥自身所蕴含的教育示范意义的前提下，教育者应该对受教育者进行启蒙教育和引导教育，更加注重潜移默化的影响，塑造受教育者的道德人格。老庄道家的这些德育思想对改进当今德育方法和开发隐性德育资源具有十分重要的启示作用。当前，德育方法多种多样，但归结起来，无非两种：显性教育和隐性教育。显性教育即理直气壮、正大光明的教育，隐性教育即潜移默化、润物无声的教育。两种德育方法相辅相成，缺一不可。其中，隐性教育无处不在，它潜移默化地影响着人的思想品德和行为规范，使主体于无声处接受道德教育并内化于心。

③有利于实现人与自然之间关系的和谐。老庄道家的道德教育思想不仅把人纳入整个道德教育思想体系，而且还包括客观存在意义上的自然。也就是说，人类不仅要处理好自己的思想道德发展，还要处理好与自然的关系。如何保持二者的和谐发展也是道德教育思想的重中之重。为此，老庄道家提出了"人德"和"天德"的思想，将人类社会的各种人类伦理道德融入"人德"中，将人与自然的和谐发展融入"天德"中。老庄道家认为，虽然人在自然界的万物中是非常伟大的，但从整体的宏观角度来看，人与自然界的其他事物一样，应该注重平等。人类应该与自然界万物共存、和谐发展。老庄道家倡导一种整体思维方式，通过天人合一来处理人与自然的关系。当前，全球生态环境持续恶化，气候变暖，土地荒漠化，全球公共卫生问题持续困扰人类，如何实现人与自然和谐共生是当今全球面临的重大问题。习近平生态文明思想继承我国优秀传统文化中人与自然关系的先进思想并创新发展，为当前全球正确处理人与自然关系提供了价值遵循和基本路径。

④有利于实现人与人之间关系的和谐。老庄道家思想中的"和谐社会"最重要的是人与人之间的和平共处。在老庄道家看来，没有什么比战争更能破坏人们的和平共处，老庄道家对此深恶痛绝。如今，尽管和平与发展已成为整个时代发展的主题，但一些地区因领土、宗教、资源等问题而引发的战争和冲突仍在不断上升。因此，只有反对战争，维护人民之间的和平共处，才能帮助人民稳定生活，促进社会和谐发展。社会公平正义是整个社会和谐稳定的基础和前提。这一思想也是对传统道教思想文化的继承和发展，是一种高水平的总结和创新发展。

（3）法家思想文化的德育价值

当前，我国着力推进法治社会的建设，可从法家思想中找寻借鉴。"法治"思想对当代德育的正面启迪主要包括以下几个方面。

①注重外部环境的营建。

法家注重外部环境对人的影响作用。法家看到环境对道德教化的影响，积极利用环境对人们加以熏陶。

首先，它借助国家制度引导人们的道德取向，如提倡选贤、举德制度。

其次，法家重视对不良社会风气和社会现象的治理，采用法治手段起到震慑作用，确保良性道德环境的建立。

最后，法家比较注重建立言信行果、说一不二的社会道德风尚，树立守信示范。法家认为应该形成言必信、行必果的道德风尚，赏信罚恶、赏罚并行，以政府的赏罚举措形成社会性的舆论氛围。

人的本质属性是社会性，这个社会性就是他所处的环境。环境与人的影响是相互的。环境塑造人，人改变环境。环境总是富有感染力的，环境能使人变好，也能使人变坏，良好的道德环境会在人们之间相互影响、相互浸染，产生渗透力和辐射作用。现代德育应能动地利用环境的影响对人们实施道德教化，并不断通过道德教化来改善环境。在环境的诸多构成要素中，制度是构成环境的核心要素，通过制度建设引领社会价值的导向，创设良好的道德环境。

②注重关照个人合理利益。法家认为人们的思想道德受其利益关系的影响，如果忽视人们的利益关系，再好的道德教育也起不了大的作用。因此，法家十分重视道德的物质基础，从经济的视角来寻求道德变化的原因。法家认为只有人民的基本生活物质要求满足了，才会安居乐业，社会有序，才会出现精神上的文明，形成良好的道德秩序和社会风尚。法家认为人们对利益的追求有助于社会的发展，对人情好利的现实采取承认、尊重的态度，主张"富教结合"。法家认为道德教育要以富民为先，满足人们的利益需求，并用以利相导的办法来引导社会大众的道德发展方向。

马克思主义认为：经济基础决定上层建筑，物质生产资料是社会发展的基础。德育属于观念上层建筑，受到我国经济基础的制约。在对主体进行道德教育时，不能脱离主体的物质利益需求。我国确立了社会主义市场经济制度，市场经济就是利益经济，在公平竞争、合理设置的制度内，在互相需要、普遍联系的体系中，个人想要获得自己的利益，就需要为他人、为社会提供有效劳动，自利也能形成"互利双赢""共同发展"局面。经济社会应该充分尊重、保护人们的自利动机，引导其走上健康合理的轨道。在社会主义市场经济条件下，能够充分尊重个人的合法利益，保障并满足人们的物质追求，使人们有空闲追求精神层面的需求。

现代德育应当继承法家勇于变革、积极创新的精神，保持对社会变革的敏感和热情，突破传统束缚，因时而变、与时俱进，使道德教育迸发出新的活力。

2.中华优秀传统物质文化内容

（1）中国传统饮食文化的德育价值

中国传统饮食文化虽然属于物质文化内容，但其包含着丰富的思想政治文化要素。充分挖掘饮食文化中的德育要素，对提高人的思想道德素质起着潜移默化的影响。

①饮食负载文化品质。"国以民为本，民以食为天"。饮食不仅记录着一个国家和民族的物质资料生产过程，也承载着一个国家和民族的历史文化发展。中国饮食的传统规范和艺术不仅折射了物质文化，也反映着一定的社会政治、思想文化。教育年轻人了解饮食背后的文化内涵是德育不可或缺的一部分。随着社会的快速发展，生活节奏越来越快，快餐文化越来越盛行，传统饮食文化逐渐被年轻人忽视。这似乎是社会发展的进步，但也意味着社会的倒退。因为隐藏在饮食文化背后的人与人之间的关系和礼仪被淡化，精神层面的追求被越来越多的物质追求替代。相对而言，饮食教育所传达的社会价值观往往与身体经验和精神品格相结合。通过饮食进行日常道德教育，可以补充工具主义价值观下的道德教育内容，是一种自然的教育方式。

②饮食折射中国式伦理。在当代生活中，"团座和食"也是家庭团聚、情感传递、礼仪和道德的常见方式。作为一名家庭成员，了解贯穿于饮食活动中的家庭关系和精神观念，并学习相应的礼仪规则，是相当重要且必要的。从宏观层面来讲，家是最小国，国是千万家。注重家庭饮食文化所传递的礼仪道德，对国家道德建设起着至关重要的作用。而且饮食文化中包含的待客饮食、馈赠饮食、美酒配英雄、以茶会友等传统饮食文化，蕴含着人与人和谐相处的哲学道理，以及饮食文化对个人品德形成的熏陶。

（2）中国传统服饰文化的德育价值

个体从出生至死亡，都要与服饰打交道，服饰的功能并不仅是简单的美化、保暖作用，其背后蕴藏着丰富的思想政治教育资源，服饰文化对思想政治教育起着潜移默化的作用。

①服饰文化彰显礼教精神。古代服饰是礼仪的一部分，是一种文化符号，也是等级制度的外化表现，具有区分社会地位的作用，同时也是情感的象征，可以判断一个人的心理状态。如今，作为礼仪之邦的中国，在服饰方面的礼仪依然保留。例如，在参加会议、宴席等正式场合时，人们特别重视服饰的穿着，认为这是对别人的尊敬。

②服饰文化展现中国特色。我国是一个多民族的国家，经过社会发展和历史文化沉淀，每个民族都有各自民族的传统服饰，形成独具特色的服饰文化，彰显了各民族特色。比如，汉族服饰、蒙古族服饰、苗族服饰、满族服饰等，式样不同，多种多样。而且，随着时代的发展，每个民族的服饰又不断演变，呈现千变万化的形态。比如，汉服，从华夏时期到唐朝时期再到明朝时期，每个时代都有微观的变化以体现这个时代的文化特点。因此，无论从横向还是纵向来看，服饰文化作为中华优秀传统文化的一部分，展现着独树一帜的中国特色文化。时至今日，中国人依然将服饰作为一种文化符号，加以继承传播，最近几年汉服文化、旗袍等的盛行就是佐证。所以，在中国，服饰不仅仅是服饰，它更是民族文化的象征，蕴含着丰富的德育资源，充分挖掘服饰文化中的德育要素教育学生，一方面，可以使学生了解中国传统服饰的变迁，感受中国传统文化的博大精深；另一方面，可以使学生坚定文化自信、文化自觉，积极传播中国优秀文化。

③服饰文化体现文化自信。中国传统服饰造型别致，类型多样，如衫、襦、褂、袍、巾、冠、履、靴等。这是劳动群众的创造，是民族文化的结晶，彰显中华民族的文化自信。从横向看，一个时代的民族服饰丰富多彩，并非千篇一律。从纵向来看，每个时代的民族服饰千变万化，体现时代发展。自鸦片战争爆发，作为决定我国文化发展的经济政治落后于西方社会，开始打破国人的文化自信。中华优秀传统文化一度被视作糟粕文化、落后文化而被批判、被抛弃，服饰文化作为传统文化的一部分，也被舍弃。后来发展的民国服饰也是我国优秀服饰文化的一部分，如旗袍和中山服，驰名海外。但是很可惜，在近代时期，传统服饰没有很好地被保存继承。

中华人民共和国成立后至改革开放前，受国内外经济政治影响，我国民间服饰无论颜色还是样式都呈现单一化。改革开放以来，随着经济的不断发展，政治体制的不断改革，人民思潮不断解放。服饰也开始多元化，如风靡一时的港式服饰、流入国内的外国服饰、发展创新的传统服饰等，这是人自由而全面发展的一种外在表现，更是文化自信的外化体现。文化自信不是虚无缥缈的，而是体现在社会生活中的方方面面。进入新时代，我国的传统服饰文化在民间越来越受追捧，大学生衣着传统服饰成为常态，这充分说明人民的文化自信和文化自觉已上升到新的高度。

（3）中国传统建筑文化的德育价值

伴随着对中国传统文化的重视，中国古代建筑也受到越来越多的追捧。但遗憾的是，许多古建筑随着历史发展而被拆卸或摧毁。因古建筑逐渐消失，人们也开始重视对古建筑的保护与传承。大江南北可见中国传统建筑，作为物质文化遗产，它们被完好地保存下来，受到后人的瞻仰膜拜。古建筑虽然是静态文物，但文化是其活的灵魂，从传统建筑可以窥探我国社会发展变迁以及人的宗教信仰、政治文化、习惯爱好等。中国传统建筑融入着古人的德育思想。具体来说，中国传统建筑的德育价值表现为以下几个方面。

①领略传统建筑，增强国家观念。建筑代表着一个国家的地域特色和风土人情，通过独特的建筑，有时一眼即可看出它代表哪个国家。中国的建筑在世界独树一帜，上述所描写中国传统建筑的基本形式都是古人根据独特的文化创造的独特形式。在创造的过程中，中国人民在传统的中国建筑理念中融入了对祖国的热爱和美好祝愿。

②领略传统建筑，增强民族认同感。中国传统建筑虽然也吸收了外国建筑文化，但传统文化始终是主流。比如，木质结构在世界建筑文化中独树一帜，具有鲜明的中国特色。北京的故宫、山西的乔家大院、江南的园林建筑、西北部的窑洞建筑等，都是地域文化的展现，更是民族文化的体现。了解中国传统建筑的同时也在认知中国的传统文化和民族特色，于不知不觉中增强民族认同感。

③领略传统建筑，建设长幼有序的和谐家庭。家和万事兴，中华民族历来重视家庭家风的培养建设，认为一个国家的根本在于和谐家庭的营造。中国传统建筑中体现出长幼有序的家风家教。中国传统的庭院以主单元（正殿和主厅）为中心，次单元（两厢）围绕着主单元，一正两厢，形成一座建筑。庭院周围的建筑不是相互独立的，而是相互连接的。它的特点是室内外空间一体化，充满生活气息。虽然这种布局与中国封建社会的宗法制度和伦理制度密切相关，但如果我们站在辩证发展的立场上，家庭中最重要的成员（通常是最年长的一对）住在主房间里，其他成员住在不同的房间里，年龄有序，这反映了中华民族的传统孝道文化，也有利于家庭和谐统一，而孝道是德育内容中非常重要的一部分。如今的建筑中依然沿袭了孝道文化，长辈一般居于主卧或者上方，晚辈一般居于次卧或者次房，以此彰显对长辈的孝敬和尊重。

④领略传统建筑，感受人与自然的和谐统一。现代建筑以简洁和稳固为主，但与古建筑相比缺少美感。中国传统建筑将人与自然完美地结合起来，其中蕴含着尊重自然、顺应自然的建筑结构，体现人与自然和谐共生的生态智慧以及人与自然和谐发展的审美取向等。

一方面，中国传统古建筑依山傍水，山水园林，体现对大自然的尊重。中国传统古建筑往往是依山水而建，采取顺应自然、尊重自然的方式，根据地势特点别出心裁，而不是毁山开林、破坏自然。而且，中国传统古建筑多是木质结构，木材源于自然界，古人认为这样能得到自然的馈赠，是对自然的崇拜，体现人与自然和谐共生的理念。除此之外，古人认为人是自然界的一部分，在建筑中融入许多自然之物来点缀美化，使这些建筑和设计能体现出古人对于人与自然和谐共生理念的践行。

另一方面，中国传统建筑坐北朝南，冬暖夏凉，体现对人的关怀。建筑不仅仅是一种物质文化，也是人们的精神慰藉。中国传统建筑将物质文化与精神文化结合起来，不仅具有美感，也能够让人们的精神得到寄托。古建筑无论基本结构还是基本形式、高度朝向等，都将对人的关怀融入建筑结构中。在中国传统古建筑中，人们不仅可以感受到人与自然的和谐，也可以感受到精神的归属、灵魂的慰藉。

在历史的沧桑变化中，通过中国传统建筑，可以看到古人的思想文化观念和哲学体系，而这些恰恰是传统建筑的灵魂，也是其美感的体现。在对学生进行德育教育时，可以结合我国建筑的发展史，向学生讲述人与自然和谐共生的生态观、长幼有序的家庭观、担当历史使命的国家观等。

3.中华优秀传统艺术文化内容

一个国家的传统文化是本国人民集体创造的智慧结晶，它可以展示出一个民族的精神面貌和风土民情，是一个国家的灵魂与象征，是区别于其他国家最重要的标志。中国便是凭借着自己博大精深、绚丽多彩的传统文化长立世界文化之林而不倒，成为一道亮丽独特的风景线。在源远流长的中国传统文化中，传统艺术文化凭借其数千年的积淀，成为其中一个重要支流，以旺盛的生命力传承至今，历久弥新。

（1）中国传统音乐艺术与德育

音乐是人类共同的语言，一个简单的五线谱可以谱出喜怒哀乐的万千思绪，诉说着酸甜苦辣的人间故事。作为艺术的一种形式，音乐寄托人的思想情感，释放人的精神压力，陶冶人的道德情操，提升人的文化涵养，使一个民族的精神更加高昂。

①中国传统音乐体现伟大民族精神。民族精神作为观念上层建筑，需要通过物的东西表现出来，音乐作为一种语言形式，确切地反映了一个人和一个民族的精神品质。中国传统音乐蕴含着中国博大精深的文化，具有强烈的感染力。音乐从一开始，就与本民族的物质精神文化分不开。

以我国传统乐器为例，唢呐吹响，二胡拉起，琵琶弹奏，我们的民族精神就不断迸发出来。现在很多人将音乐定义为娱乐消遣，过分强调娱乐性，其实是错误的。音乐向我们彰显了人们的美好生活需要高雅的内容。

②中国传统音乐陶冶道德情操。音乐一旦深入人心，感化人的速度是相当快的。而且，音乐对于社会风气、民间习俗的转移、引导的功效也十分显著。好的音乐可以培养人的各种美好品德，使人内心平和、修身养性、移风易俗等。

（2）中国传统戏曲艺术与德育

①中国传统戏曲艺术的发展

其一，戏曲艺术的萌芽期。民间歌舞作为戏曲艺术的形成源头之一，其历史可以追溯到原始社会时期。当时的歌舞作为歌唱的辅助工具，大多是伴随着歌唱来表演的，其内容主要是将人们的爱情生活、图腾崇拜和狩猎生活集中体现出来。原始先民通过狂热的歌舞，表现他们朴素、温暖的感情和放松、幸福、满足的心情，充分发挥了舞蹈使人快乐的功能。

韶舞和武舞产生于殷商时期至西周时期，其主要功能是颂扬文治武功，这类舞蹈属于宫廷歌舞范畴，等级限制严格。但后来诸侯并起，打破了阶级的局限，开始逾制表演歌舞。其歌舞规模有时候甚至比天子的歌舞场面还要大。这说明当时的文化艺术形式得到了迅速的发展与进步。

西周末年，出现了滑稽戏表演。滑稽戏艺术的最早创造者和来源便是优人。优人是对当时职业艺人的代称。优人对于人民的疾苦和生活非常关注，利用高超的语言技巧和准确生动的语言将劳动人民的情感、疾苦生活或者幸福生活充分表现出来，具备浪漫主义色彩的特征。戏曲便是在应用、继承和发展这种表演艺术的基础上产生的。

秦汉时期中国实现了大一统，社会整体趋于相对稳定的状态，中原文化占据主要地位，周边民族的乐舞屈居末流。汉朝时期经过先秦的快速发展，我国古代的经济得到了突飞猛进的发展，尤其是西汉初期产生的文景之治，使得手工业和商业迅速恢复和发展，一时之间，许多繁华的大城市涌现出来。与此同时，音乐艺术取得了长足的进步，秦汉时期是中国音乐文化发展史上的第一个高峰。

随后，乐府这一机构便被汉武帝设立起来。这一时期的音乐更加系统化、功能化和制度化。当然，汉代乐府的建立极大地促进了民间乐舞的保存、专业音乐的发展和民族歌舞的发展。

张骞对丝绸之路进行开发之后，汉族和西域各民族展开了经济、文化等方面的交流，也为民间艺术的融合提供了契机，使各种民间艺术大放异彩。百戏，在汉代包括各种技艺和歌舞，在民间各地广为流传，又称为"散乐"，与宫廷的"雅乐"对称。汉代百戏，对中国戏曲艺术的诞生起到了重要的作用。

汉武帝时期，民间还流行角抵戏。角抵戏是秦汉时特别流行的一种表演方式，它发源于一种格斗竞技类的活动，双方戴牛角进行互抵对抗，后加入了一些情节和动作，使其演变成了歌舞表演。在《史记·乐书》《述异记》中，可以看到一出名为《东海黄公》的角抵戏。《东海黄公》讲的是一个擅长法术的人，他名叫黄公，能腾云驾雾，还能轻松制服老虎，但后来因为年迈力衰、放纵饮酒，致使法术失灵，最后被老虎吃掉了。这出戏主要展现的是人和老虎搏斗的场面，所以情节较为完整，还加入了很多想象的内容，表演者也穿上了特定的服装并进行了化装。表演动作上也有所突破，不再是简单的摔跤动作，而是借助舞蹈来表现人物形象，戏剧性更加明显。《东海黄公》这部戏剧说明角抵戏已经从根本上发生了变化，成为真正的戏剧。从《东海黄公》我们可以看出，该歌舞已初具戏曲的某些形态，首先，有完整的故事情节；其次，角色相对独立，有唱和表演；最后，有明显的戏剧冲突体现。相较于前代的歌舞而言，它更具实质性的突破。从此以后，广义的戏剧就成了以展现人物和表现故事情节为主的新的艺术形式。

在经历了汉朝400多年的统一局面后，中国进入了战乱和分裂最多的一个阶段，即魏晋南北朝时期。当时的社会民不聊生，百姓流离失所，虽有各项发明和技术的进步，但也于事无补，不能从根本上解决这些问题，倒是动荡不安的局面使得各民族之间的文化有了相互交流的契机。魏晋时期民间艺术发展缓慢，基本上继承了歌舞百戏的传统。小戏就是在这样的境况下诞生的，它属于百戏（散乐）中的一种，兼具歌舞表演，与当时的滑稽戏各分戏曲表演的半壁江山。除二者之外的其余民间乐舞活动，融汇了先前朝代中百戏、杂耍的演出风格，再加上其他领域都将这一表演形式作为传播的途径，因此百戏在此时风靡一时。

这一时期比较著名的剧目有《拨头》《踏谣娘》和《大面》。他们中的角色、用到的表演手段等更加贴近现实生活，因此流传较为广泛。可以说，中国戏曲已初具模型，是历史推动下的一次大进步。

其二，戏曲艺术的形成期。唐代也是文学艺术发展的黄金时期，产生了句式长短不一的词和曲，传奇小说诞生，绘画、音乐、舞蹈等各种艺术形式呈现百花齐放的局面，这些都有力地推动了戏曲艺术的形成。在这样的背景下，戏曲的发展也兼容了胡、汉等民族的艺术元素。虽然新作不多，但其中"参军戏"一类的剧目则标志了中国戏曲的形成。它在早期的滑稽戏的基础上作了一些改编，是开元时期较为流行的新型戏曲。唐代戏剧是对汉代表演艺术的继承和发扬，既有故事情节和人物，还增加了演唱、舞蹈，同时还有伴奏和帮腔。

其三，戏曲艺术的发展期。两宋以来，中国的歌舞文化在时代变迁中不断发展，出现了引领时代的艺术成果，艺术重心由宫廷乐舞转向民间歌舞。此时，国家政治相对稳定，经济发展工商业繁荣，城市随之而兴，形成了市民阶层。与之相适应的市民阶层文化也应运而生，如说唱等民间表演艺术迅速发展，为后期戏曲的产生提供了社会条件。当时的戏剧中心有两个：北方以燕京为代表，南方以临安为代表。

南戏也叫"戏文"，形成于北宋末期，主要流行于浙江和福建一带，后来流传到南宋首都临安。南戏作为一种综合性较强的戏曲表演形式，融舞蹈、科技、演唱和念白于一体，吸取了多种演唱艺术的形式和风格，如民间傀儡戏中包含的滑稽舞蹈，宫廷乐舞中包含的舞蹈和歌唱，滑稽表演中包含的筋斗、念诵和科诨，还有说唱和民歌。

其四，戏曲艺术的成熟期。到了元代，由于汉民族遭受异族的统治，汉族文人不仅在官场上不被重用，甚至在市井中地位都要低于娼妓和乞丐。可想而知，汉族歌舞在当时的发展也是步履维艰。元代作为少数民族统治的朝代，必然带来全新的歌舞风貌。此消彼长的关系，使不得志的汉人将大量的时间和才学投入文学创作当中，元杂剧就是这样诞生的。它的出现是中国戏曲艺术史上最为辉煌的时代，也标志着中国戏曲艺术的完整和成熟。元杂剧作为一种艺术，和唐诗、宋词一样，是一个朝代文化的代表，许多杰出的文人墨客在元杂剧方面留下了优秀的作品，甚至卓有成就。元杂剧中极为出名的作品和故事主要是一些郁郁不得志的人编撰的书，撰写这些书的作家来自社会的不同阶层，除了专门撰写元杂剧的专业作家，创作主体还包括官吏、艺人。元杂剧的专业作家由于在个人经历、文化修养和出身等方面存在很大的差别，最后形成的作品也有不同的风格，从不同的社会层面和角度将那一时期的社会风貌、思想意识、情感呈现出来。这恰恰说明元杂剧的作品具有人民性的特征，呈现出积极向上的色彩。杂剧音乐在形成的过程中借鉴和吸收了多种风格的民族音乐，特别是唐宋以来的传统民族音乐、说唱音乐和唐宋大曲、调笑转踏都是元杂剧丰富曲调形成的重要素材。因为这些曲牌可以相互借鉴和吸收，所以在多种音乐形式中都可以利用同一支曲牌。原先的曲牌会因为演变和流传产生改变，这也使得曲牌数量不断增加。

元杂剧在角色体制方面比南戏更完善，增加了多种不同的角色，角色分工进一步细化，角色体制方面基本形成，有了正旦和正末。元杂剧的舞台美术达到了一个新的境界，脸谱艺术有了很大的发展，已经出现了红面、黑面、白面、五彩脸等多种脸谱，在塑造角色时还经常使用面具。元杂剧舞台上的服装已经不再是生活服装，而是经过了艺术加工的演出服装。元杂剧的舞台装置与道具也与今天的戏曲演出更为接近。舞台正中有一块幕幔作为背景，类似于今天的"守旧"，起到了净化舞台，隔开前台、后台的作用，舞台两端是演员出入的上场门和下场门。元杂剧舞台上的道具和装置虽然很简单，但它依然沿袭了中国戏曲虚拟写意的表演特征，透过它我们已经可以比较清晰地看出后世戏曲舞台的影子。

其五，戏曲艺术的繁荣期。明清两代由于资本主义萌芽的产生，民俗文化获得了较大的发展，说唱、歌舞、器乐、民歌等艺术成为文化的主流，音乐艺术的民间化、世俗化特征愈加凸显。文人在民间音乐的发展中贡献了极大的力量，宫廷礼乐文化显得相对僵硬死板。在这样的大环境下，百姓的情感生活和审美情趣也随之发生了变化，他们更偏爱"俗乐"，于是说唱、歌舞和戏曲艺术开始流行起来，并且以极快的速度向各地区蔓延。它们在发展的过程中不仅相互融合，还不断吸收各地区民间小调中的音乐元素，因此诞生了许多新的说唱曲种和戏曲剧种。

经过不同时期的发展和完善，中国戏剧在明代逐渐完善。元末南戏的风头盖过了衰落的北杂剧，因此在进入明朝时，从南戏延伸出了一种新的戏曲形式——传奇，并一度成为明清时期最主要的表演形式。明代传奇以其华美精致的特点受到人们的喜爱。在编剧和表演技巧方面，传奇都有了显著的进步。传奇的结构较自由，内容主要是民间流传的古怪传说，篇幅相对杂剧要长出许多，因此演出数量也相应地不受限制。调式方面不局限于同一宫调，唱腔上形成"弋阳腔""余姚腔""海盐腔""昆山腔"四大声腔并行流传的格局。

戏曲创作发展到这一时期，逐渐形成了三个具有显著风格的流派，分别是以梁伯龙为主的昆山派、以沈璟为主的吴江派、以汤显祖为主的临川派。其中，昆山派的特色在于优美的辞藻和典雅的曲词。吴江派更加强调声调合律和文字词语的本色，简而言之便是文字的质朴性，沈璟在后期编写的作品中使用了淳朴的文字和朗朗上口的韵律。汤显祖作为临川派的重要代表，他认为戏剧创作要以内容作为出发点，利用文字将才华和情感抒发出来，对于道学作风提倡的虚伪和格律观念持反对意见。阮大铖、吴炳和孟称舜都属于临川派的代表。

明代戏曲从前代各种表演艺术中汲取养分，加之民间艺人和爱好戏曲的文人的努力和探索，它不断走向繁荣，在唱、念、做、打以及舞台布景方面不断完善，拥有了更加丰富和成熟的写意手法，能够采用多种虚拟的方式表现舞台场景，推动了中国戏曲艺术表演体系的形成。自从清朝建立以来，士大夫们十分喜爱和认可昆腔，当时昆腔主要在南方的苏州和杭州地区、都城北京一带流传，一时之间，昆腔被认为是"雅部正音"，民间戏班和家班的演出非常频繁，备受欢迎。后来越来越多的家班加入民间戏班市场，职业演员之间的演出非常激烈，这也推动了昆腔的良性发展，拉近了其与老百姓之间的距离。明末清初是昆腔传奇发展的顶峰时期，涌现出一大批优秀作品，在宋元南戏和元代杂剧之后，掀起了戏剧创作的高潮。

清朝初期，雅部昆曲和花部剧种之间展开了激烈的竞争，与此同时，京剧应运而生，此时各种声腔艺术达到了高度的融合。京剧的诞生和形成大约在公元1790—1840年，总体上分为三个阶段：徽班进京、徽汉合流、代表人物的出现与剧种的确立。公元1790年，三庆、四喜、春台与和春四大徽班从安徽来到京城，逐渐发展成一支庞大的花部剧种。在声腔方面，徽班兼容并包，最初有昆曲、二黄等不同的声腔，后来以西皮和二黄为主，在剧目和表演方法上也融合了多种艺术形式，满足了观众不同的审美需求，成为京城剧坛的主流。

②中国传统戏曲艺术的德育价值。戏曲艺术是中华优秀传统文化的瑰宝，是国家宝贵的文化遗产，戏曲沉淀着中华民族的智慧和精神，其中蕴藏着丰富的德育元素，具体来说，戏曲艺术的德育价值表现为以下几个方面。

其一，唤醒学生爱国情感，促进德育渗透。

首先，从形式上来说，戏曲作为中国一种独特的文化，了解它、学习它本身就是一种爱国的表现。戏曲作为文化瑰宝，在漫长的历史发展中不断传承，直至走出国门，国人热爱它就犹如热爱自己的国家。

其次，从内容上来说，戏曲作为中华优秀传统文化，内涵丰富、形式多样。在不同种类的戏曲当中，都可见孝道、忠信、礼义等中华传统美德。这一个个故事的演绎影响着中华儿女，增强其内心的爱国主义民族精神。这种感受不是课堂的显性教育，而是润物无声的隐性教育。通过戏曲，德育犹如春雨般渗透到学生的心中。

其二，培养优秀道德品质，树立正确价值观。

俗话说，戏如人生。戏曲通过塑造一个个生动的故事，向世人展现善恶美丑、忠奸真伪的道德品质。在观看戏曲的过程中，大学生带着已有的价值观去评价戏中人物的人生价值观，在两种价值观的碰撞中，激发大学生内心潜在的道德意识，树立正确的价值观念。

其三，继承优秀民族文化，传承优良美德。

中华民族上下五千年，被继承发扬光大的优秀传统文化数不胜数，其中，戏曲堪称代表。戏曲是我国无数辈人积累沉淀的文化精华，一代又一代的人将自己的生活融入戏曲当中，通过戏曲来展现个人人生，社会发展、国家情怀、民族大爱等。作为观看者，通过戏曲不仅看到人们多姿多彩的生活，更可以看到一个国家、一个民族的发展轨迹，感受历史文化的魅力和优良美德的传承。

（3）中国传统舞蹈艺术与德育

①中国传统歌舞艺术的发展

其一，起源时期的歌舞。起源时期的歌舞包括了从原始时期到夏商周时期的歌舞。在人类社会鸿蒙初开的时候，诗、乐、舞本是一体，它们相互勾连，共同构成了那潜藏在人类基因密码中的本能，在彼时的人类那里，不管是情绪情感的发泄还是思想愿望的表达，都可以通过歌舞动作直观地表达出来，在进行歌舞的时候自然少不了音乐的伴奏。

中国自古以来就有"记史"的习惯，在其他民族早已隐秘无闻的原始歌舞记录，在我们的古代文献中依然可以隐隐约约觅见其踪迹。虽然这些内容并不完全是一种真实，总是掺杂着后人的想象、臆测，甚至功利的目的性，但是无论怎样，都不失为中国原始歌舞发端的重要参考资料。

在我国原始时期，现在依然载诸史册，可参考的有伏羲氏的乐舞、神农氏的乐舞以及属于黄帝的乐舞等。例如，《充乐》这首歌的歌词虽然是后人所作，却生动地表现了伏羲发明网罟，改善人们的劳动条件，给先民带来的利益和温暖。

神农氏即炎帝，是与黄帝同一时代的另一部落的首领。神农氏也为人类文明的进步作出了重要的贡献，最终的事迹莫过于"神农尝百草"。神农氏冒着生命危险，在原始人类对自然界依然混沌无知的状况中，亲身试验，为人们分辨出哪些是毒草、哪些是良药。虽然与黄帝的斗争失败了，但是在现代人依然铭记着他的贡献。为了纪念神农氏的功劳，人们为他献上了《扶犁》之舞。

根据文献记载所言，传说中黄帝被视为华夏民族的一个图腾，直到今天，每逢黄帝祭祀大典，海内外的中华儿女，尤其是身在异国他乡者都不辞遥远回来参加，异常隆重，黄帝成为团结民族血脉的一条纽带。

黄帝的乐舞叫作《云门大卷》，简称《云门》，又名《承云》。之所以将其命名为《云门》，是因为当初在黄帝即位的时候，天上出现了奇异的祥云，并创制乐舞予以祭祀。云的图案也和黄帝深深地联系在一起，《云门大卷》不仅作为一种图腾崇拜而存在，其本身也是对于黄帝本身的崇拜，象征着黄帝盛德如云，团聚万民。

商代歌舞的发展与祭祀和巫术难以脱离关系。商代是一个神权至上的时代，几乎大事小情、事无巨细地都要"问鬼神"，从国家的祭祀、征伐到农业的丰歉、天气的阴晴、人的生老病死等都要问清鬼神的意思。一直到商代为我们后世留下的第一份关于人类文字文明的记录——甲骨文，也几乎是一个完完全全的祭祀活动资料库。在商代，巫具有很高的社会地位，他们主持祭祀占卜活动，替统治者沟通神的旨意，传达神的意志。在这个过程中。跳舞娱神的活动是必不可少的。"巫舞"的产生也就理所应当了。据说禹因为长年奋斗在治水的前线，双腿泡在水中，于是腿部患上了疾病，走起路来迈不开步子，只能一点点地挪动。这种舞步步伐较小，在后世经过了诸多的改进和完善，据推测，这种舞步可能正是后世一种比较美的小碎步的雏形。这种小碎步如快走急行，飘飘欲仙，后来的戏曲中也多有运用。

周人取代了商人的统治，并不仅仅是改朝换代这么简单，这背后更加深刻的逻辑是——从此奴隶制度结束了，封建领主制度在中华大地上建立起来了。周朝建立后，将全国范围内的土地都分给了自己的亲属和功臣，并设立了一套系统完备的宗法制与之互为表里来维系封建统治。此时的周人虽然依然对鬼神迷信等事心存敬畏，如他们依然保留了"舞雩"求雨的风俗，求医问药的时候也常常不自觉地和巫术结合起来，但是这时的周朝统治者已经不再将自己的统治居于鬼神之下了，周天子认为自己是"天之子"，直接领受天命，可以根据自己的意志来实行统治，王权统治已经居于神权统治之上了，乐舞娱神、通神、求神的社会功能也在悄悄发生改变，更多地用来服务于周朝的统治，这就是礼乐制度。在统治阶层内部，不同的等级享用的歌舞规格和歌舞内容并不相同，在不同乐曲的陶冶之下，人们会对自己的阶层产生带有深厚情感的认同。

东周包括"春秋"和"战国"两个时期，这是一个动乱、变革的时期，动乱不仅发生在天子与诸侯之间，诸侯王内部也是尔虞我诈，相互攻伐。但是在社会文化制度方面，西周时期确立下来的礼乐制度已经形同虚设了，这对于歌舞文化最大的影响就是促生了民间乐舞的兴起。当然，民间乐舞一直是活跃在人民中间的，甚至我们前面提到过的《六代舞》《六小舞》中也汲取了民间歌舞的诸多养分。但是在春秋战国时期，民间歌舞已经无需活在官方礼乐的阴影之下了。艺术总是在崩坏与新生之间生生不息。在东周时期，我们可以看到，一边是令贵族们痛心疾首的"礼崩乐坏"，另一边是民间歌舞逐渐走上历史舞台。今天我们翻开史书，类似"八佾舞于廷"的案例屡见不鲜，当时的史家无一不对这种现象持批判的态度，却无意中为我们留下了大量关于民间乐舞的生动资料，对当时的情况进行了反映。从史料中我们可以看到，民间乐舞的兴盛，并不是在春秋战国时期所突然崛起的，在此之前，民间乐舞也在民间流行着，只是到了后来礼崩乐坏之时，人们在自己的行动中（更重要的是在观念中）有了更多自由，乐舞活动才变得更加引人注意，不再羞怯于自己的存在，也有更多人，甚至许多贵族愿意加入民间舞蹈的活动之中。例如，在春秋战国时期，民间有"雩舞"的风俗，这种舞蹈一方面是求神祭祀，另一方面是群众的自娱自乐，《论语》中孔子津津乐道的"吾与点也"指的就是这种舞蹈。

其二，成熟时期的歌舞。成熟时期的歌舞包括了从秦汉时期直到唐宋的歌舞发展过程。

秦朝因为国祚不常，在歌舞上并没有太多可圈可点的建树，到了汉代歌舞的发展才真正标志着歌舞开始走上了成熟阶段。在汉代，歌舞繁荣的背后是大汉王朝曾一统天下，并善于治理所塑造出的历史上前无古人的大国局面，经济高涨、政通人和、气魄宏伟、波澜壮阔。这样的文化自信也激励着汉人在歌舞上达到更高的造诣。对于汉代舞蹈来说，宏大的气魄不仅是向内的，也让他们望向更为广阔的世界。

汉代歌舞中最著名的是对于舞袖和舞巾的运用，通过千姿百态的长袖和长巾在空中的翻飞，可以表达出在语言中难以言传的思想感情。舞袖和舞巾可以创造出一种飘逸多变、空旷无垠以及柔软回旋的舞蹈氛围和舞蹈的韵律感。使人产生超尘出世的美感。腰、肢体美感的运用也使得汉代歌舞具有更强的表演性。在现存的汉代画像石砖中，舞者基本上都有着窈窕灵动的杨柳细腰。这一点既是汉代独特的审美追求，也受到了先秦时期楚国的影响。《韩非子·二柄》载"楚灵王好细腰，而国中多饿人。"虽然这句话有讽刺批判统治者的意思，但是也反映出当时人们的审美风尚中确实认为好的腰功可以使得舞姿变得更加的柔美、灵活、富于弹性，体态也能够更加轻盈窈窕，这样的审美理念在后世也基本被延续下来，直到今天。

"飞天"是中国人自古以来的情结，从上古时期的飞天神话直到古代的敦煌壁画中，都将这一追求展露无遗。屈原作《天问》，曰："遂古之初，谁传道之，上下未形，何由考之"，庄子《逍遥游》中讲到大鹏鸟"水击三千里，抟扶摇而上者九万里，去以六月息者也"，飞翔是古人对于精神自由的外在化向往，是农耕民族人们超越现实桎梏的心灵寄托。在古代，如果说儒家哲学能够帮助人们在现实社会中处理好种种关系，那么道家学说、黄老之术的目的便是给人以灵魂栖息地。赵飞燕，汉成帝的皇后，从舞蹈的角度来看，赵飞燕是一位不可多得的舞蹈天才，据传她的舞姿已经达到了非常高超的地步。正是由于她那绝妙细碎的舞步才产生了如同"飞燕"的艺术效果。

中国的历史到了隋唐五代时期已经步入成熟，封建制度趋于完善，经济也达到了殷实富足的状态。尤其难能可贵的是，在经历了长达四百年的动乱分裂之后，这一时期的社会风气却洋溢着天真与包容，在饶有才情的统治者的倡导下，宫廷音乐大放异彩，民间音乐也充分满足着广大人民的音乐需求。那富有野性和柔情的外来音乐，不管是作品还是乐器，在中华大地上都如入无人之境，对中国文化生活最为重要的戏曲也产生了萌芽。

其三，衰落时期的歌舞。歌舞作为一种精致的表演艺术，不像汉唐时期那样流行。这一时期，舞蹈表演和舞蹈活动创作缓慢，社会缺乏专业舞蹈团体，舞蹈活动以民间娱乐为主。但是就如所有的衰落亦会伴随新生一样，这一时期虽然专业性的歌舞远不如前，但是民间歌舞却得到了比较大的发展。另外，戏曲音乐的崛起也将传统的歌舞艺术吸收进来，也不能不说是一种新生命的赋予。

明清时期，一些受戏曲影响的民间舞蹈在明末清初逐渐退化为戏曲。民间舞蹈与人类习俗和宗教信仰密切相关。他们是业余或半业余的。因此，民间舞蹈在繁荣和衰落的时期被禁止了数千年，但即便统治者和民族不断变化，民间人民都坚持用自己的身体和智慧来继承、发展和改造民间舞蹈。

中国的歌舞从明清以后，逐渐为戏曲音乐的风头所压倒。歌舞，作为戏曲艺术大厦的重要构成部件，与之相伴相生，共同形塑了传统表演艺术的辉煌。

②中国传统歌舞艺术的德育价值

在古代的中国，舞蹈承载着礼仪教义、开化民众的作用。例如，在周朝就制定了皇亲贵族子弟必须进行长达十年有余的舞蹈教育。自古以来，乐舞不分家，像是战国初期的公孙尼子曾曰："德者，性之端也；乐者，德之华也。金石丝竹，乐之器也。诗，言其志也；歌，咏其声也；舞，动其容也；三者本于心，然后乐器从之。"表达的就是道德是性情的本源，舞蹈是将心志用动作尽情地表达出来的。因此，舞蹈能满足情感、收获理智、强化道德修养，传播它本身的内容，而且也能传播它的内在意义。

舞蹈育人的独特作用，早在春秋末年孔子所办私学的"六艺"中可寻，其中便有乐舞教育，孔圣人对舞蹈在培养人才中的重视程度可见一斑。舞蹈教育除了提升贵族们的气质，规范皇家气派的行为标准外，对于培养品德高尚的君主也有着不可或缺的重要作用。

舞蹈凝聚和浓缩着人类丰富而深邃的内心精神生活，使人们在统一要求和个性发展结合中形成主导品德的推手，进而将舞蹈作为认识自我内心、规范自我品行、愉悦自我生活和塑造自我道德的一种精神动力，塑造出健全的人格。

（二）中华优秀传统文化融入高校德育教育的路径

1.构建基于中华和谐传统的大学生德育目标

德育目标是指通过教育活动使受教育者的思想品德实现社会或社会群体所期望达到的总体规格要求，也是德育活动所期望达到的结果。德育目标从内容上可以划分为观念性目标和指令性目标；从时间上可以划分为短期目标、中期目标、长期目标；从层次上可以划分为广泛性目标和先进性目标。一个社会的德育目标具有历史性、阶级性和民族性。德育目标会随着社会历史的发展而发展，没有一成不变的德育目标。德育目标也总是为统治阶级服务的，德育目标反映了一个民族的风俗习惯、文化传统、思维方式等。德育目标也具有继承性，中华民族五千多年的历史发展，虽然具体的德育目标不尽相同，但是总有一脉相承的内容，表现为中国传统文化中的"和合共生"。

（1）"人与自然和谐"的德育现实价值

在中国传统文化中，历来强调"天人合一""和合共生"，如儒家思想文化中的"天人合一"认为人与自然界是平等共生的，人类不能无序开发自然界，否则就会遭受自然界的惩罚。道家思想强调"道法自然"，认为"道"遵从自然法则，自然界有其运动的规律，是不以人的意志为转移的。中国传统的物质文化、艺术文化、传统节日与习俗、科技文化等都体现着强烈的与自然和谐共处的哲学道理。比如，传统的中医学特别重视自然环境对人的身体素质和健康疾病的影响，中医学认为人与自然和谐关系的破坏，是人生病的主要原因。放眼全球，埃博拉病毒、猴痘病毒、新冠疫情等，都在向我们说明古人把人类健康和自然界联系起来的观点是正确的，这对当今世界具有积极和重大的意义。

（2）"个体身心和谐发展"的德育现实价值

中国传统文化历来重视个体的身心和谐发展，注重个人道德修养和人格培养。比如，老子认为"知人者智、自知者明"，儒家思想也特别重视个人身心内外和谐发展。孔子认为每个人都应该保持平和、恬淡的良好心态，提高个人修养。孟子认为做人应该"存其心，养其性。修身以俟之，所以立命"。意思是一个人需要保存其内心，修养德性，只有学会修养自身，才能安身立命，保持个人身心和谐发展。因此儒家提出"修身、齐家、治国、平天下"的著名思想。一个人只有先修身养性，才能保持家庭和睦，才能治理国家，平定天下。可见，保持个人身心和谐是做好其他一切事情的前提条件，一个社会要想和谐，必须注重个人道德修养，这样才能实现真正的和谐社会。

除此之外，中国传统文化理论还提出民族与民族、国与国之间的和谐共处，主张"协和万邦"，而非暴力征服，主张国与国之间的关系是平等交往、和平共处，这与习近平总书记提出的外交思想一脉相承。在处理外交关系上，我国历来强调和平共处五项原则，反对霸权，反对以强凌弱、以大欺小，主张平等交往，互惠互利。

2.完善基于中华传统伦理道德的大学生德育素材

道德是一个民族的灵魂，是一个社会的底色，是国家富强民族进步的精神动力。五千年来，中华民族历来重视道德建设，崇尚道德建设，并以实际行动不遗余力地推行道德建设，道德建设贯穿中华优秀传统文化的方方面面。中国共产党成立以来，便不断继承中华优秀传统文化，重视政党道德建设和公民道德培养，提出"立德树人，以德为先"的理念。

（1）大德教育

所谓大德，即大的道德，大的德行。在中华优秀传统文化中，大德一般指具有国家责任，担当国家大任，有"先天下之忧而忧，后天下之乐而乐"的胸怀。在当代，大德一般指拥护中国共产党领导，热爱社会主义国家，认同中国特色社会主义理论体系，自觉投身中国特色社会主义事业建设，为实现中国特色社会主义共同理想和共产主义远大理想而不懈奋斗。在一个国家的道德建设中，大德是根基，根深才能叶茂。中华传统文化对大德的理解和当代对大德的理解一脉相承，其中都包含着深厚的爱国主义、集体主义、理想主义等。具体来说，大德的内容主要有以下几个方面。

①爱国主义。爱国是一个人最基本、最深厚的情感。中华民族之所以绵延

五千年，生生不息，一个重要的原因就是爱国。爱国主义就像一颗无形的种子，一代又一代的中华儿女将爱国主义深埋心中，在危难时刻将它播撒出去，形成巨大的力量，以保护国家和国家的儿女。因此，中国人的家国情怀，不论地点，无畏时间，根植于中国人内心，形成强大的意念。自古以来，古人就具有强烈的历史使命感和社会责任感，他们勤勉爱国，忧国忧民，为国家、为人民甘愿奉献。伟大的爱国诗人屈原与腐朽势力作斗争，宁可投江葬身鱼腹也不向恶势力低头，他的诗歌充满强烈的爱国主义，成为千古流传。南宋爱国诗人文天祥目睹朝代易主，军民惨遭屠杀，誓死不投降，留下"人生自古谁无死，留取丹心照汗青"的千古绝唱。南宋爱国将领岳飞面对山河破裂，为了驱赶侵略者，保护国土和百姓，维护宋朝统治，奉献自己传奇的一生。他们胸怀大义，心系国家，坚持"苟利国家生死以，岂因祸福避趋之"的理念，一生都在为国家、为人民不懈斗争，在他们的人生里，我们可以感受强烈的爱国主义情感。正因为有无数这样的爱国人士存在，在跌宕起伏的朝代，中华民族才能得以延续，中华文明才能得以发扬。

中国共产党成立于国家危难之时，各种救国思潮纷纷失败，山河破碎，国人迷茫，中国共产党人主动扛起历史责任，带领中国人民用生命蹚出一条光明大道，以毛泽东同志为代表的革命先辈们不怕牺牲，不畏艰难，英勇奋斗，乐观坚强，带领无数中国人民站起来。中华人民共和国成立后，面对一穷二白的国家面貌，无数爱国人士勇敢站出来，为国家贡献自己的智慧和力量，为社会主义制度的建立奠定坚实的政治基础和经济基础。但纵观全球，我们与西方国家的差距依然很大，经历过"落后就要挨打"的惨痛教训，以邓小平同志为主要代表的中国共产党人坚定实施改革开放，带领中国人民实现从站起来到富起来的伟大飞跃。中国人民富起来了，但在国际社会上，却屡遭霸权主义强权政治欺压，国人依然不自信。党的十八大以来，以习近平同志为核心的党中央，提出一些新理念新思想新战略，带领中国人民实现从富起来到强起来的伟大飞跃。百年来，中国共产党人继承古人爱国主义情怀，始终坚持以人民为中心的理念，全心全意为人民服务，把人民的利益放在第一位，得到广大人民群众的衷心拥护。

现阶段，爱国主义主要表现为拥护中国共产党领导，热爱社会主义伟大祖国，为维护祖国统一、民族团结、实现中华民族伟大复兴贡献力量。

②集体主义。集体主义指一切从集体出发，当集体利益和个人利益发生冲突时，个人利益要服从集体利益，必要时牺牲个人利益。集体主义和个人主义相对立，个人主义坚持个人利益至上，为了个人利益不惜牺牲一切。中华民族历来坚

持集体主义，反对个人主义。个人主义对于一个国家、一个民族来说是不可取的，如果个人主义盛行，对一个民族来说将是灭顶之灾。

集体主义在古代社会表现为民族大义，往往和爱国主义相融合表现为精忠报国、礼义忠信、克己奉公、见利思义等。古人对中华民族和文化具有强烈的归属感、认同感、荣誉感和尊严感。修身齐家治国平天下，这是他们伟大的历史使命，深深烙印在他们心中。伟大爱国将领戚继光抗击倭寇、郑成功收复台湾等，他们表现出强烈的民族自尊心和自信心，为保卫祖国，捍卫国家主权而献身。当民族危机深重、国家面临生死存亡时，古人挺身而出，抛却个人利益，把民族集体利益放在个人利益之上，恪守民族气节。

在社会主义社会，集体主义通常指无产阶级的集体主义，主要表现为个人利益和集体利益相冲突时，坚持个人利益服从集体利益，为集体、国家和民族牺牲个人利益。社会主义制度的建立，为集体主义实现创造了条件。因为社会主义基本经济制度实行生产资料公有制，基本政治制度实行人民代表大会制度，都坚持人民利益至上，因此在社会主义条件下，个人、集体、国家的根本利益是一致的。集体利益要以个人利益实现为基础，只有个人利益得到充分的保障，才会激发人民的积极性，为实现集体主义而奋斗。同时，个人利益实现以集体利益实现为保障，只有在集体中，个人才能实现全面自由的发展。

现阶段，集体主义主要表现为坚持人民利益至上，把人民利益放在第一位，全心全意为人民服务，自觉服从集体利益。

③中国特色社会主义共同理想和共产主义远大理想。理想信念是一个人未来发展的方向，是人生的动力，其中理想是目标，信念是精神支柱。缺乏理想信念，人生就会迷失方向，生活就会毫无意义。中国传统文化中古人的理想信念和当代社会的理想信念虽然具体内容不同，但是无论古人还是当代，都在为实现理想信念而不懈奋斗，这种精神一脉相承，值得学习。

在中国传统文化中，仁人志士心怀天下，愿意为心中的理想信念而奋斗终生。春秋战国时期，孔子周游列国，讲学宣政，希望君主能够"以仁治国"，虽然处处遭受排挤诋毁，但是直至去世依然没有放弃对自己所构建社会理想的追求。西汉史学家司马迁虽然遭受宫刑，但是依然忍辱负重，不忘自己的理想信念，最终完成了名传千古的《史记》。北宋改革家王安石、范仲淹致力于改革封建社会弊端，以改变宋朝积贫积弱的现状，虽然处处碰壁，但是他们排除万难，依然坚定不移实施改革，为国家繁荣富强作出巨大贡献。古代无数志士毕生都在不断追寻崇高的道德修养和社会理想，他们读万卷书，行万里路，具有自由思想与独立精神，勇于为国家和社会发展提出自己的主张，为国家繁荣和社会安定起了重要作用。

中国共产党成立以后，坚持以马克思主义为指导。马克思主义是由马克思、恩格斯创立并由后人继承不断发展的学说。马克思、恩格斯的一生也是为理念信念不懈奋斗的历程。马克思、恩格斯出生于富人家庭，本可以无忧无虑地生活一生。但是在早期的社会生活中，马克思、恩格斯胸怀天下，将目光投向穷苦大众，站在无产阶级的立场上，抨击当时的统治阶级，遭到多次驱逐。即便如此，马克思、恩格斯也没有放弃自己的理想追求，一方面，揭露资产阶级的基本矛盾，抨击资本主义经济政治的固有弊端；另一方面，站在全人类的角度，为人类自由、全面地发展提出设想，创立科学社会主义理论，认为人类未来的理想社会是共产主义。马克思主义为人类社会发展指明新的方向，俄国十月革命一声炮响，将社会主义理论变为现实。马克思主义传到中国，给党和正处于迷茫困惑的人们带来希望。中国共产党毅然选择马克思主义，在马克思主义的指导下，中国发生翻天覆地的变化。从选择马克思主义开始，无论任何艰难险阻，中国共产党始终带领中国人民高举中国特色社会主义伟大旗帜，为中国特色社会主义伟大事业不懈奋斗。未来，我们朝着共产主义远大理想的方向前进，需要一代又一代人，秉承古人追求理想信念的精神，接续奋斗。

（2）公德教育

公德从本质上来说，是一个国家和民族在长期的社会历史发展中积淀形成的道德准则、思想观念和文化传统。它表现为公民道德建设、社会公德建设、家庭美德建设、职业道德建设。

①公民道德建设。古人十分重视公民道德建设，根据长期的历史积淀，可将其归纳为忠、孝、义、仁、礼、智、信等。比如，"天下兴亡，匹夫有责"和"大道之行，天下为公"的忠义观。有"慈孝之心，人皆有之"和"老吾老，以及人之老；幼吾幼，以及人之幼"的忠孝观。有"穷则独善其身，达则兼济天下"和"以公灭私，民其允怀"的仁礼观等。古人关于公民道德建设在几千年的发展中不断发扬光大，始终是社会发展的基本伦理道德。在社会主义条件下，公民道德建设应在吸取优秀传统文化的基础上不断发展。

②社会公德建设。社会公德具有基础性、全民性、稳定性、简明性和渗透性等特点。它在一个社会道德体系中处于基础地位，是社会全体成员必须遵守的道德规范，它的内涵一般不用过多解释，渗透到社会生活的方方面面。社会公德一般相对稳定，几千年来，人们约定俗成，世世代代遵守公共生活中最一般、最基

础的规则。中华优秀传统文化中有"路不拾遗""夜不闭户"的典故，今天我们有"拾金不昧""国泰民安"的做法和现象。中华优秀传统文化中有"不蔽人之善，不言人之恶"的观点，今天我们有"待人谦逊""文明礼貌"的礼仪传统。因此，当前我们所追求的社会公德建设既是对中华民族传统美德的继承，也是结合时代发展赋予新的内涵。社会公德作为人类社会中最简单的行为规范，和每个人的切身利益息息相关，每个公民都应该积极践行。社会公德作为社会主义精神文明建设的基础工程，应该大力宣传普及，鼓励人们成为社会的好公民。

③家庭美德建设。"家是千万国，国是千万家"，国家是由一个个家庭组成的，家庭美德建设关系到国家道德建设的成败，关系到社会的安定团结。我国自古以来就倡导尊敬父母，赡养子女，强调长幼有序。比如，"孝有三：大尊尊亲，其次弗辱，其下能养"。古人认为孝顺父母可以分为三个等级，最高的孝顺是充分尊敬父母，其次是使父母不受辱没，等级最低的是仅赡养父母。可见，在古人看来，孝敬父母首先必须赡养父母，在当前社会，如果不赡养父母，会被世人唾骂，甚至受到法律的制裁。其次，孝敬父母要使父母不以自己为耻。子女在外要时刻谨记父母教诲，遵守社会道德规范和法律法规，不做让父母丢脸受辱的事情。最后，孝敬父母要学会尊敬父母。父母给予子女生命并将子女抚养成人，在这个过程中，可能有意见不一致，子女应该学会和父母沟通，尊重父母的意见。当然，父母也有义务去赡养子女，教导子女。除此之外，家庭美德还表现为男女平等。

在奴隶社会和封建社会时期，男女关系不平等，在封建伦理五常中，有一场即为"夫为妇纲"，认为女子一般是男子的附属品，在家庭中没有地位。当前我们已经抛弃这种落后的思想，提倡男女平等。家庭美德还表现为夫妻相处和睦，俗话说，家和万事兴，夫妻关系是家庭关系的核心，是家庭幸福的前提和保障。夫妻关系影响子女父母之间的关系，所以夫妻之间应该坚持平等互爱的原则，做到"携手白头""举案齐眉"。

在家庭生活中，还应该坚持勤俭持家。勤俭持家是我国的传统美德。我国自古以来就流传着勤俭持家的哲学典故，如诸葛亮的"静以修身、俭以养德"。当前我国物质财富极为丰富，但是勤俭节约的优良传统并不过时，习近平总书记提出的"光盘行动"就是倡导我们学会节约，避免浪费。邻里关系也是影响家庭和谐的重要因素，因此，家庭美德中提倡邻里和睦。我国劳动人民历来重视邻里团结，如"远亲不如近邻""孟母三迁"等。

习近平总书记特别强调家庭家教家风的建设，家庭关系影响社会文明进步，家教家风关系下一代的培养和健康成长。新时代，我们依然需要大力倡导家庭美德建设，使每一个家庭都能幸福美满和谐，建立具有真正美德的家庭。

④职业道德建设。职业道德是所有员工在职业活动中应遵守的行为准则。良好的职业道德是每一名员工都应该具备的品质。中华优秀传统文化中关于职业道德建设的理论观点虽然没有进行明确表述，但是仔细研究就会发现，古人对于职业道德建设相当重视。比如，"在其位谋其政，任其职尽其责"，言简意赅地向我们说明不管在什么职位，都应该履职尽责。职业责任感和使命感对任何岗位来说都相当重要，是从业员工应该具备的最基本的品质。只有爱岗敬业的人，才会在自己岗位上勤勤恳恳，甘于奉献，为国家、为社会作出贡献，才会一丝不苟、精益求精，为行业发展作贡献。中华优秀传统文化中倡导"货真价实，童叟无欺"，认为"经商欺生，自断财路"，这其实向我们说明了诚实守信的重要性。诚实守信是中华民族传统美德的一个重要内容，先秦时期，就已经开始使用诚信，认为"诚"即诚实，"信"即信守诺言，强调"勿自欺，勿欺人""言必信，行必果"。孔子认为"信"是一个人的立身之本，没有诚信，就失去了做人的基本条件。中国共产党成立以后，进一步加深对诚实守信的认识和理解。当前大学生的诚实守信意识普遍淡薄，应将诚实守信作为社会主义道德建设的重点加强教育。除此之外，职业道德还表现为公平公正、服务群众、贡献社会等。任何职业服务的对象都是人民群众，理应坚持为人民服务的理念，坚持集体主义的观念，贡献社会。2019年，新型冠状病毒来势汹汹，无数的白衣天使坚守职业道德，在自己的岗位上默默奉献，为广大人民群众阻挡一次又一次的病毒袭击，成功保护了人民群众的生命财产。我们应该大力倡导这种职业道德，鼓励人们成为中国特色社会主义事业的好建设者。

"道不可坐论，行不能空谈"，要加强道德建设，必须大力倡导公德教育，让坚守公德成为每一个人所具备的基本品质。

第二章 中国传统思想文化与高校德育教育研究

中华民族自古就崇文重教。中华优秀传统文化中蕴含着广泛而深刻的教育思想，尤其重视品德修养在个人成长中所发挥的作用。我国对人的道德品质的培养有着悠久的历史。

严格来说，中国古代并没有专门的德育教育，而是通过社会上普遍遵守的风俗和不同学派的学说，共同形成了德育思想。与现在提出的社会意识自成一派所不同的是，古代社会中的道德与社会意识是相互融合的。具体来说，古代道德是建立在儒家学派的思想观念和道德教化的政治观念之上的，其中涵盖了不同的社会秩序和伦理关系。古代德育思想的具体内容比当代德育教育要更加广泛和丰富。

古代德育思想可以用较为凝练的语言表述，即"修身、齐家、治国、平天下"。"修身"是根本，"齐家、治国、平天下"是目标，其中从个人和社会两个方面进行了规定，个人道德修养的高低是推动国家与社会发展的根本所在，国家和社会形成和谐的文化氛围，使个人修养的养成有了肥沃的土壤。把个人的命运与社会、国家的发展联系起来，是古代德育思想的重要内涵，为后来中国德育思想的发展产生了深远的影响。中华人民共和国成立和发展后，中国德育思想处在不断地发展完善中，具体体现在，摒弃古代封建道德思想中的落后思想、借鉴西方先进道德思想、构建中国特色社会主义道德观，这种独具特色的发展过程为当代中国德育教育理论奠定了坚实的基础。

进入21世纪，我国步入了信息化时代，高新技术日新月异，改革开放程度也不断加深，与其他国家的往来也愈发密切，涌入了不同的文化思潮和价值取向，这对当代人来说像一把双刃剑，若不合理运用，便会导致不良后果。因此，以"德"为中心的中华优秀传统文化的价值取向便成为正确使用这把双刃剑的有效途径。"德"不仅体现在国家方面的爱国之情，而且体现在个人方面约束自己的言行，当然这两方面都需要紧跟时代的步伐，发挥中华优秀传统思想文化的现代价值，在社会主义核心价值观的指导下规范每个人的一言一行。有了上述价值取向的助力，人们一定能够积极主动地抵抗不良思想造成的负面影响。

第一节　儒家思想文化与高校德育教育研究

历代哲人们的哲学思想和学说，构成了中华优秀传统文化的核心。中国古代的教育与这些哲学思想和理论有着密切的联系。

孔子创立的儒家思想在中国文化史上占据着重要的位置。这一思想主要围绕"仁"展开。孔子以"仁"的思想为起点，提出了一系列用于修身、约束人们行为的伦理观念以及进行道德教化的政治观念。

发展到汉代，董仲舒立足于儒家思想，以阴阳五行思想为框架，融合了先秦诸子百家思想，提出了以"天人感应"为轴心的思想体系，显示了朴素的唯物主义色彩。至此，儒家思想正式成为一门新的学问——经学。宋代的程颢、程颐和朱熹进一步推动了儒家思想的发展，创立了理学。朱熹将孔子讲授的《大学》《中庸》从《礼记》中独立出来，并作章句，还为《论语》《孟子》加上注释，构成了《四书章句集注》，又叫"四书"，是研习儒家思想的必备典籍。"四书"与《周易》《尚书》《诗经》《礼记》《春秋》"五经"，成为此后历代学子读书与科举时的必读书籍。而随着科举制度的确立，儒家学说在中国文化史上的影响力也在不断扩大，成为当之无愧的第一学说。

一、儒家德育思想的主要内容

作为中华思想文化的主导和底色，儒家思想文化历经千年不曾消弭，仍然延续至今，必然有其重要的价值。对于其中的儒家德育思想来说，所囊括的内容也非常广泛，这里总结为下面四部分。

第一，将"仁"和"义"作为价值观和道德准则。儒家德育思想以"仁"为核心观念，被看作是道德的最高标准，每个人都要拥有这一道德品质。对于普通人而言，"仁"是发自于内心深处的关爱他人的想法，这便是"仁者爱人"，不但要爱家人、爱朋友，而且要爱周围的一切事物。而在整个社会发展的过程中，"仁"也是社会长久发展、和谐安稳的最高价值准则，即孔子所说的"君子笃于亲，则民兴于仁"。

儒家德育思想的另一核心思想是"义"，它是达到儒家理想人格境界应该具备的品格之一，重视个人对社会应当承担的责任和义务，要求人们以此为依据树立个人追求的人生目标。"义"的存在促使人们用更高的标准来要求自己，具体来说，在任何情况下都应根据道德规范的具体要求作出相应的决策。由此可以看出，"仁"和"义"不仅是个人发展应该具有的精神品质，更是重要的价值准则。

第二，将"礼"作为道德规范。"礼"作为维护政治和社会基本秩序的重要规范方式，具有不可替代性。在儒家思想中，"礼"在道德行为方面产生了广泛的约束，人们的道德、行为均是有了"礼"的规范得以形成、发展。个人具有高尚的道德品格还不能称为"君子"，必须受到"礼"的制约才可以称得上是具备了理想的人格。也就是说，"仁""义"作为个人道德品质修养的重要内容是不能脱离"礼"而单独存在的，它们时刻都要接受"礼"的制约和规范。

第三，将"孝悌"作为德育基础。"孝悌"在儒家德育思想中占据着相当重要的地位，是践行"仁"这一思想的主要形式。儒家思想中的基本理念是"仁者爱人"，"孝"为至善，是"爱人"的主要表现。儒家德育思想倡导，无论人置身于何种境地都应该有爱人之心，一定要孝顺父母、尊敬长辈、爱护幼小、尊敬贤能的人，如此才可以称得上符合"爱人"的要求。而现在无论国家还是社会都大力提倡"孝"文化，可见儒家德育思想影响之深远。

第四，将"修身"作为基本要求。儒家思想中提到的修身，指的是个人应该学会自省，通过持续的自省敦促自己进步，最终得以养成优良的品德修养。儒家对领导者，特别是国家的管理者提出，一定要深刻理解修身的重要价值，严格地遵守，时时刻刻要坚持以身作则，发挥榜样带头作用。孔子和孟子作为儒家思想的代表人物，都对修身的价值进行了清晰的诠释，他们均提出人们若要实现在个人成长的过程中形成良好的道德品质，达到更高水平的道德修养，势必要深刻地认识到进行修身的必要性，积极地用高尚的道德品质来鼓舞自己，逐渐养成良好的道德行为，通过长期的坚持，达到提高自身道德修养的目的。可见，修身作为儒家德育的基本要求，在现今的社会大环境中，在积极践行"社会主义核心价值观"、努力实现"中华民族伟大复兴中国梦"、坚定"文化自信"的"习近平新时代中国特色社会主义思想"的背景下依然具有重要的价值意义。

二、儒家德育思想的教育特点

思想的形成与发展过程都具有一定的特点，根据其特点，人们得以深入学习其涵盖的内容和实际价值，相应地，社会大众会据此产生不同的接受度。儒家德育思想当然也不例外，其主要具有以下教育特点。

（一）强调道德的政治功能

儒家进行德育所取得的成果中，道德的政治功能较为明显。我国古代社会，儒家的德育思想将对民众的道德教育同国家政治紧密地结合起来。在儒家先贤们看来，向民众开展良好的道德教育能够塑造良好的道德品质，提升民众整体的道德品质，他们所在的社会、国家才能实现长治久安。因而，对于儒家学派来说，处理各类问题都是围绕"治国""平天下"展开的。儒家提倡实行德政思想，非常重视的一方面便是君王能够克己修身，不断提升其道德修养，更好地施行王道。孟子主张推行"仁政"，他说："天子不仁，不保四海；诸侯不仁，不保社稷。"由此不难看出，孟子十分重视"德"的作用。发展到战国末年，大多数思想家仍然将"德"置于非常重要的地位，其中最为典型的是荀子，他以当时社会的整体局势为立足点，吸收了孔子的礼治思想后，提出了"隆礼重法"的施政路线。

总体来看，处在不同历史时期的儒家先哲们充分地论述了道德发挥的重要作用。良好的道德品质、道德教育在一个国家的政治领域占据着重要的地位。历经数千年的发展，历朝历代的社会发展已经表明儒家重视德治是非常明智的选择。在儒家德育思想中道德教育占据着非常重要的位置，并融入了政治方面的内容，这对我们今天促进国家和社会的发展仍具有一定的理论借鉴和学习的意义。

（二）注重民族精神的培育

儒家德育思想蕴含着大量优秀的教育思想，它作为优秀的传统文化是民族生存、发展的重要理论源泉，其中凸显出的民族精神为中华民族的发展提供了源源不断的动力。不同的民族具有自身独特的文化成果，所有的文化成果都来自该民族全体人员孜孜不倦地探索和实践，是由一定的民族文化根基产生的。儒家德育思想这一举足轻重的文化根基，一方面，归纳、总结了中华民族过去社会中的道德实践经验，积极地推动着民族文化的传承、民族精神的积淀；另一方面，其中包含的正向的教育案例，对当代德育教育起到了重要的推动作用。在继承和发扬中华民族精神方面，儒家德育发挥着积极的价值。

儒家大力提倡培养积极进取、自强不息的精神，在不断的探索和实践中致力于塑造自身坚韧的品格、优秀的品质，凭借着坚强的意志不断鼓励自己勇于战胜困难，这无不体现着"天行健，君子以自强不息"的核心思想。回溯中国历史几千年来的发展历程，出现了一批又一批的民族英雄和有志之士，他们凭借着顽强的意志，共同体现出民族精神的伟大力量。另外，儒家的核心思想中包括忠君爱国，把国家的利益和安全放在首位，坚决捍卫国家利益和安全，这样的爱国精神为近代开展爱国主义教育奠定了基础。儒家德育思想中不仅包含了上述民族精神，而且蕴含着许多优秀的中华民族精神，它们经历了数千年的延续和发展，不断被赋予新的内涵，一直到今天仍然具有旺盛的生命力。

（三）重视道德的自我教育

在儒家思想中，开展道德教育不仅要重视教育者的引导作用，而且应重视采用自我修身和自我教育的方式，提倡每个人都应增强自身修养，提高个人的道德品质，在这一基础上有力地推动国家和社会的可持续发展。儒家思想指出，社会上的每一分子都要不断进行自我教育。例如，出自《礼记·大学》的"自天子以至于庶人，壹是皆以修身为本"。其内涵即为，天子、百姓均应该通过自觉修身来保证自身的发展，由此不难发现，儒家开展德育教育十分重视道德自我教育这种形式。

同时，儒家诸子认为，人的自我教育对自身的发展是非常关键的。通常情况下教育者所采用的方式为，根据受教育者的实际特点和水平，开展相应的引导，进一步提升他们塑造自身思想品德的意识，积极主动地形成完善的人格，参加丰富的社会实践活动。在一定水平上来看，自我教育进一步保证了道德教育的发展和延续。不过，这一点也未必对所有人都适用，不是每个人都明白修身的重要性，换句话说，不是每个人都可以积极主动地开展自我教育，而是需要教育者对其进行有针对性的、有目的性的正确的引导。个人在任何时间、任何地点自觉地采取自我教育，可以实现将内在的思想落实到实际行动中，与社会的发展相匹配，有效地避免不良行为的发生。在现代社会中，自我教育依然蕴藏着较强的时代价值，想要实现社会保持和谐发展的局面，自我教育在其中产生的作用不容小觑。

（四）强调知行合一

在儒家思想中宣扬了许多传统美德，这些美德不仅仅是在口头上进行简单的说教，更需要依靠具体的行动去一一实现。其中明确地指出，道德不是模糊的、不能轻易实现的，应该把道德学习同日常生活紧密地融合起来，通过日常生活的不同行为加以运用，这就是用"行"来对"知"进行实践。"知"在个人的发展中能够起到非常重要的作用，通过进行系统、深入的学习可以深刻地体会到道德品质的重要价值所在，进而在面对是非、善恶时采取正确的做法，以免误入歧途。然而，假如受教育者培养高尚的道德品质仅在理论层面进行，只从书本中加以学习，没有应用于日常生活的具体行动中，得到的德育效果并不会令人满意，往往是事倍功半。因此，儒家非常重视在日常的生活中融入道德理论，借助日常行为更加真实地体会道德理论。需要注意的是，儒家反对教育者用高高在上的态度，不根据学生特点和社会需要来开展教学，使学生一味地接受教育者灌输的知识。强调个人要自觉地将理论运用于具体的行为实践中，形成符合社会要求的道德品质。

在后来的新儒学中，王阳明在"知行合一"方面的看法十分全面、深入。在王阳明的理念中"知行合一"便是不管在什么时候、什么环境中，"知"不能脱离"行"独立存在，"行"也不能脱离"知"独立存在，二者是相互依存的关系。其中提到的知，指的是个人的良知。良知是一个人生来就有的，以此为依据来评判周围事物的对错、善恶的道德意识，人区别于动物的主要一点在于，人可以依靠自己的意识采取相应的行为，可以在良知的指导下加以判断，进而采取符合社会规范和道德要求的行为，并不会由于环境和其他外在因素的存在而导致错误的行为。因而，王阳明主张的"知行合一"，具体是要求人们在任何时候都保持纯良之心，不断地提醒自己用良知约束自己的行为，观照自身的心理，做到有所为和有所不为。面对当今社会中充斥的各种各样的诱惑，不应失去本心，失去良知，被物欲所裹挟。在当今时代背景下，国家、社会和学校都要求在工作和学习中能够努力朝着知行合一发展，因而我们应注意不管处在哪种境地，面对哪种事情都应坚持知行合一。

总体来看，尽管儒家德育在封建社会是服务于上层社会的，采用不平等的制度对民众进行教育。马克思的辩证唯物主义发展观明确提出，事物一直都在发展、变化。因而，在当今时代背景下，要学会采用发展的眼光来评价、运用儒家德育思想，在继承和发扬过程中能够扬长避短，使优秀传统文化能够与时俱进，获得不断发展的活力。同样地，这也为践行社会主义核心价值观提供了传统的理论参考。

三、儒家德育思想在德育教育中的运用途径

儒家德育思想的核心目标是培养人的良好的道德品质，建立理想的人格，进而令学生的品质德行可以促进社会的和谐发展，在为社会作出贡献的过程中实现有意义的人生。因而，进行德育教育的过程中要借鉴儒家德育思想中的优秀内涵，将优秀思想和方法运用在德育教育中，实现传承和发扬儒家德育思想。在这一理论的指导下，一方面，有助于显著地提高大学生的品德意识，养成高尚的道德品质和符合社会发展的三观；另一方面，使德育教育工作有坚实的思想支撑，因而，在如今的德育教育中有取舍地运用儒家德育思想，能够使德育教育的发展更加多元化，形成一定的教育特色。

在具体的教育活动中，教师是德育教育工作中不可缺少的角色，他们对学生良好的思想品质和道德素质的养成起到了巨大的引导作用。而教师作为教学的关键因素，只有教师积极主动地学习儒家德育思想，并对其形成系统的了解，这样才能更好地对学生进行教学，激发学生对儒家道德精神的重视，进而强化对自身

精神品质的塑造。

（一）强化教师对于儒家德育思想的学习

德育教育工作的顺利开展离不开教师传授理论知识，与此同时，将儒家德育思想中的精髓运用在德育教育中，重要的就是强化教师对于这些优秀的教育思想的学习。

在高校德育教育方面，教师是主要的教育者，在其中发挥着至关重要的作用。教师是帮助学生顺利成长、成才的引导者，只有其更加深入、全面地学习儒家优秀德育思想，并在具体的实践中尝试融合儒家德育思想中的教育目标、原则和方法，才能获得令人满意的教育效果。同时，教师对于儒家德育思想的学习不能只简单地理解和掌握书本上的理论知识，更应努力把儒家德育教育内容、方法与当代高校德育教育内容、方法进行综合分析，利用古代思想中的智慧更好地进行当代教育，实现更加令人满意的教育效果。

需要明确的一点是，如此注重让教师这一主体学习儒家德育思想，是由于教师是学生接触最多的教育工作者，能够对他们产生潜移默化的影响。对学生来说，教师不只意味着是他们的老师，而且也充当着他们的人生导师，这就导致教师对儒家德育思想的接受与学习的程度势必会直接影响学生对儒家德育思想的理解与运用，同时会影响着德育教育工作获得的效果。因此，这就需要高校努力打造更加适宜的学习环境和学习机会，使教师得以更加轻松地开展儒家德育教育思想的学习。高校可以安排教师在每周专门的时间一起学习儒家德育思想，之后让教师自发地组织交流活动，还可以通过举行相应的考核来明确全体教师具体的学习情况。开展考核时，应结合实际进行，将具有不同教育背景的教师区分开来，使考核结果更有针对性、更加科学合理。具体来说，面向从事思想政治教育工作的教师和具有专门的学习背景的教师，考核形式和结果应比较严格；面向其余专业背景的教师，只要求他们能够充分掌握。与此同时，高校应该多组织开展外出交流活动，让教师通过相互交流不断深入全面地掌握儒家德育思想，吸收其他教师积累的优秀经验，从而完善自身，推动高校德育教育的健康发展。

（二）教师要以儒家的德育思想影响学生

儒家德育过程中将个人修养放在了十分重要的位置，也针对修身这一目的提出了相应的方法，在这些方法中处于核心地位的是"正己"。孔子明确地提出，正人者必先正己，相应地也对教师提出了更高标准的要求。也就是说，开展德育教育工作的教师在实际教学过程中，应努力用"正己"来约束自己的言行，通过一言一行来影响学生、引导学生。教师开展德育教育所面对的是具有独立人格、富有个性的大学生，而教师对学生所产生的影响是全面而持久的，由于存在这些重要的因素，教师在进行德育教育以前一定要"正己"，通过符合道德规范的示范引领手段实施德育教育。当然，能胜任高校教师这一职位的人一定具有较强的综合能力，其所具备的专业领域的理论知识和自身的道德素质都处于较高的水平。因而，他们本身已经拥有的多方面的素质更容易引起学生的认同，在此基础上，教师主动将儒家德育思想融入教育过程中，势必能够给学生的思想产生更加深刻的冲击，进而有助于学生在道德品质和其他领域都能有所进步。

　　目前来看，我国高校的德育教育工作发展水平良好，不过，其中仍存在着一些有待解决的问题。可以发现，一些学生没有形成良好的道德思想，不能正确地看待儒家德育思想。面对这样的问题，高校更应该把德育教育放在重要的位置，与此同时，从强调高校教师自觉地进行"正己"入手，发挥教师人格魅力的感染作用，来引导学生更加主动地学习儒家优秀思想。在学生眼中，高校教师具有较强的人格魅力，这不仅是由于高校教师这个职业的社会地位较高，被社会大众广泛地接受，更是由于他们具备较高水平的专业储备、授课能力、高尚的道德品质以及爱岗敬业的精神。因而，高校教师应该做到与时俱进，及时关注国家相关政策的调整，并结合学生的实际特点有针对性地制订合适的教育理念和驾驭方法，进而推动学生自觉地参与到德育的学习中。按照这一方式进行，不仅有助于促进学生的全方位成长，而且可以为儒家德育运用到高校德育教育中拓宽途径。

四、董仲舒德育思想及其当代价值

　　董仲舒是我国西汉时期著名的政治家、哲学家、教育家，是儒家发展史上里程碑式的人物，在中华民族传统道德教育精神的发展中起到了重要的推动作用。①董仲舒的德育思想继承、吸纳、融合了先秦诸子百家的思想精华，又加入了与时俱进的思想，建立了完善的德育思想理论体系。汉武帝接纳了董仲舒提出的"罢黜百家，独尊儒术"的建议，将儒家确立为正统思想，自此，儒家思想成为我国上千年封建统治的正统思想，对人们的思想产生了极其深远的影响。儒家思想是中华民族历史上主要采用的德育思想，在人们的生活中起到了道德约束和行为规范的作用。究其根本，董仲舒德育思想服务于当时的封建统治阶级，是在封建专制的时代下形成的，具有十分明显的封建性。尽管如此，其思想体系中仍然具备一定积极的内容，符合新时代中国特色社会主义德育理念的具体要求。这就要求我们对董仲舒的道德教育思想采取辩证的态度，以客观、合理的方式来看待它的时代价值与意义。

董仲舒思想作为汉代思想的代表，在历史上发挥着极其重要的作用。深入地论述董仲舒的有关思想，一方面，有助于更客观地研究汉代思想的基本特性，另一方面，有利于推动从中华优秀传统文化中挖掘出极具当代价值的文化精髓。道德教育思想是董仲舒思想中不可忽视的一部分，在汉朝统治者国家治理和个人道德品质提升方面占据着十分关键的地位。虽然董仲舒所处的封建社会背景导致其德育思想中势必存在不符合目前社会发展趋势的方面。但是，其中也不乏对当代德育产生积极影响的方面，这非常值得德育工作者进行深入研究。例如，在其中所提倡的"五常"理论、"重义轻利"思想以及"天人合一"的自然观可为当代德育教育内容提供借鉴和启示。另外，其中也注重教师在德育过程中应该注意言传身教，注意合理运用榜样示范法，同时也应尝试运用德智结合法、道德修养法等。上述方法无不体现着德育规律，能够使当代德育教育工作的完善和发展得到保障。

在具体实践方面，董仲舒是上承孔子下启程朱的儒家学派的典型代表，其德育思想是在对先秦儒家思想的继承和发展及对法道阴阳家的批判与吸收的基础上形成的。在这样的基础上，董仲舒的德育思想汲取了各家学派的思想精华，使西汉的道德建设有了坚实的理论依据。现代社会，经济发展水平较高，人与人、人与自然间产生了各种各样的矛盾，如老无所依的现象仍旧存在，一味地追求经济发展而忽视环境保护，使得人与自然不能和谐相处。面对当今社会不同领域出现

---

① 成松柳.《春秋繁露》与汉代文化的人间性[J].长沙理工大学学报（社会科学版），2016，31（5）：148-
153.

的不良道德现象，在开展道德建设的过程中，应从董仲舒德育思想中汲取精华，从而制订出相关的方法、目标和内容。更加全面、深入地研究董仲舒德育思想，有助于客观、切实地总结出该理论的不足之处和当代价值。取其精华，去其糟粕，古为今用，能够更好地为当代德育教育提供理论参考和宝贵的经验。当前，我国正努力朝着文化强国的方向发展，在一定程度上更加离不开对中华传统文化的继承和发展，大力弘扬中华优秀传统文化，加强在全球文化中的话语权，加强公民道德建设，提升公民道德素质。董仲舒德育思想蕴含的优秀的德育内容与方法能够提高全民族对中华优秀传统文化的民族认同感，增强全民族文化自信，有利于推动我国社会主义文化的建设，更有利于为当代思想政治教育提供深厚的历史文化底蕴支撑。

（一）董仲舒德育思想的理论渊源

董仲舒将儒家思想同当时的社会实际相结合，吸收了其他学派的优势，创建了新儒学体系。在此基础上可以说，董仲舒的德育思想是在通过对先秦儒家德育思想批判性地继承和发展的过程中建立的。为了更加客观、具体地探究董仲舒德育思想的理论渊源，一定要明确董仲舒德育思想与先秦儒家德育思想所具有的异同点。在董仲舒德育思想中，一方面，吸收和完善了先秦儒家的人性论，另一方面，从整体上论述和提高了先秦儒家的修养论。为了更加贴切地达到统治阶层维护统治的要求，其德育思想还从法家、道家、阴阳家等的思想中吸收了精华。

1.董仲舒对先秦儒学的继承与发展

董仲舒德育思想可以说是对孔子、孟子、荀子人性论和修养论的继承和发展。从古至今哲学家们对道德教育进行系统分析和论述，必须要建立在对人性加以考量的基础上，因此先秦儒家均对人性予以了深入的研究，并对人性提出了不同的观点。

孔子人性论的基本观点为：性相近，习相远。在孔子看来，人们的性情有所不同，但是不同之处较少。由于所处的环境和后天的习惯不同，人们性情的差距便会越来越明显。基于此，孔子最早提出了"有教无类"的思想。由上述分析可知，孔子将所处环境对道德教育所造成的方方面面的影响置于非常重要的位置，指出在德育过程中应合理发挥环境的作用。

孟子人性论的基本观点为：人性本善，提出了"性善论"。在孟子看来，性代表着天性，每个人一生下来便拥有善的品质，人长期处在不同的情况下会出现不同的向善心理。同时，孟子认为人是道德活动的主体，开展道德教育应正确发挥人的主观能动性。

荀子人性论的基本观点与孟子的基本观点截然不同。在荀子看来，人性中占据很大比例的是欲望。荀子生活的年代礼崩乐坏、社会形势动荡，他眼中的世界很灰暗、失去了生机，人们贪图享乐，想方设法来满足个人的私欲。由于人们对欲望没有节制，才出现了恶。他提出"性恶论"的目的在于向世人敲响警钟，告诫人们不要被欲望迷失了双眼，失去了人性的本真。荀子强调在德育的过程中要注意外部环境的导向作用及实时对人们进行道德教育的必要性。

董仲舒提出的人性论是以孔孟荀思想为导向，对他们的思想加以融合和发展而形成的，被称为"性三品"说，其中又从善、恶两个方面加以论述。

道德修养是受到良好道德教育效果的重要基石。道德修养是内因，道德教育是外因，外因必须通过内因才能发挥作用。因此，先秦儒家的德育思想中在修养论方面提出了不同的观点。

孔子的修养论从《论语》中的论述可见一斑。他认为一个人拥有的知识和道德修养不是天生具备的，而是通过后天长期的学习、实践而获得的。孔子非常注重学习在道德修养中起到的作用。

孟子的修养论是在性善论的基础上发展起来的，他认为道德修养的形成和发展必须充分利用个体的主观能动性。在孟子的修养论中，提出要依靠道德修养保存、丰富人性中善的部分。

董仲舒德育思想中蕴含的修养观是在先秦儒家思想的基础上建立的。他也注重环境在个人修养塑造方面发挥的巨大影响，还特别强调教育的重要性，而道德修养的不断提升不能缺少教师的教导和家长的以身作则。

2.董仲舒对法道阴阳家的批判与吸收

汉朝加强了君主专制制度，董仲舒的德育思想本质上来看是为统治者服务的。君主专制制度的思想渊源正是法家的尊君思想，也可以说，法家为中央集权的君主专制制度的确立奠定了基础。在上述政治环境下，董仲舒的德育思想若想被统治者接受并受到重视，势必要以法家思想的某些思想为前提。董仲舒德育思想吸收法家思想的精髓正体现出其对皇权的遵从和维护。另外，为了让皇权的绝对权威被臣民绝对服从，则要发挥出道家和阴阳家的一些思想的作用，即借助道家的天道神学和阴阳家五行学说来神化皇权，让臣民彻底地相信所有都是上天的安排。董仲舒德育思想兼采法道阴阳家的思想，不仅是为了实现社会的和谐稳定，而且主张依靠天意来要求统治者实施仁政，用仁爱来治理国家。

（二）董仲舒德育思想的内容

为了达到君民互爱、人人互爱的社会道德教育目标，董仲舒由"性三品"的人性观、"三纲五常"的伦理观、"重义轻利"的义利观以及"天人合一"的和谐观这几方面入手，在人性、伦理、日常生活、人与自然关系等领域给受教育者制订出一系列道德要求和规范，目的在于形成和谐稳定的社会秩序，为达到德育目标打好坚实的基础。

1."性三品"的人性观

荀子的"性恶论"认为大多数人与生俱来就是利己的，秦朝政治统治中践行这一思想，最终产生了暴政统治；孟子的"性善论"认为大多数人与生俱来是良善的，开展德育时重视充分利用自身的主导性。这两种人性论虽然本质上完全相反，但是都是西汉统治者在治理国家的过程中所需要的。为了更全面地满足统治阶层和社会的主要道德需求，董仲舒借鉴了先秦儒家思想中的人性论，建立了"性三品"的人性观。其中，把人性分成了三个阶层，具体为圣人之性、中民之性、斗筲之性。[①]他强调，在这三种人性中，上层的圣人之性和下层的斗筲之性不能被认为是人性，只有中间一层的中民之性被认为是人性。如此一来，董仲舒对德育过程所涉及的德育对象进行了详细的划分。与此同时，他还提出圣人（即统治者）身为上天选择的具有善的资质的人，应该引导中民形成良好的品性，也就是说，在封建社会，进行德育教育主要是圣人的责任。最后，董仲舒认为，斗筲之性是生来就是恶的，不能借助言行来提高他们的道德素质，因此在德育过程中对待具有斗筲之性的百姓，应利用法律来强制约束其行为。

2."三纲五常"的伦理观

在中国封建社会的道德教育体系中，三纲五常思想占据着至关重要的地位，它提出了封建社会的社会伦理观。董仲舒"三纲五常"道德观念的产生与形

---

① 卢有志，祖国华.儒家思想政治教育理论研究[M].北京：中国社会科学出版社，2021.

成，是一个十分复杂而又长期的过程。孔子伦理观念中的"君君臣臣""父父子子""仁""义""礼""智""信"，构成了董仲舒"三纲五常"的一个重要基础。孟子提出的"父子有亲，君臣有义，夫妻有别，长幼有序，朋友有信"为董仲舒的"五常"思想提供重要铺垫。韩非子的"臣事君，子事父，妻事夫，三者顺则天下治，三者逆则天下乱，此天下之常道也"，这样的"三顺"思想为董仲舒的"三纲"思想提供了借鉴意义。董仲舒的"三纲五常"伦理观是在吸收和发展先秦思想家的思想的过程中形成和发展的。

董仲舒的"三纲"思想为封建社会建立了富有极强尊卑等级观念的伦理体系。这一思想的重要基础是天，其中强调天子的权利来自天，天子的言行均是天的意志的表现，任何人都不能违抗，也就是说，天子的命令一定要被万民遵守，从而有力地维护了封建统治者的统治。除此以外，子听从于父，身为子女一定要敬重父亲，妻子听从于丈夫。董仲舒的"三纲"思想的本质属于封建伦理要遵守的基本要求，与当时社会的整体道德需要相符，能够更好地保障社会的稳定局面。

董仲舒的"五常"思想确立了"仁、义、礼、智、信"五大道德准则，将此作为人与人相处的根本伦理准则。

3."重义轻利"的义利观

中国古代思想家均将"义"与"利"这两种道德观念放在非常重要的位置，他们所提出的义利观都蕴含着有自身特色的理解和思想主张。在中国古代的四大主流意识形态中，儒、墨、道、法四家对于"义"的解释大致相同，都强调"义"的意思是合乎情理的，也就是说，人和人之间的情感和言行都是合乎情理的。不过，其思想主张具体重视的方面仍有差异。孔子、孟子、荀子是先秦儒家学派的代表人物，在义利观方面都有相应的思想主张，都秉持着"重义轻利"的观念，认为"义"大于"利"；墨子是墨家的代表人物，在义利观方面秉持着"义""利"并举的观念，本文提出了"义"和"利"并驾齐驱的观点；作为道家思想代表的老子，在义利观上采取了"义利两舍"的态度。董仲舒的哲学思想主要是承袭并发扬了儒学，因此他的义利观也是"重义轻利"的。同时，董仲舒在义利观方面也融入了天人合一的思想，使其所提出的观点获得了强有力的证明，让更多的人能更容易接受和认可这些观点。董仲舒在义利观方面强调，上天创造了人类，与生俱有"义"和"利"这两种特质，义是人类追求精神需要所产生的，利是人类追求物质需要所产生的。进一步地，他还对"义""利"二者的联系加以分析，提出如下观点，如果人们把生存和利益作为行动的指导方针，便同其他动物没有本质区别，倡导人们把实行"仁义"作为行为准则，同时还强调义贵于利。

4."天人合一"的和谐观

董仲舒的德育思想将人与自然的关系置于十分重要的地位，借助道德教育的作用达到"天人合一"、人与自然和谐相处。在"天人合一"方面，董仲舒主要对以下方面进行阐述。

第一，"天人同类"思想。董仲舒提出，人的生理活动一定要与大自然的步调相匹配，人的生命质量和寿命取决于他们是否按照天道去生活，这凸显了人与自然和谐共处。

第二，"天人感应"思想。他把人们的伦理道德强加于老天，认为施行仁政是符合天意的。

第三，"天人合一"思想。董仲舒认为，"天意"是一种普遍的观念。这一思想对君主政体的发展起到了一定的作用，并对君主政体提出了"仁政"的要求。董仲舒"天人合一"的思想构建了天、天子、民三个层面的相互制约和协调的关系体系。

总之，董仲舒"天人合一"的学说，其核心思想是"天"是至高的权威，而当权者是"天"的实践者，他们一定要被臣民敬仰。同时，统治者也应被天所限制，要采取"仁政"，这能实现对王权的相应的限制。尽管它具有很强的封建性和神秘性，它的基本目标也是巩固封建主义的统治，但它的某些核心思想还是很有价值的，值得我们借鉴。

人类社会发展至今，人与自然之间的矛盾被不断激化，人类毫无顾忌地捕杀野生动物，大量开办工厂，造成了大范围的环境污染，人类要想能够长久地保持发展的脚步就必须努力与自然和谐共处。董仲舒也十分重视人与自然和谐相处这一理念，这一理念在当今社会的发展中体现出了跨时代的意义与价值。董仲舒提出："事各顺于名，名各顺于天，天人之际，合而为一。同而通理，动而相益，顺耳享受，谓之德道。"他十分巧妙地把自然与人的关系联系起来。董仲舒的思想体系中，将天看作人类社会道德的起源，天与人的关系是一脉相承的，这就要求人与自然应该保持和谐统一。董仲舒还提出，统治者要真诚地爱护万民和世间万物，对鸟兽昆虫也要一样爱护。如果做不到有这样的爱心，便不能算得上仁义。董仲舒在此着重强调了人类对自然界万物的关爱，对自然环境的维护，对人与自然之间的和谐有着重要的意义。董仲舒的"天人合一"思想在目前的社会生态文明建设方面发挥着较为强烈的现实意义，在建立人与自然和谐共处的世界方面也给出了相应的建议。

（三）董仲舒德育思想的当代价值

1.对当代思想政治教育目标的启示

董仲舒确立的德育目标具体包括以下几方面。

第一，"化性成善"，提升人性修养的初级层次目标。

第二，"选拔贤才"，培养国家栋梁的中级层次目标。

第三，"教化圣王"，塑造完美人格的高级层次目标。

董仲舒的德育目标体系有着较为突出的层次性特征。其德育目标把提高个人的道德素养放在比较重要的地位上，要培养德才兼备的政治人才和一个有优良思想品德的君主，重视对儒家道德的实践，具体的德育目标均反映出进行德育时应将道德内涵放在非常重要的地位。与此同时，董仲舒的德育目标分别面向"普通百姓""臣子""君王"这三个教育对象，涵盖了社会中的每一阶层，这有力地印证了德育目标的全面性。

（1）体现德育目标的层次性

按照德育对象和目的的不同，董仲舒把德育思想的目标归纳为若干层次，其中包括了所有的教育客体，形成了相对完善的德育目标体系，实现了道德教育的目的。董仲舒在道德教育的对象上，提出了多个层次的道德教育目标，其目的是达到不同的道德教育目标，从而为现代德育教育的发展提供有益的借鉴。董仲舒认为，教育的对象不一样，教育的内容和层次也各不相同，应更加重视教育对象的个体差异性。例如，董仲舒强调对普通民众要施行全面的道德教化，主要以提高其道德修养为目的，维护社会的和谐稳定；对大臣而言，要在重视提升人性修养的基础之上，更加重视德行的培养，坚持做到君臣之道；对国家的统治者而言，强调统治者要具备良好的德行，为臣民树立良好的道德楷模，进行自我德育来达到更高的道德水平。不同层次的德育目标逐级提升，目标要求相应更高。

这就对当代德育提出了更高的要求，应加强对学生实施分层教育，注意观察学生的个体差异性，从而总结出学生身心发展的阶段性特征。

（2）彰显德育目标的道德性

在政治层面上，董仲舒的德育目标思想主要是服务于统治阶级，是为了更好地帮助统治阶级巩固专制政权而形成的。不过究其本质，仍然以传统儒家道德伦理观念为主导，董仲舒德育思想所具有的丰富的道德内涵有利于这一思想可以更好地成为现实、最终收到不错的德育效果。董仲舒的德育目标将道德内涵置于非常重要的位置，主要目的是把统治阶级所倡导的道德思想和伦理要求借助道德教育的形式融入每个人的生活习惯中。在这一前提下，有助于推动统治者的意识形态在整个社会得到普及，进而更好地达到德育目标，增强德育的实效性。

基于我国高校德育教育工作存在的问题，导致较难完成制订的目标，收到的德育效果并不令人满意。在董仲舒的德育思想目标中彰显丰富的道德内涵，可为我国思想政治教育工作提供积极的借鉴和启示。

（3）注重德育目标的全面性

自先秦儒学以来，以孔子为首的儒学代表人物的德育思想主张，都非常重视道德教育的政治目标，别的方面的教育目标要么是为政治目标奠定基础，要么是为其提供服务。不难发现，董仲舒的德育目标在本质上具有强烈的政治色彩，不过，他还致力于打造较为完善的德育目标体系，从各行各业着手开展一系列考察活动，强调德育目标的全面性。董仲舒提出的初级层次的德育目标为运用道德教育这一途径，可以有效地提升普通百姓的道德素养和人性修养，这对全面提升全社会的道德水平、保障社会的进步和可持续发展有很大帮助。董仲舒还就道德教育的目的提出了相应的要求，将天人关系作为理论依据，让统治者起到表率的作用，从而达到约束统治者言行的目的，推动统治者在治理国家的过程中开展仁政。董仲舒还非常重视人才的选用，提出统治者要想治理好国家，离不开德才兼备的人才，与此同时，也应将官员的道德品行置于重要地位。

总之，董仲舒的德育思想所面向的对象是整个社会的各个阶层，而且由于人们的道德层次的不同，他们所要实现的教育目也不尽相同，目标实现了专属、全面等要求。董仲舒的德育目标的制订涵盖了全社会各个阶级的教育对象，充分体现了全面性的特征，不得不说该特征为当代德育教育目标的制订与调整提供了重要借鉴。

2.对当代思想政治教育内容的启示

董仲舒的德育思想体系中蕴含的内容全面而深刻，从整体上看，囊括了"仁义礼智信"为核心的"五常"思想、"重义轻利"的义利观、"天人合一"的和谐观。董仲舒的德育思想内容对国家统治者、大臣、普通百姓这些各个阶层的人提出了一系列要求，融入了日常生活的各个方面，为当代德育教育的开展提供了宝贵的经验和借鉴，亦可为习近平新时代中国特色社会主义思想道德建设提供夯实的思想基础，更有利于践行社会主义核心价值观，构建社会主义和谐社会，调节人与自然之间的矛盾，促进人与自然和谐共处。

（1）"五常"思想有助于践行社会主义核心价值观

"五常"思想在董仲舒德育思想体系中占据着非常重要的地位，是先秦诸子思想精华的延续和总结，是中华民族历史悠久的价值观。"五常"思想中所包含的"仁义礼智信"为社会主义核心价值观提供了丰富的思想资源。

第一，董仲舒的"五常"思想是人们践行社会主义核心价值观的重要思想源泉。董仲舒的"五常"思想从西汉开始就成为官方统治思想，影响到中国历史发展的各个方面，其中蕴含的优秀思想使当代社会主义核心价值观的发展获得了源源不断的支持。董仲舒的"五常"思想同样来自对人性的深入分析，适用于社会发展中的任何时期和任何阶层。因此，与当代社会所提倡的价值观具有相契合之处。

第二，董仲舒"五常"学说与现代社会的不断融合，为我们今天的社会主义核心价值观寻找到了一个新的价值定位。董仲舒的"五常"思想在特定的历史时期得以形成、发展起来，所蕴含的核心思想"仁义礼智信"建立在对人性的深入研究之上，由于时代背景发生了翻天覆地的变化，价值观也应与时俱进，补充与时代相契合的内容。

（2）"重义轻利"的义利观有助于构建社会主义和谐社会

社会主义和谐观要求建立一个人与人之间诚信友爱、团结互助；安定有序、公平正义；人与环境之间和谐共处的社会。回溯到西汉早期，当时的社会环境比较混乱，统治者强烈追求社会的稳定局面。在这一现实需要下，董仲舒提出"重义轻利"的义利观，使人们建立了全新的价值观，有利于打造和谐稳定的社会环境。董仲舒"重义轻利"的义利观是践行当代社会主义和谐社会的重要依据。从古至今，义与利都在人、社会、自然这三者之间发挥着十分重要的影响。

利的含义包括利益、好处、利润等。利能够使人们拥有良好的物质生活资料，与此同时，也会造成许多社会矛盾。人在求"利"的过程中，常常会出现背叛、家破人亡、失足、犯法等现象。而且，为了"利"，人类也会不惜破坏自然环境，杀害野生动物，破坏人与自然的和谐。因而，想要构建现代和谐社会，一定要处理好"义"与"利"的关系。董仲舒提出的"重义轻利"的义利观不是仅侧重其中的一方面。在他的思想体系中，"义"与"利"是人们天生具有的两种特质，不能忽视其中任何一种，而且二者比较来看，义的位置应高于利，也就是说，我们在处理人与人、社会、自然的关系时要时刻坚持将义放在前面，在满足义的同时再获取利。

（3）"天人合一"的和谐观有助于促进生态文明建设

近年来，我国始终把生态文明建设问题放在突出的地位，同时也针对该问题开展了深入的研究。党的十八大更是把生态文明建设纳入中国特色社会主义事业"五位一体"总体布局，使生态文明建设的战略地位更加明确。其实，生态文明建设这一理念不是当今时代才有的产物，纵观中华民族五千年文明的发展可以探寻到大量关于生态文明建设的思想。深入地、全方面地研究董仲舒"天人合一"思想的深刻内涵，有利于促进生态文明建设。"天人合一"自然观思想是董仲舒天人关系哲学的根本。在他的观念中，天的地位处于最高的位置，是世间万事万物的根本。天与人可以互相感应，进而可以达到循环的动态平衡系统，始终保持和谐统一，即董仲舒所强调的"天人合一"理念。董仲舒基于人体构造这一视角来论述人与天具有内在统一性，从而提出了"天人同类"的看法。这就要求人类能够像爱惜自己一样珍惜自然资源，保护生态环境。他明确提出，保护自然就是在保护人自身。需要注意的是，董仲舒不是要求人们盲目地崇拜上天和敬畏自然，也不是让人们完全以自己的意志为主导，而是直接点明人应该充分发挥主观能动性。董仲舒强调，人类在积极主动地改造自然、利用自然的时候，还应该保持一颗敬畏自然的心，要淋漓尽致地体现出人的大爱。董仲舒的生态道德教育思想与当代生态文明建设理念高度一致。

近年来，全世界都经历了新型冠状病毒的考验，更应该坚定地把生态文明建设置于重要的位置。德育教育对当代生态文明建设起到了有力的推动作用。当代高校生态文明教育实践中，更应增加传统生态文明德育思想的相关内容，为当代生态文明建设提供动力。

3.对当代思想政治教育的方法的启示

在开展道德教育方面，董仲舒提倡采用榜样示范法、德育与智育相结合的道德教育方法、自我修身法和道德修养法。他在道德教育方法方面的相关论述为当代思想政治教育方法的拓展与完善给予了一定的借鉴。

（1）注重树立道德自觉的自我修身法

对大学生进行德育教育通常采用的途径有学校教育、家庭教育、环境熏陶、社会实践和自我修养法。前四种途径均为外部环境对道德主体所施加的道德修养影响，从而使道德主体的行为和意识发生相应的变化。另外一种自我修养法则是对大学生进行德育教育最常使用的方法，在道德教育中占据着非常重要的地位。董仲舒对自我修养法进行了全面的阐释，并在实践过程中广泛应用，提倡德育对象在具备良好道德的情况下，通过道德修养的方法使道德思想转化为主观行为，从而更好地实现道德教育。董仲舒强调的受教育主体通过树立道德自觉来提升自我修养的道德修身法，可为当代高校德育教育提供良好的借鉴与启示。

当代大学生的精神面貌总体上表现为积极向上，具有良好的社会公德，具有良好的社会公德、家庭美德，但是，由于受家庭、社会环境等多种因素的影响，部分大学生已经养成了某些不良的思想和习惯，这与目前大学生的德育目标之间还存在很大的落差。他们在处理问题的过程中大都会更计较自己的利益得失，对其他人提出很多要求，不能换个角度考虑问题，思想过于狭隘。

董仲舒提倡的严己宽人的德育方法理念可为转变这样的现实情况提供借鉴及思考。在当代德育教育的过程中，加强当代大学生学习儒家传统道德思想，使他们能够从中学到儒家的道德思想，并以此为依据提高对自己言行的要求，在平常待人接物的过程中对他人多一些宽容和关爱。

（2）注重以身示范的榜样教育法

中国古代的思想家认为，美德与知识二者具有同等重要的地位。董仲舒在该方面有过系统的分析，还对教育者的品德方面提出了一些要求。他提出的有关教师道德修养的思想认为，身为老师不仅要向学生传授正确的理论知识，而且要注意自己的德行，这一理念被称为"美道慎行"，其内涵包括，教师应谨记、约束自己的行为，用较高的道德准则要求自己，不能做有违师德的事情。教师在德育过程中发挥着重要的主导作用，教师的一言一行都会在不知不觉中影响学生的发展。所以，教师要坚持终身学习，不断提高自身的道德素养和科学文化知识，一方面要不断提高文化知识的传递和教育工作的水平，另一方面要维护好自身形象，为学生树立好的道德楷模，并引导学生模仿学习。

（3）注重运用知行统一的道德修养法

运用知行统一的道德修养法，要求受教育者将学到的道德内容和道德目标在脑海中产生清晰的思想认识，在这一基础上，受教育者能够自觉将已经形成的道德认识外化为日常的行为规范。董仲舒提倡的这一德育方法鼓励受教育主体充分发挥自身的能动性，督促受教育者进行道德内省，重视对问题学生实施心理疏导，让道德主体自觉形成与社会发展相适应的思想道德素质，促进人的全面发展，进而有助于推动社会进步。

现如今，在社会经济快速发展的今天，大学生不可避免地受到了来自自身生存环境与社会整体环境的潜在影响，传统的"灌输"道德内容的方法已不能适应当前大学生的实际需求，单纯依靠灌输的方法无法达到理想的德育目的与育人效果。不过，也不能彻底放弃运用思想灌输这一方式。

第一，向学生灌输德育教育的理论知识，令当代大学生拥有的德育教育内容能够更加完善，将德育内容深深地扎根于内心，为其达到良好的道德水准、形成良好的道德行为习惯提供重要的思想前提和理论基础。

第二，在当代德育教育中，一定要将道德主体的能动性发挥到最大，促进大学生在日常生活中积极主动地践行所学的德育教育内容，进而实现在尽可能地调动道德主体的主观能动性的同时，帮助他们主动地抵制和减少不良行为造成的影响。道德主体可以积极地树立健康向上的世界观，培养正确的道德观念、道德情感、道德意志，进而在日常的生活和学习中转化为实际行为。只有这样通过现代德育教育，才可以让当代大学生的整体素质得到真正的提高，才可以持续地提高道德教育的时效性，从而获得更好的道德教育效果。

（4）强调德育与智育共同发展的德智结合法

董仲舒提出的德育与智育共同发展的德智结合法，十分重视在德育教育中把德育同智育紧密地联系在一起，不能一味地重视其中一个方面的发展，而看轻另一方面的作用，应注意在德育过程中保证德智的齐头并进。董仲舒德育思想强调"必仁且智"应作为开展教育的基础，因此其教育思想体系中把德育和智育放在同等重要的位置。董仲舒德智并举的德育方法有利于使道德主体不断提升其道德素质和文化水平，使教育对象实现全面发展。

从当代德育教育的整体发展分析，发展势头良好，大学生的道德素质整体较高，尽管如此，德育教育要想实现更好的发展需要克服大量的困难和挑战。在新冠疫情防控期间，出现了一些具有高学历但道德素质较低的人，如双一流高校毕业的"跑步女"梁某某以及疫情期间在微博发布大量不恰当言论的中国留学生许某某。具有高学历但是道德素质不敢恭维的现象屡见不鲜，他们在学校受到了较长时间的系统的教育，为什么会存在这样或那样的道德低下的问题呢？本书认为，这是由于高校教学过程中注重对学生实行智育的同时，轻视了道德教育的重要地位，对学生中存在的道德问题视若无睹，没有认真上好德育课。因此，在当代德育教育中一定要贯彻采用德育与智育共同发展的德智结合法，促进大学生德智共同发展，进而实现以智育德、以德润智的目的。

第二节　道家思想文化与高校德育教育研究

儒家思想重点强调的是"入世之学"，道家思想这一中国文化史上的重要学说强调的则是"出世之学"。老子是道家思想的创始人，他的核心思想是"道"，也就是世界的本源。该思想的精髓为"道法自然"，认为万事万物是按照道的法则自然而然发展的。

一、老子思想的主要内容

老子的思想包罗万象，既有对周遭事物的处世之道，也有对人与自然之间关系的处世之道，涉及政治、经济、教育、军事等各个领域。老子的思想为高校德育教育提供了有参考意义的思想内容，当然我们不难发现，老子所处的时代与当今时代存在很大的差异，受到那个时代社会发展水平的限制，其思想中有很大一部分并不适用于当今时代。下面从五个方面阐述老子思想的主要内容，从而分析老子德育思想对当前高校德育的借鉴价值。

（一）自然无为

"自然无为"是老子思想的基本观念，这一思想贯穿于《道德经》的始终。

关于"自然无为"中的"自然"一词，老子提到的"自然"指的是"道"，也就是事物要遵守的自然规律，体现出了一定的普遍性，具体有两种内涵：一种是，自然存在的自然界，老子提出："人法地，地法天，天法道，道法自然"。老子认为，"道"是最高层次的存在，人们在日常生活和工作中都应遵循"道"，"道"则还需从自然中获得经验和指导，人类不能忽视自然的重要性，否则会受到自然的惩罚；另一种是人的自然本性，人应该按自己的本性和需要为人处世，舍掉过分的欲望，坚持诚信的原则。

关于"自然无为"中的"无为"一词，根据笔者对道德经内容的分析，认为"无为"指的是不妄为，究其本质属于"有为"，就是在做一件事的过程中，去探索一件事所蕴含的内在本质，去总结它的变化规律，去遵循它，去推动它的自然发展。

在高校德育教育中，老子的"自然无为"思想是一种比较和缓的处事方式，不会完全按照个人的意愿来处理事务，而是让事务根据自身的规律自然进行，从而体现出事务的内在性质，实现无不为的终极目标。这就提醒道德工作者，对学生进行口头的指导并不能收到良好的教育效果，也不能采取强制灌输和教育训导。

（二）贵柔不争

结合历史背景来看，每一种思想并不是凭空出现的，其同所处的社会环境有着十分密切的联系。老子生活在中国社会大变革时期，经历了周朝由盛到衰的过程，十分排斥诸侯混战，又因为老子的才能无法得到施展，导致他极度痛恨战争，他将自己在政治、经济和军事上的主张都融入《道德经》中。在当今时代背景下，要用新的眼光分析老子的"贵柔不争"思想，该思想与目前我们党和国家的政治主张并不匹配，在当时历史条件的影响下，老子始终坚持"柔弱不争"思想，对这一方面应该舍弃。换个角度，从个人修养和道德品质的方面来看，老子的"贵柔不争"思想则大有裨益。

老子主张的"柔弱不争"思想主要有如下内容。

第一，"柔弱不争"是一种良好的道德品质。《道德经》中有这样的阐述，草木的生命力旺盛时，表面看起来鲜活美丽，实际上是非常脆弱的，等到草木失去生机后，外表则会更加坚硬刚强，因而老子认为刚强意味着步入死亡，柔弱意味着步入生机。从为人处世的角度来看，柔弱则是以柔克刚，用更加平和的方式处理各类事情。

第二，以柔克刚是一种面对世界、对待生活的态度。《道德经》中反复强调"不争之德"，老子用水来进一步诠释"不争"的内涵，如"上善若水""天下莫柔弱于水"等。在他的思想体系中，人应该尽量减少争强好胜的欲望，摆正对待名利是非的态度，一定要掌握好限度。究其本质，老子提出的"退"是为了"进"，把"退"作为"进"的方式。老子在其中添加了丰富的内涵，进一步提出，人应该具有宽广的胸襟、容纳百川的品德和思想。

（三）诚信不欺

"诚信"是一种人人都应该遵守的处事方式，影响着人们的行为方式。老子对"诚信"的诠释体现在"真""信""诚"三方面。诚信的内涵为诚实不欺，恪守信用。"真"指的是做真人，在待人接物的过程中向他人展示自己真实的一面，始终保有自然醇厚的天性。"信"指的是不妄言，在与人交往的过程中，不撒谎、不掩盖真相。"诚"指的是做人要诚实，不加以掩饰。

诚信是高校德育教育中十分重要的部分。老子的诚信思想有助于构建和谐的师生关系和培养大学生的诚信品质。

（四）崇简寡欲

老子将崇尚节俭作为人的内在精神追求，他提出人不能执着于享受五色、五音、五味，否则会阻碍人的进步，甚至使人逐渐堕落。这就要求我们保护好自己的天赋，克制无止境的物质享受的欲望。这有助于规范大学生的道德行为，提高他们的自我克制能力。

（五）轻名弃利

从古至今，人们对名和利的追逐就没有停歇过，甚至有一些人为了获得名和利逐渐失去了底线，做出了违反社会道德和法律规则的事。老子认识到了人们一味地追逐名和利所产生的后果，积极提倡"轻名弃利"。

二、老子德育思想对高校德育的启示

老子德育思想中具有许多修身养性方面的理念，老子提倡围绕"道"展开的道德价值和原则，强调"尊道贵德"和"行不言之教"的思想，在高校德育教育中发挥着重要作用。

（一）老子德育思想与高校德育目标的确立

1.树立"返璞归真"的独立人格

老子思想中"返璞归真"所宣扬的回归自然本性、尊重个性差异、保持本真的理念，与大学生的独立人格教育匹配。高校进行独立人格教育，主要从以下几方面着手。

第一，充分挖掘大学生的潜能，使他们能够发挥出自身的天赋，养成敢于批判、敢于质疑的人文精神，坚持真理，改变一味以书本为准、以权威为准的观念。

第二，营造民主、开放、自由的德育环境。培养大学生的独立人格，不能抹杀学生的天性，应该为他们打造一个自由、宽松的环境，不能只依据书本对学生进行德育。这就对高校教师提出了新的要求，他们应该对学生持包容的态度，尊重学生的差异，鼓励学生进行创新和批判，营造良好的学习氛围。

第三，注重自然本性的回归。在老子的思想中，提倡人们能够始终做到朴实纯洁、返璞归真，让人们重新找回自然本性。而高校在道德教育中，不注重对学生回归自然的引导，脱离了学生的学习和生活。所以，在进行道德教育的时候，应该注重让学生尝试回归自己的天性，对他们的特定行为进行规范，重视学生的个体价值即人性价值，实现人的全面发展。

2.融入"尊道贵德"的道德修养目标

从国家层面来看，"尊道贵德"具体指的是坚持走中国特色的文化道路，培养社会主义四有新人。从个人层面来看，是尊重事物发展的规律，并正确处理人与人、人与社会和人与自然的关系。

（二）老子德育思想与高校德育内容制定

1.形成"道纪之人"的道德价值判断

老子提出了"道纪"这一概念，其内涵为"道"的纲纪和规律。那些掌握"道"的规律，同时以此来约束自身行为的人就是道纪之人。

第一，养成质朴的品格和保持天真的本性。学生要摆脱享乐主义、拜金主义的影响，保持内心的质朴，找回本真。

第二，养成平心静气、坚忍的品格。内心始终保持清净平和，才能不断清除掉心中产生的贪欲，守住内心的净土，不被过分的欲望操控。通过这种以静养智的方式，对学生的道德修养也有很大的帮助。人的一生，总会遇到或大或小的困难，在这个时候，我们要有坚强的意志，要有冷静的思维，一定会抓住其中暗藏的希望和机会。

第三，把握适中的处世原则。"道纪之人"中的守中之道，进一步诠释了适中的处世原则。这里的"中"指的是不能太过，也不能不及，时间方面正合适，从哲学方面来看，则是把握好"适度"原则。

2.倡导"崇简寡欲"的道德精神诉求

老子提倡的"崇简寡欲"不是完全地舍弃欲望，而是舍弃过分的欲望，追求精神方面的富足。当今社会，人们每时每刻都在被金钱欲望、功名利禄等事物诱惑，这也使大学生极易被功利主义、拜金主义裹挟。鉴于此，应培养学生正确的生命价值观，主要从如下方面着手。

第一，正确理解老子的"崇简寡欲"，在满足物质需求的基础上，寻求精神方面的满足。从德育教育者的角度来说，不能让名利迷惑住双眼，要把人生境界置于更高水平，把握德育教育的主线内容，更好地开展德育教育工作。

第二，让大学生树立崇高的生命价值观。德育教育一方面要培养学生理性地付出，另一方面让学生理解合理接受的必要性。这就对德育教育提出了更高的要求，不仅要宣扬"英雄"式的道德模范形象，培养舍生取义的精神，而且要培养学生权衡道德利弊、独立思考的能力，重视自身最基本的生命的权利。

第三，树立勤俭节约的绿色消费观。引导大学生树立绿色消费意识，不在消费主义的驱使下毫无节制地购买。鼓励学生践行绿色消费，购买绿色消费品。开展绿色消费教育，如绿色消费讲座、绿色消费的义务宣传等。

第三节　墨家思想文化与高校德育教育研究

战国时期，墨子创立了墨家学派，与儒家学派并称为两大显学。墨子提出了独具特色的系统道德教育理论，覆盖了很多学科，在中国古代教育史和世界学术史上具有十分重要的地位。墨家思想对当代德育教育具有一定的启发作用，可以丰富德育教育的研究内容和基础理论，从而有助于更好地开展德育教育。

一、墨子思想的主要内容

（一）兼爱、非攻

兼爱的具体含义是，不论血缘亲疏、身份高低，全人类普遍平等地相爱。墨子认为，社会上出现的恃强凌弱、为富不仁等现象，都是人们之间不相爱导致的。同时，墨子提出了非攻的政治理想，他不是反对一切战争，而是反对侵略无罪之国的战争。

（二）天志、明鬼

墨子认为天是有意志的，如果君主的所作所为与上天的意志相违背就要受到上天的惩罚，反之，就会得到上天的恩泽。

（三）尚同、尚贤

墨子提倡将贤人政治在全国范围内使用，让德才兼备的人管理国家，依靠贤人的仁义统一国家。墨子提出统治者选用的官员必须是贤者，百姓应完全服从统治者制定的国家政策。另外，墨子还对统治者提出了相应的要求，他们应经常体察民情，在此基础上才能更好地治理国家。墨子还强烈地反对君主任人唯亲，不能过分重视官员的出身。

（四）节用、节葬

墨子提倡节俭，对君主、诸侯、贵族的奢侈生活进行了批判，对当时社会中"厚葬""长丧"等习俗进行了直接、明显的否认。墨子提出，国家的统治者应学习大禹的精神，生活方面奉行清廉朴实的理念，政治方面要有安邦定国的抱负。

当然，墨子也敦促自己及其弟子努力实行节俭的理念。针对那个时代盛行的厚葬之风，墨子提出节葬思想，他认为丧期过长会加剧百姓的贫困生活，同时由于服丧期间饮食的限制，服丧者的身体会变差，从而造成国家社会的衰乱，后果不堪设想。

（五）所染、修身

墨子认为，与染丝的颜色取决于染料的颜色相似，人性的善恶、命运的变化都与人们所处的外在世界息息相关，特别是在人际交往方面。根据这一点，选择社会风气良好的生活环境、与正直善良的人交往都有助于修炼纯良的本性，本性的好坏会进一步对人的命运产生影响。

人的品性和命运与外在世界有着较为深刻的联系，与此同时，人的主体性也发挥着不可替代的作用。墨子将君子修身作为人的根本。

（六）法仪

墨子强调，人们完成每件事情都要遵循相应的法则，其中当然包含工匠和将相。假如没有制定相应的法则，任何事情都会难以实施，君主和百官治理国家也就不能按照一定的法则。到底应该以谁作为准则呢？墨子认为，父母、学者和国君都不能作为法则，只有天可以作为法则。

二、墨子思想对高校德育的启示

（一）明确德育目标

兼士不仅具有良好的品德，而且能在国家建设中贡献自己的力量，有很强的执行力，有助于促进社会发展，将个人价值与社会价值完美地结合起来。

在大学生德育教育中，把对理想信念的教育放在重要的位置上。结合墨子思想中关于德育目标的内容，再根据现在德育过程中遇到的问题，学校制订德育目标应从以下几方面着手。

第一，培养学生的道德人格的独立性。随着社会经济的飞速发展，社会发展状态趋向于世俗化，商业文化、大众文化和消费文化盛行，其中会混杂一些低级、拜金、消极的内容，使人的价值观趋向于功利主义。因此，注重对人格独立的培养，有助于个人形成自尊、自律和自信的人格，从而使个人远离世俗。

第二，德育目标不仅是德育者进行德育工作的明确指导，而且是对德育者道德行为价值的判断。在确定德育目标时，既要将个体道德修养的实际需求纳入考量，又要将社会发展的需求纳入考量，在此过程中，还应注意到德育目标的水平要比上述两方面更高一些。

第三，借助德育目标唤起学生的道德需要。合适的道德目标有助于促进个体道德需要的发展，进而使道德对象更加自觉地接受德育教育，最终提高德育效果。

（二）提高教育者自身素养水平

根据墨子在施教思想和施教态度方面的观念，在教育者自身水平方面应注意以下几点。

第一，教育者应重视学习德育理论，使自身的理论素养得到持续的提升，进而为今后的德育工作打下牢固的理论基石。这就要求德育者不仅要牢牢把握教材中的内容，还要扩大自己的知识面，努力丰富自己的知识储备。

第二，德育工作者要以学生为本，注重平等。在过去的德育教育中，教育者并没有做到"以人为本"，并没有将受教育者的需求放在重要的位置，只是一味地向其灌输德育知识，在现代的德育教育中，应注重教育者与德育对象之间的平等。当德育对象有不同的见解或产生疑问时，教育者不能用自己的权威左右教育对象的想法，而是要与德育对象平等沟通，通过充分讨论对教育对象进行引导。

第三，德育者要自觉践行正确的价值观念与行为准则。为了让德育对象把学到的德育理论付诸实践，则需要教育者能够以身作则，积极主动地遵循德育规范的具体要求。

（三）德育过程导入更多实践环节

在墨子的思想中，实践思想占据着非常重要的位置，具体在以下方面表现出来：一方面，要求学生的道德与行为保持一致；另一方面，墨子个人始终以身作则，进行示范实践。

目前的德育教育中仍存在一些不令人满意的方面，如大学生不能将学到的德育知识付诸实践、个别学生的道德素质较差等。之所以出现上述问题，主要是由于当下的德育教学与学生的实际生活没有太大的关系、过分重视知识的传授、德育内容与方法不能与时俱进。面对这样的局面，为了进一步提高德育课程对学生造成的影响，需要在德育过程中导入更多的实践环节，将实践活动与德育内容相融合。

第四节 法家思想文化与高校德育教育研究

韩非子，又称韩子，战国末期著名的法家代表人物，法家思想的集大成者。法家思想起源于春秋时期，形成于战国时期，在秦朝时期达到鼎盛，秦朝灭亡之后走向衰落。法家思想代表当时新兴地主阶级的利益，是以主张"以法治国"为核心思想的一个学派。法家思想体系的最终确立人是韩非子，他综合与总结了前期法家所得成就，创立了以法为本、"法""势""术"相结合的法治理论体系。他的这一思想为秦朝一统天下提供了理论支持，对后世影响深远。

一、韩非子德育思想的主要内容

纵观韩非子的整个思想体系，其德育思想蕴含于法治思想当中。韩非子质疑道德教化的实际效果，因而他提倡的治国谋略讲究"法""术""势"。在教育上"法"体现为"以法为教"，"以更为师"；"术"体现为"以信驭人"；"势"体现为"以威服人"，三者结合，试图以此将民众教化成韩非子所谓的"耕战之民"，以实现"尊主"利益为核心的单纯社会，从而实现国家的大一统。

（一）"以法为教，以吏为师"的德育思想

1.韩非子德育思想的基本观点

韩非子是儒学荀子的学生，最早接受的仍是儒家传统的教育，但他更接受荀子关于人性恶的人性假设。通过对儒家思想的了解，其深刻体验到单纯道德教育的弊端与不足，因此他对儒家性善论的教育思想进行不遗余力的批判，提出了矫枉过正的教育观。其教育思想的基本观点可以归纳为两点。

（1）法教重于德教

战国时代，儒、法两家就"恃德"与"恃力"两种观点展开了激励辩论。韩非子在继承前期法家"世事变而行道异"的思想理论基础上，提出了"古今异俗，新故异备"的立法原则。

韩非子以其对社会现实的观察，犀利地指出了人性中存在的恶的一面，创立了"自利自为"人性论假设。韩非子认为，好利支配着人们的一切思想行为，自利自为就是人的本性。所以，依靠道德对人们进行德教，违背和制约了人对于利益的追求和满足，不会取得实际的功效。不如制定严格的法律，向社会公开并且广泛宣传，以明定是非、察于治乱、赏罚分明，来顺应和利用人对于私利的追求，通过个人建功立业的实现，实现统治者的利益。韩非子以务实的视角审视历史的物质现实，对儒家所提倡的"重义轻利"的仁义道德以及"德治"理论作了深刻的剖析和批判。

（2）以法为教，以吏为师

韩非子指出单纯依靠道德教育是有局限性的，特别是对于本身没有道德觉悟的人更是无法发挥效果，只有法治教育才会产生现实的效果，并提出法规对于人格的塑造作用，他认为人需要时刻修正缺点、纠正过失，不断提高自律意识，而这依靠道德的自觉是难以做到的，必须依靠外在法制的规范和约束来予以调整。

韩非子接受荀子的人性本恶的观点，不对人性抱有任何善的幻想，他指出以往教育不能获得实际效果的症结：过分寄希望于人们自觉为善。而只有依靠外在的法制，给人以强制的约束，不给人作恶的机会，人才会是善的，因此提出比较先进的预防犯罪理论。他认为，设立法令，公开法令，使人人知法、懂法、守法，人们将因为害怕严刑酷法而不敢作恶，因为人人都有很强的防范意识，而使恶人没有作恶的机会。

韩非子认为，各级官吏在以法治国理念中是君主的帮手，发挥着重要的作用。韩非子对官吏提出了应当具备的道德和法治的素质要求。

其一，要求官吏廉洁公正。韩非子认为只要官吏都能秉承公心，做到廉洁自律，那么国家就能被治理得秩序井然，实现清明盛世。

其二，要求官吏要有所长。韩非子希望国家的官吏是有能力的法术之士，这些能臣干吏要具备良好的人格素质，以"公义"为宗旨。还要有变故革新的精神，能明察与实干，反对华而不实、言行不一。

其三，要求官吏对君主绝对的忠诚务实。在韩非子看来，作为人臣必须具备"忠"的品质，并且应当把为君主"尽忠"看作自己人生的最高追求。

韩非子的法治教育，主要是依靠通晓和执行法律的各级官吏来推行的。在普法和执法的过程中不仅要教育普通民众，更要不断自我教育。

2.韩非子对儒家道德教育方式的批判

韩非子首先批判了儒家教育思想不能一视同仁、教育不公平的问题，以此来否定儒家主张的"有教无类"观点。其次，他认为儒家倡导的"以德治国"的教育理念，就如同伯乐传授的相千里马的绝技——即便学到手了，也很难找到现实的实践机会，教学内容脱离实际。他提出"以法为教"，树立教育公平的教育观，人人平等，统一教学内容把法律作为教学的必要内容。"以吏为师"，执行法律的政府官吏担当教师的角色来教育民众。

3.对"以法为教，以吏为师"德育观点的评价

韩非子的基本观点是提倡法治，对德治进行否定。因为他认为，德治实际上就是人治。只有通过制定法律，政府官员成为法律的宣传者和执行者，社会上下都知法、守法，民众才会具有良好的法律意识。另外，法律一旦制定，就不能随意地更改。只有思想上得到统一，令行禁止，国家才能获得较好的治理。

现在看来，韩非子的教育思想过分重视法治的作用，在一定程度上忽视了道德教化的作用，其不足之处是十分明显的。它很大程度上消极地看待人性中善的发扬，带有很强的蒙昧主义的色彩，这导致他希望培养的"耕战"之民不可能成为有道德教养和真正具有法治精神的人。

（二）立足于法治的德育管理思想

一定的管理理论和管理实践都是以特定的人性假设为理论基础的。不同的人性假设对应的管理模式是不一样的，对人性假设的理论研究，是正确认识管理工

作的前提理论条件。

1.韩非子的德育管理观点——自为与无为

（1）人人自为，社会安定

古代关于管理的研究，其基本的目的就是更好地进行社会管理。韩非子认为，统治者要想能够维护较好的社会秩序，消除社会动乱，营造良好有序的社会生活环境，社会管理的职能必不可少。

韩非子对人性的基本判断，决定了他对社会管理及发展的基本判断。在韩非子的思想中，他并没有对人性作抽象的判断，认为社会的发展来自人民对物质的欲望，即历史发展动力源自人性欲望的满足。在他看来，历史的发展必然是一种进步的趋势，但是，其进步的前提条件是解决好人的本性问题，解决好由本性产生的一系列问题。

上古时代，崇尚无为而治，人们不争不夺，这是自我管理的成功。韩非子生活在一个社会原有秩序破裂、道德对于调节人的人与人间的关系失效的时代，每个人都有着自利自为之心，因此每个人都应该做到管好自己，让自己不给社会制造负面影响，这就是对自己的行为负责，对社会负责，人人自为，社会也就安定了。

（2）无为的前提是个人的有为

道家的老子提出自然主义的无为。老子的无为思想，只是在政治上要求统治者提高道德修养，达到自我约束的目的。"无为而治"并非无所作为，而是从不同角度来调节统治者与被统治者的关系、人与社会的关系、人与自然资源环境的关系。老子的"无为"实质是要求统治者行"尤为而治"，减少对民众的索取，应发挥民众的自觉能动性，让民众"自治"。

2.韩非子德育思想中的服从观点

（1）服从与忠顺

韩非子提倡的服从美德是出于维护君主的尊严。韩非子认为，君主应该拥有强大的权威和高贵的尊严，臣子不能随便冒犯，臣子需要维护君子的尊严和权威，绝对地尽忠，服从君主的旨意。

（2）服从的条件与方法

韩非子倡导的臣民对于君主的服从是有条件的，那就是君主必须是有德行的君主，能真正实行法治的君主。韩非子对君主个人的道德品质是非常重视的，希望有像尧、舜那样的贤明的君主。"信"是君主必须具备的道德之一。君主还要重视民心的重要作用，服心才能取胜。韩非子认识到只有道德圣明的君主，民众和官吏才会真正地服从他。

韩非子不仅要求君主具有良好的道德，还为君主提供了统治的权术。在韩非子看来，君臣之间类似攻与守的斗智斗勇的关系。所以，他指出：一方面，臣子要善于进言，以期得到君主的赏识和重用，达到自己建功立业的目的；另一方面，君主要讲究"权术"，保持君主权威的神秘感和威严感，保障君主的权威和利益。

另外，臣子对君主的服从，实际上也是从维护统治者的利益出发的，出于公心，为天下"公义"。只要保证君主的政令畅通和绝对的执行，国家就能够得到较好的治理。同时，韩非子指出，任何决策的做出都需要集思广益、民主集中，才能保障决策最大限度的正确性和实效性。所以，一位真正高明的君主，应该善于听下属的意见。当然，对于臣子而言，给君主提意见时不仅要正确，而且必须找到合适的表达方式，才能够真正地得到重用以及得到理解。这是韩非子管理思想的一个重要观点，在当时时代具有很大的进步性。

3.韩非子"治吏不治民"的德育观点

韩非子主张"治吏不治民"，他既看到民心像婴儿之心不可靠，因而否定民心；又说现在的百姓私欲太重，缺乏集体意识，比以前更狡猾，不好治理了。因此，百姓并不理解社会精英所做的事情会有什么重大的意义。韩非子以大禹治水起初不被理解，子产改革开始不被认可，也不被支持为例。但是当百姓意识到他们的作为对大家的价值时，就会参与进来。所以，韩非子的观点是片面的，民心纯朴，是可用的。韩非子事实上也看到了这一点，只是在为他的法治寻找理论支撑罢了。

作为通晓和执行法律的各级官吏，韩非子对其提出了很高的要求，不管是在普法和执法的过程中，都要做好表率，执法犯法，应当接受更加严厉的惩罚，并对官吏提出了廉洁的道德要求。

4.韩非子德育思想中的自我管理与法治管理相结合

中国古代的管理思想有着非常实用的设计，特别是集法家思想之大成的韩非子的法治思想。而传统法家思想其实与西方的法律思想一味地追求和保障个人利益有所不同，它是为维护国家整体利益——封建统治阶级的政权服务的。这些思想构建了我国古代的帝王思想。因此，这些思想中蕴含了非常先进的管理思想和管理经验。儒家的"吾日三省吾身""慎独"等思想以及法家的"自利自为"都包含了非常重要的、先进的管理思想。这些人有着很好的反省和反思的能力，即自我管理的能力。但是，社会的监督是同样重要的。法虽不善，犹善于无法。韩非子自认为，与其去相信一个人会自觉地遵守道德的约束，不如怀疑假如没有任何约束的一个孩子将随时随地去犯错误。因为如果没有欲望的需要，没有功利的追求，很多人就会变得懒散、不求上进。

韩非子认为人的本性就是"自利自为""趋利避害"，因此主张用严刑峻法来治理国家。韩非子更以母亲百般地疼爱子女，而他们却仍然不听话，但是官吏通过严刑酷法对待民众，人们更加顺从为比较，说明严峻的刑罚是非常重要的。可见，韩非子对"以刑去刑"的法治观点是多么情有独钟。

在秦国吞并诸国、一统六国的过程中，法家为其提供了强大的思想支持和制度保障，起到了其他学说不可替代的重要作用。韩非子推行法治的目的，一方面是为了封建君主确立其强大的实力，保障其威严，巩固统治，实现治国而平天下的境界；另一方面也是为了天下百姓。百姓在天下"治"的国家，才能为国君的存在奠定坚实的基础，君主用"治"来"利天下之民"。

（三）韩非子德育思想中德治与法治关系

一般的观点认为，儒家讲究的是仁义道德，重视伦理亲情，而法家讲求法治，严刑峻法，因此二者是对立的。实际这是对法家思想片面的理解，儒家和法家都看到了人有道德伦理的因素，只是对于道德作为调节人与人、人与国家的关系的手段的态度不同。

韩非子并没有否定仁、义、礼、智、信等道德规范的存在，更没有否定这些道德的规范作用和实际功效，他只是对儒家的仁义、忠孝等观点作了批判，并提出自己的观点。韩非子反对的只是儒家提倡的忠孝、仁义观点，他认为这些思想不利于维护他所提倡的"尊主"与"法治"。在韩非子的道德观中把君主的利益看得高于一切，必须捍卫君主的权势和地位，这才是忠孝、仁义。为此，只有采用法家的治理手段，才能够真正巩固君主的地位和权力。这也是韩非子德育思想的重要内容。

韩非子"自利自为"的人性假设，是基于对社会现实人的行为观察提出的，是非常务实的。他认为对利益的追求和对欲望的满足是人做出一切行为的根本动力。因此，只有充分激励而不是遏制人对于利益的追求，将社会成员渴求的功名和物质利益分配好。因此，韩非子推断可以使用法律进行赏罚。

韩非子认为，君主在治理国家的时候，绝对不能只依靠道德的力量。道德只是治理国家的手段之一，不能将道德看成是万能的方法，陷入道德万能论。因此，国家必须制定严格的法律。只有制定和执行严格的法律，才可能对缺乏道德修养的大多数民众产生指引和震慑作用，使一般人能够依法做出利己利国的行为。

二、韩非子德育思想对高校德育的启示

（一）塑造核心价值，强化精神引领

韩非子的德育思想立身的根源在于他把原属于道德定义和规范的内容纳入其成文法和法律范畴之内，因此善恶、仁义、公私和忠孝无论从理论还是实施都具有了确定性，确定而不迟疑，从而保证了效率和社会环境下公民价值观的正确发展方向。社会主义核心价值观在国家层面、社会层面和个人层面都给予了指导，是我们党和国家立足于社会现实对国家层面提出的价值目标，对社会层面提出的价值取向，对个人层面提出的价值准则，深刻反映了无产阶级专政的国家性质，表明了鲜明的马克思主义的政治立场，是引领全社会价值取向的精神内核。因此，在当前的社会现实下，我们必须坚持培育和塑造社会主义核心价值观，强化它在全社会范围内的精神引领作用。

（二）弘扬优秀文化，夯实德育根基

中华优秀传统文化源远流长，意蕴深厚，富含丰富的德育思想。从儒家到法家，各个学派对于民众的德育都有一套自己的理论与方法，其中不乏精辟可行的教育理念。在当前德育理论基础尚不完善的社会现实下，吸收传统文化中关于德育内容的有益探索为当前所用，可以有效地充实和完善现代德育理论的理论基础，提升理论研究的深度，拓展理论研究的范围。以韩非子德育思想为例，首先，它有着独特的法治和道德相结合的德育理念。其次，它有详尽的德育内容，

如它不仅强调"尽忠于公"和"道法万全"的政治教育，还强调"执一以静"的思想教育和"尊贤崇德"的道德教育。在德育方法上，它还有把德育融入管理、德育融入工作的想法。传统文化中许多类似的思想道德观念和道德规范与现代德育理念具有较高的契合，是现代德育的宝贵资源。重拾并深入挖掘传统文化的精髓，有利于夯实现代德育理论研究的根基。

（三）立足当下视野，展现时代特色

韩非子的德育思想非常注重顺应社会现实和民心，无论是法律的制定还是施行，都不是一成不变的，要以时间地点以及教育对象为转移，这启示我们要关注和顺应社会发展进程，德育工作要实事求是，求变发展。随着我国市场经济的深入发展，与此相匹配的德育进程却受到了明显的阻碍，主要体现在金钱和资本在人们的生活中发挥着越来越大的作用，金钱成为一部分人衡量事物价值的工具，甚至传统意义上的家庭观念都被物化成了金钱的交易。少部分人在生产力发展的社会背景下逐渐丢失自我、价值观偏离，这些都需要我们立足现实、加快德育工作的进程。在当前的社会条件下，西方文化侵入导致价值观多元存在，网络和新媒体的发展加快了不同立场的思想文化的传播速度，家庭教育、学校教育早已不再是封闭、主流、传统的代名词，相应地，德育理论的研究也应该立足于这些社会改变的现实而做出相应的改变，针对这些改变出现的原因制定相应的解决方案，在德育工作实施的过程中不断探索新的方法。新媒体、新技术的出现，不仅催生了许多社会问题，也为我们提供了涉足家庭教育、改进学校教育、完善社会教育的有效工具。因此，必须合理利用科技和时代的产物，有效推进现代德育的进程，展现现代德育的时代特色。

第五节　中国传统哲学思想与高校德育教育研究

中国传统哲学是中华民族思想文化和智慧的源泉，也是构筑国家意识形态体系以及各行业指导性思想的基础。以立德树人为根本的教育培养目标，培养高

素质的、全面发展的建设者和接班人，这一总体方针对于我国各类教育都是适用的。

作为意识形态的核心的中国传统哲学思想蕴含着德育教育内容体系的主要方面。中国哲学中先进而具有永恒价值的内容，为当代教育培养人才的指导思想提供了现实性的精神参照和传承基础。以儒家的"仁""义""礼""智""信"等为核心的价值追求，应该成为当今人才的高尚情操。"以人为本"的人本精神之于社会主义核心价值观中"自由、民主、诚信、友善"的关于人的自我价值与社会价值在本质上都是暗合与对应生成的，"自强不息"的探索创造精神以及"天人合一"的人与自然和谐发展的思维，又充分体现了社会主义核心价值观中"富强、文明、和谐、爱国、敬业"等现实价值；道家所追求的"齐物""道法自然"等天道理念与自然观，也与倡导的"和谐、平等"等思想一脉相承；"自由、公正、法制"等基本的社会规范与时代精神，又在墨家与法家那里可以找到最初的启蒙。为此，要充分挖掘先进的中国哲学思想和中华优秀传统文化资源，结合时代精神，构建现代德育教育的结构体系与培养目标。

（1）树立德育为先的教育培养理念

立德树人，德教育人，是一切教育活动的根本思想和出发点。要大力挖掘中国传统哲学中与时代精神相契合和互动生成的新价值体系，用以指导人才灵魂的塑造，着力培养学生高尚的道德情操和人格品质。

（2）在德育教育课程设置中，加大传统哲学与国学的内容

要根据不同专业和学生的具体情况，把以哲学、思想道德等课程教学为重点的学生德育培养纳入学校的教学计划中。对编制教学大纲、选编教材和组织教学等工作加强指导，使之不断完善，对授课教师的素质和授课形式提出更新的要求和科学评价。

（3）实现德育教育形式多样化，营造良好的德育培养氛围

德育教育不仅仅局限在课堂上，更是要充分调动学生的主观能动性，学校要尽可能地为德育教育创造条件，从而实现德育培养途径的多样化。利用哲学格言、警句、哲学家或相关图片资料布置学生的学习生活场地，并根据学校的特点与专业设置进行学生的德育培养。

（4）利用现代信息技术教育手段，提高德育教育质量

以课堂教学与实践课教学为主渠道，深化教育教学改革。发挥网络平台优势，组织学生听哲学、国学等专题讲座，对学生开通哲学经典名著等电子读书平台，推行慕课等网络在线教育，实现德育教育的现代化、立体化和网络化，以提

高教育实效，达到人才全面发展的培养目的。

（5）加强德育教育的理论研究

要立足于中国哲学社会科学充足、先进的文化资源做好基础研究、考察论证和专题性课题研究。加强跨学科研究，把哲学、文学等纳入德育教育的学科内容与研究之中。构建学生德育教育的考核管理与评价机制，把哲学思想、教育思想、教学方法、思想政治与品德课教学等融为有机的统一体，提高德育教育的积极效应。还要以社会主义核心价值观为重点，引入中华优秀传统文化、形势与政策的教育与研究，实施全方位的素质养成和人格塑造，突显哲学社会科学的育人地位和功能。

第三章　中国传统礼仪风俗文化与
高校德育教育研究

　　文化是以传统文化为核心，深厚的传统文化是每个国家和社会的人们所拥有的。传统文化与学校德育既有表面意义上的相似，也有深层内涵上的互补关系。一般来说，风俗指的是民间的风俗习惯，而道德教育指的是思想政治意识和道德素质的教育。一个是社会现象，另一个是学校教育的学科范畴。二者之间似乎没有简单的联系，但如果我们从文化的角度来审视它，从文化教育的角度来比较它，不难发现二者实际上是相同的。

第一节　中国传统礼仪文化与高校德育教育研究

一、传统礼仪的文化内涵及其德育功能

传统礼仪包括两大部分：生活礼仪和社交礼仪。生活礼仪是贯穿一个人一生中几个重要时期的仪式，包括出生、成年、生日、结婚和死亡。社交礼仪是人们在日常交往中应该遵守的礼仪和规则。传统礼仪对人类道德的发展起着重要的作用，因此，将礼仪教育纳入学校道德教育的视野是毫无疑问的。

"伦理秩序目标"是传统教育中最能体现中国传统关系中的有序、温馨这一文化特征的标准。通过人类伦理教育，可以让学生对人际关系有正确的认识，从而对其更加重视、珍惜世界的真实感受。"人情"相比于传统教育，在现代德育视野中，其内容更为丰富。除了要求学生珍惜自己的血肉关系外，还包括珍惜师生之间、同学之间的友谊等。在一个人的一生中，一个人必须经历各种仪式，才能从一个孩子转变为一个成年人，然后成为一个完全独立的人，逐渐承担社会和家庭责任和义务。人是社会中的人，在日常生活中，人与人之间的交往只有在社会礼仪的引导和约束下才能顺利进行。

二、传统礼仪的学校德育实施途径和策略

传统礼仪只是随机和零星地渗入德育课程或活动中。许多研究人员也关注传统礼仪，如集体成人仪式和礼貌语言，但往往更多地基于学校道德教育课程，而不是传统文化视角。当然，传统礼仪教育并不全是学校德育。学校德育中传统礼仪教育的主要教学方式有：一是把德育课程作为传统礼仪教育主战场；二是将传统礼仪文化渗透到学科教育教学中；三是结合传统礼仪开展课外德育社会实践活动。传统礼仪有其自身的制度，这种制度化与德育课程的制度化之间没有必然的联系。因此，将传统礼仪引入德育教学应有序进行。在学校德育中融入的传统礼仪内容，不仅要与学生的身心特点相符合，还要对礼仪本身特有的时间性有所考

虑。此外，还应该有一种"无序"穿插着强化教学实效的目的，即在学校德育教学中及时将内容与传统礼仪相结合，形成画龙点睛的效果。

学校德育中的传统礼仪教育应采取潜移默化的渗透方法，避免死记硬背、刻意灌输。毕竟，传统礼仪是传统的原生态文化，是通过接触和观察代代相传的。传统礼仪教育在学校德育中的渗透，也需要注重教育教学策略。因为传统礼仪就像一朵色彩斑斓的生命之花，绽放在人们的日常生活中。传统礼仪教育在学校德育中的实践可以是看得见的活动，也可以是看不见的独立研究和思考。以活动为导向的德育实践策略越来越受到人们的重视和广泛应用，因为"活动"意味着行动、参与和走出课堂。但不可否认的是，一些德育实践活动目前只是表面上的参观或者是大家都遵循的口号。传统礼仪本身包括各种程式化的活动和仪式。高校中的教师大多数都会或多或少地参与一些传统礼仪活动，但他们可能在参与的过程中并没有文化传承的自觉意识，因此也不能要求他们做到从德育的角度来反思。基于此，高校的德育中可以引入一些传统礼仪的内容，结合传统礼仪本身的特点来实施礼仪教育，或者设计一份与传统礼仪相关的调查问卷，通过问答的形式带动学生、教师有意识地参与到礼仪文化推广中来。同时，一些有条件的高校还可以挖掘传统文化资源管理，丰富现代德育内容，做到真正把传统礼仪与现代学校德育结合起来。

遵守中国传统礼仪，既是对学校德育教学的改进和创新，也是对传统文化的继承和弘扬。对教育者或德育者来说，重视传统礼仪，发挥其德育功能，是丰富学校德育内容和形式的有益尝试；梳理传统礼仪，汲取德育精华，是传统礼仪研究和学校德育课程建设的迫切任务；面向传统礼仪，汲取传统文化，是提高和增强学校德育实效性的有效措施；学习传统礼仪，关注乡土文化，是优化和提高现代德育教师文化素质的有效途径之一。

三、礼仪教育与大学生德育的关系

礼仪是一个文明国家的象征。拥有五千年灿烂文明的中国自古就有"礼仪之邦"的称谓。社会发展始终围绕着物质文明和精神文明，这两种文明共同作用、共同促进。在物质文明越是发达的社会阶段，越需要加强精神文明建设，这样才能最终稳定物质文明建设成果，保证社会的有序运行。

中国礼仪作为文化软实力的重要组成部分，是开展道德教育的重要载体和有效途径。目前在一些高校中，实用主义的专业性和实用性理论仍然占据主流位置，如常见的大学生德育的现实问题有思想僵化保守、方式方法陈旧、实践活动重形式、工作实效差等，这些问题到目前还没有引起人们的重视，这是值得我们反思的。

（一）礼在中国传统文化中的地位及德育功能

在中国传统文化中，"礼"字占据极其重要的地位，且对中国传统文化的影响极其深远。古代中的礼仪被古人视为"修身、齐家、治国、平天下"的基本必修课，是安定和维持生活的根本基础。

自古以来，礼仪一直是中国人民建立国家和保障安全的准则。它是人类共同遵守的道德行为准则，以维护正常的社会秩序。美德形成于中间，礼仪形成于外部。礼仪和道德同根同源，具有内在的一致性。二者都要求个人在人际交往中以主流社会价值观认可的方式行事，并具有提高素养和改善个性的功能。礼仪作为一种以道德为精神核心的传统文化，在现代社会中仍然发挥着重要的道德功能，是评判个人家庭教育质量、道德素质和整体素养的标准。礼仪教育的目的是使大学生在大学校园、未来的工作场所和社会生活中理解和掌握基本的礼仪规范，理解、尊重他人以及善待他人，在实践中增强道德素养，塑造高尚品格，以更加冷静的态度面对挑战，肩负起社会主义建设的重任。在高校德育中融入礼仪教育，不仅可以继承和弘扬优秀传统文化，而且也是高校开展德育工作的有效途径。基于此，应将礼仪教育作为高校德育工作的重要内容，使其也能够在高校德育工作中占有一席之地。

（二）礼仪教育与德育的表现

中国传统文化中的"礼"和"德"是不可分割的一个整体。"礼"可以认为是根据道德理性要求制定的一系列法律、法规和行为规范；而"德"则是"礼"的核心和本质，是"礼"之所以存在的基础。"礼"和"德"二者一个表现在外在，一个表现在内在，这就形成了人格塑造的内在与外在的统一。优雅的外在形象、得体的言行、谦逊礼貌的待人态度，以德才兼备为特征，本质上是一个人高尚品德和崇高文化修养的真实体现。可以这样说，没有对礼仪内涵的准确理解和把握，礼仪教育就不能真正地发挥其道德功能。

1.礼仪是道德的外在表现

道德是礼仪的核心内涵，是个人素养的体现，是实践的载体。它的外在表现形式是一个人善良的心灵和高尚的品行的具体反映。作为一个抽象的概念，道德是看不到、摸不着、难以察觉的。将礼仪引入教育中，可以方便我们更加深入地理解道德和实践道德。礼仪作为道德的一种有形而生动的媒介，它通过自身的表现形式将道德具体化和格式化为实用的操作模式。最终由于礼仪的介入，伦理观念和道德命令变得有章可循、有法可依、可操作性强的具体规范，可以更加生动、具体、灵活、多样的方式，引导人们加强道德修养，遵守社会规则。

2.道德是礼仪的深层内涵

传统教育中，孔子把道德作为礼的基础和内在精神，孟子把"仁义"作为礼的内涵。礼仪是道德教育的重要载体。在礼仪的教育和实践中，一旦其与道德的核心内涵相脱离，只追求形式的刺激和仪式的形式化，最终礼仪就会沦为一种肤浅的形式，失去了其作为真正的礼仪的核心要素。基于此，我们在实施高校礼仪教育时，要始终将其作为道德的载体，除了训练外在礼仪行为，还应将大学生内在道德情感的培养放在重要的位置。

3.礼仪教育与德育的目的和作用是一致的

以善与恶为标准是道德的基本底线，道德是通过社会或阶级舆论约束社会生活，人们共同生活、共同行为的规范和规范；礼仪是礼貌、礼节和仪式的统称，它要求人们在社交活动中遵守自律和尊重的既定规范以及沟通艺术。

（三）礼仪教育在大学生德育建设中的作用

1.礼仪教育为大学生德育工作提供新思路

尽管当前高校教育通过实施课程体系改革等措施，有效提高了学生的专业知识水平，但在德育方面仍然缺乏有效的方法和手段，且即使实施了相应的德育方面的措施，最终取得的效果也并不十分理想。

长期以来，高校重灌输、轻实践的传统德育方法，尽管可以使大学生成为

"有道德知识的人"，但不一定是"有道德的人"。在理论创新、丰富教学内容、改进教学方法等方面，高校的德育工作还需要积极探索新思路。礼仪教育的一个特点是实用性强、可操作性强，与日常生活联系紧密，即从简单的行为到系统的互动，学生可以通过微妙的影响获得知识和接受教育。

礼仪教育不能替代道德教育主要表现在，礼仪实践中大学生获得的认可和赞誉会迅速转化为更大的动力和更强的自我意识，促使他们以更积极的状态继续强化自己的礼仪意识和行为，逐步固化崇尚善、追求善的道德品质，从而达到德育工作的目的。生动灵活地实施礼仪教育，对思维活跃、注重情感体验的青年大学生更有吸引力和说服力，为高校德育工作提供了新思路。

2.礼仪教育为大学生德育工作提供丰富教育资源

传承至今，中华礼仪文化逐渐积累了丰富的内容，且在大量的经文、诗歌、风俗和人物模型中，逐渐流传下来。它不仅是中华民族的文化瑰宝，也是世界人民的精神财富。古代圣贤坚持"己所不欲而不为人""严于律己、宽于律己""廉洁奉公、小有哀愁"的人格教育和个人修养道路，坚持"君子之义高于一切"的社会道德取向和责任感，"先天下之忧而忧，后天下之乐而乐"，"为天下之公"，秉承"修身、齐家、治国、平天下"的社会志向和国家使命感，"风雨声、读书声、家国事、天下事""天下兴亡，人人有责"，这些都可以成为高校德育工作丰富的教学资源。

（四）礼仪教育为大学生德育工作提供实践

礼仪教育与传统德育不同的突出特点是更加注重实践，教育效果更加显著，实践性更强，远远超过了强调说教的理论知识教育。积极推广大学礼仪教育，可以通过基本的语言和行为规范，利用开学典礼、毕业典礼和重大节日仪式等手段，以及邀请礼仪专家进行专题讲座，举办礼仪知识和技能竞赛，开展形式多样的礼仪活动。总之，通过多渠道的学习和实践，最终达到增强学生对礼仪文化的热爱，提高学生的道德修养，使高校德育工作真正落到实处。

四、礼仪文化在大学生德育中的价值

（一）内涵向度：礼仪文化的精神内涵

礼仪文化是从人们的日常风俗习惯、仪式习惯和行为习惯中积累起来的一套规则。它是个体道德的表现，是社会文明的象征。其丰富的精神内涵对培养个体的自律意识、尊重他人的内在意识、纠正不文明礼貌的外在行为具有指导作用。

1.礼仪文化的传统内涵

（1）"仁由己定"是指个人之间相互关爱、和谐相处的关系，以及个人为此所做的努力。把"仁"作为社会个体交往的基本原则，不仅有利于在群体之间建立温暖和谐的人际关系，也有利于利用群体的集体力量实现个体价值的最大化。

（2）交友中的"义至上"观念。"义"是指世界上的正义和正义的原则。一个人的成功不仅靠自己的努力，也需要周围朋友的支持。如果一个朋友因为微不足道的利益而受到不公正的对待，甚至遭受背叛或伤害，这不仅是一种不公正的行为，也是一种被他人蔑视和被视为可耻的行为，对未来的发展是有害的，也是无利可图的。

2.礼仪文化的现实内涵

礼仪是一个古老而现代的术语。古老是因为它起源于数千年前的礼制文化，现代是因为它仍然基于时代的变化而充满活力，礼制文化在数千年中不断延续和完善，逐渐形成了一个相对完整和全面的文化体系。礼仪依赖于其内在的精神本质，将新鲜的思想与时代的发展相融合，这样不仅达到了丰富真实内涵的目的，同时也满足了时代的需要。

礼仪是中国古代社会生活的普遍规范，影响和渗透于制度、器物、行为、观念和态度等各个方面。而进入新时代，礼仪文化既具有历史意义，又具有当代内涵。首先，礼仪文化更强调个体知行的统一，即内部礼仪素质与外部礼仪行为的结合，通过外部行为反映内部道德。其次，礼仪文化应该以更符合人际交往和社会发展需要的方式进行简化和提炼，更符合快节奏、高效的现代生活。

（二）价值维度：礼仪文化在大学生德育中的价值意蕴

1.树立正确的价值导向

礼仪文化作为中国传统文化的一个重要维度，不仅促进个人改善自己的行为，展示自己的礼仪姿态，以尊重的态度对待他人，而且为大学生的成长、学习和生活确立了正确的价值取向。其目的是以"立德树人"为目标培养大学生，重点是增强他们的道德品质和改善他们的道德行为。首先，尊重和礼让的概念是大学生在与他人互动时表现出的尊重态度。大学生是国民教育和社会教育的重点对象，也是最容易受到消极思想影响和偏离正确方向的年轻人。大学生的道德教育应该从与人相处这一最基本的方面入手。礼仪文化中强调的尊重的概念首先应该消除内心的不耐烦和不屑，使他们对所接触的人有一种尊重和谦逊的态度，而不是盲目地傲慢和自大。其次，大学生在与他人交往时要表现出仁爱。一个人的善或恶并不是天生的，往往都是由于周围所处的环境和教育造就的。大学阶段正是大学生所处的关键阶段，学术成就与社会成员融合都是在这个时期发生的。基于此，作为新时代背景下的大学生应以礼仪文化倡导的仁爱观进行教育，以便在未来的生活和工作中以仁爱的态度对待他人。

2.构建有效的教育方式

德育是指教育主体与教育对象在教育过程中的互动与学习，以达到塑造教育对象道德品质的效果。道德教育是处于高校的大学生思想政治教育的重要内容，也是培养大学生优秀道德品质的教育手段。将礼仪文化的内容和内涵融入道德教育的过程中，一方面，可以丰富教学内容，更新传统教材；另一方面，对大学生道德教育的有效性还能起到显著的促进作用，进而增强大学生的自我体验。

五、中华传统礼仪文化与大学生德育教育的融合

以儒家思想为主要代表的中华优秀传统文化，其中蕴含了道教、佛教等理论精华。中华优秀传统文化具有强大的凝聚力和同化力，经历数千年的发展变化，早已经渗透在人们的思维方式和日常行为中，对于人们的价值追求产生了深远的影响。

1.传统礼仪文化意识淡薄，基本礼仪认知缺失

目前许多大学生受到社会、家庭、教育体制等多种因素的影响，缺乏对传统礼仪文化的认知，甚至有的大学生连最基本的礼仪知识都不懂，主要体现在一些大学生不顾周围人的感受在公共场所大声谈话，甚至语言粗俗，不堪入耳；穿着夸张的、所谓时尚的服装；遇到老师低头而过，不主动打招呼；在乘电梯的高峰期，匆匆忙忙地进来，不知道如何礼貌地打招呼。这些不雅言行对大学生的形象造成了严重的影响。

2.个人本位价值观较重，诚信缺失，责任意识淡薄

"00"后大学生基本都是独生子女，在家里习惯于受到上下几代人的宠爱，早就习惯了以自我为中心，缺乏诚信，责任感较弱，他们更加关注自己，不懂得团队合作，不知道如何尊重和关心他人。例如，在一些课堂上，班主任安排了一个主题班会，尽管一些班委成员口头承诺完成自己的部分并提交给班长进行最后总结，但他们在截止日期前迟迟没有执行。需要他人几次三番地提醒，诚信和责任感不足。对于上述情况，高校更应该将中华传统礼仪文化教育和德育纳入大学生的必修课中，使得他们无论是在学习还是生活中，都能够真诚团结、合作共赢，而这些也将为他们今后走上工作岗位、顺利融入社会奠定良好基础。

3.心理素质较差，心理承受力、抗压力弱

通常来说，高校都会开设心理健康教育课程，方便为大学生提供优质的心理健康教育，但是心理素质低下仍然是当前大学生所存在的不容忽视的问题。一般来说，造成大学生心理问题的因素很多，且比较复杂，其中大部分都是由于沟通不畅带来的心理压抑。礼仪起源于交际，在不断的发展过程中，已经成为一种人际交往的方法、能力和技能。可以说，礼仪是人际交往的推进器。刚刚进入大学校园的大学生年龄还比较小，受到周围环境的影响因素比较多，一些社会上常见的拜金主义、享乐主义、个人主义等风气极易对大学生产生影响，弱化了他们的社会责任感，而我国的礼仪文化更多的是把国家和民族利益放在最高的位置，因此高校应该加强大学生的礼仪文化教育，增强他们的社会责任感，自觉维护国家利益，心甘情愿地为国家和民族作出贡献。

第二节　中国传统饮食文化与高校德育教育研究

大学生德育实践教育是高校思想政治理论课的补充，也是大学生成长的重要环节。其主要目的是通过课外实践活动促进大学生思想道德素质的全面发展，并通过学生的直接体验补充课堂知识的不足。尤其是近年来，《舌尖上的中国》等饮食文化节目的热播，掀起了一股国内饮食文化的热潮。如果这些饮食文化资源管理能够融入大学生的德育中，可以激发当代大学生的思想政治教育兴趣，从而以饮食文化为契机，促进大学生德育的发展和创新，促进德育的全面发展。①

一、中国饮食文化与大学生德育工作的多元化融合发展

充分利用饮食文化的特点，在社会实践中实施大学生德育，不仅有助于拓宽传统文化的传播途径，也有助于探索中国传统饮食文化背后的教育功能和价值。

饮食文化的相关知识通常包括中国饮食文化的概念、饮食文化礼仪、民族传统饮食习俗等，有助于促进大学生德育的多元融合与发展。高校将饮食文化元素融入大学生德育工作，传播了中华传统饮食文化，其中蕴含着许多思想道德品质和教育理念，也为饮食文化与大学生德育工作的融合提供了更多的可能性和可行性。高校教师应巧妙设计教学内容和教学过程，将饮食文化知识与增强文化自信和社会责任相结合，使学生深入了解中华文化的广度和深度，提高文化素养、道德素质和思想水平，把他们培养成全面发展的高素质人才，实现饮食文化传承与大学生德育的融合与发展。

中华饮食文化是中华民族传统文化的重要组成部分。为了有效促进中国饮食文化与大学生德育的融合，高校除了学习与饮食文化相关的课程外，还应举办以培养学生专业能力和素质为核心的饮食文化艺术节等相关活动，实现专业发展与活动教育的有机结合。这不仅可以丰富校园文化，提升学生素质，扩大对外合作

---

① 周晓庆.刍议中华传统礼仪文化与高职学生德育教育的融合[J].考试周刊，2017（36）：1.

交流，提升学校美誉度，而且可以提升校园文化建设的品位，营造餐饮文化氛围，优化教育环境等积极作用，有效地促进高校教育教学目标和人才培养目标的实现。

饮食文化的研究为研究中国传统饮食文化的发展与传承提供了非常重要的数据支撑，具有重要的学术参考价值。对于深化中华饮食文化与大学生德育的融合与发展，有利于当代大学生深刻理解传统文化的内涵，增强文化自信，增强大学生德育的实效性，促进饮食文化与德育教育的融合发展。

二、饮食文化为大学生德育工作提供素材

尽管传统的"理论说教"模式具有高度的系统性，通过培训、榜样、惩罚等方式向学生灌输固定而具体的行为规范和美德，并不断巩固和加强灌输的有效性，它与现实生活相去甚远，不利于提高当代大学生的道德教育质量。中华民族几千年来的传统风俗、生活方式和价值观主要通过饮食文化来展示，其中也包括中华民族自强不息的精神，促进其与大学生思想政治教育的完美融合。此外，中国传统饮食文化体现了中国传统思想文化的精髓，如茶文化、酒文化、餐桌文化等文化礼仪，为大学生饮食文化与德育的融合提供了素材。

（一）分析饮食文化的和谐之美，增强爱国情操和民族自豪感

在饮食文化的传承中，一方面，要坚持"春多酸、夏多苦、秋多辣、冬多咸、调味滑甜"的饮食习惯。只有每天食用的食物与自然气候和谐一致，才有利于身心健康，体验和感受食物的甜味。另一个方面，选择与菜肴特征互补的容器，这需要食物的形状和器皿的图案在装饰上相互补充。例如，中国最著名的"贵妃鸡"，被放在一个装饰着美丽的仙女在跳曼妙舞蹈的莲花碗中，自然会引起人们的想象，让他们想起杨贵妃在花亭醉酒跳舞的故事。

（二）挖掘饮食文化的意境之美，提高审美情趣和人文素养

市场经济的发展导致大学生对饮食文化的反应不同，严重制约了他们的审美

情趣和人文修养的提高。重新审视饮食文化的艺术美，强调大学生的精神追求，已成为当前德育教育的首要任务。例如，在民俗中，人们制作面塑、蒸烟花、献祭品，并在各种节日、婚丧嫁娶和生日时食用，如中国新年的"如意年糕"和婚礼的"鸳鸯糕"，以祈求幸福与安宁。传统艺术家用鲜艳的红色和绿色等颜色，自然地描绘出欢快热情的气氛。这些丰富而艺术的烹饪文化强烈吸引着大学生的审美情趣和人文素养，促进了烹饪文化与德育教育的融合。

（三）研究饮食文化的礼仪习俗，促使良好的交际之道

进入信息时代，随着各种生活方式的改变，大学生一些基本的饮食礼仪也在这种变化中逐渐丢失了，并且在长期的饮食中形成了许多不良的习惯，且对饮食文化利用率下降，阻碍了与他人的有效沟通。基于此，高校应该在保证饮食文化合理的过程中，科学地将其与大学生的德育教育相融合，引导他们学习饮食文化礼俗的积极性。例如，餐桌用餐时，要注意使用筷子的"八忌"，即一忌：舔筷子；二忌：对筷子上瘾；三忌：动筷子；四忌：用筷子；五忌：插筷子；六忌：过菜；七忌：挖菜；八忌：挑筷子。

第三节　中国传统服饰文化与高校德育教育研究

在高校德育教育中，要将传统文化纳入其中，并将其作为重要组成部分。传统文化具有民族性、历史性、包容性、开放性等特点，是当代德育教育中必不可少的教学内容和课程资源。其中，传统服饰文化作为我国具有代表性的传统文化，经过漫长的千年发展，历经不同时代、不同民族、不同地区的演变，逐渐形成了独具特色的服饰文化和服饰技艺，是中华民族精神内涵的充分体现。

一、传统服饰蕴含的德育文化元素

（一）民族历史元素

传统服饰文化中所体现出的民族历史博大精深，是中国古代不同时期各民族的智慧和独特的地域特色的具体展示，也是不同时期不同民族的地域环境、社会习俗、设计思想和审美特征的充分反映。服装设计所体现的思想是那个时代、那个地域环境、那个风俗习惯和审美追求。在高校思想政治教育过程中以此作为载体，才能更好地将道德教育发挥到极致。

"天人合一"理念是汉服的设计与搭配的根本依据，汉服包括冠、服、面饰等，其所呈现出来的大气、端庄、典雅的风格，正是汉族人自信、独立、典雅的个性特征的最好体现。

通过传统服饰了解民族历史也是高校道德教育创新的关键所在，围绕着不同的民族风俗和服饰文化展开讨论，可以帮助大学生更好地体验民族文化所带来的魅力和震撼。在这里我们以蒙古人的传统服饰文化为例，蒙古服饰丰富多样，不同旗区的服饰各有优势。与蒙古人的传统服装不同，科尔沁地区由于驻地毗邻满族，其服饰风格深受满族文化的影响，既保留了蒙古族传统服饰的自然风格和草原特色，色彩也融入了满族风格。细节方面多体现在重视刺绣、贴花和版式上，发展过程中又对满、汉、藏等民族服饰文化的优势有所借鉴，是浓郁的民族特色和地域特色的最好体现，展示了科尔沁服饰文化的生动性。

（二）"非遗"文化元素

传统服饰中的非物质文化遗产是我国宝贵的文化遗产，在高校教育中将其引入并作为重要的学习内容，对德育教育可以起到很好的促进作用。在这里我们将国家级非物质文化遗产重点保护项目——苏州交趾水乡的非物质文化传承服饰引入教学中来进行分析。[①]生活在苏州以东吴县甪直、胜浦、唯亭、陆墓一带的农村妇女一直保留着传统的民俗服饰，她们以梳愿撮头、扎包头巾、穿拼接衫、拼

---

① 蔡煜燕.传统服饰文化与思想政治教育的融合研究[J].化纤与纺织技术，2022，51（11）：166-168.

裆裤、束偏裙、裹卷膀、着绣花鞋为主要特征的传统服饰颇具江南水乡特色，获得了苏州"少数民族"之称。水乡服饰在材质、剪裁、缝制、装饰等方面结合了地域特色。其中，制作服装的非物质文化遗产工艺，如拼接、滚边、纽攀、带饰、绣花等传统工艺，都极其精湛。水乡服饰方便妇女劳动生产，具有较高的实用价值和较强的传承性，同时也体现了江浙地区传统的审美观念。因此，学习各种类型的非物质文化遗产服装文化，可以让大学生了解非物质文化遗产服装的文化魅力，加深对服装文化多样性的理解。

（三）审美意识元素

传统服装种类繁多，风格新颖，特别是在色彩的选择和搭配上，独具特色，展示了其优雅典雅之美。在着装风格上，传统服装更为严谨、大气、庄重，而不是华而不实。例如，传统的冠服制度呈现出端庄典雅的风格，这反映了汉代相对严格的服饰制度。宋代的无裆睡衣给人一种古朴典雅的感觉，是宋代程朱学派哲学思想的集中体现。传统服饰的这些结构元素将对当代大学生的思想认知和审美价值产生影响。尤其是在网络技术飞速发展的今天，大学生往往受到外来文化渗透的影响，无法产生正确的思维和判断，混淆了美丑的概念。此时，将传统服饰文化融入高校思想政治教育，可以促进学生更好地理解和发现美，增强审美体验与审美意识，传播服饰文明。

（四）"工匠精神"

自古以来，中国就被称为"礼仪之邦"和"衣冠之国"。传统服饰无论在色彩运用上，还是造型结构上，无不体现出中华文明之美。例如，传统冠服制度表现的风格多为端庄典雅，是汉代严格的服饰制度的体现；宋代开裆裤则是宋代程朱学派的集中体现，给人一种古朴典雅的感觉；马王堆出土的大量丝绸汉服，华丽而柔软的丝绸是汉代高超的纺织技术的完美体现。无论在服饰风格、色彩方面，还是在图案方面，无不体现了汉代服饰的典雅和精湛工艺。马王堆一号墓出土的西汉紫色"寿绣"丝绸锦袍，上面的锦花层次分明，花纹立体度高，外形艳丽，花纹古朴典雅。汉代织出如此精美的毛锦，堪称纺织服装技术史上的光辉一页，也展示了汉代织工的精湛工艺和极高的纺织技艺，其精湛的工艺和独特的设计思想值得后人继承和推广。

二、服饰文化融入德育教育的重要性

传统服饰文化是中华民族五千年灿烂文明史的重要组成部分。将传统服饰文化与德育教育相结合，不仅可以重温历史，还可以从多方面培养学生的意志力和品格，促进个人健康发展。随着社会经济的不断发展和信息技术的进步，信息的高效共享为人们的生活提供了便利，但一些大学生缺乏辨别网络信息的能力。基于此，高校应将传统服饰文化与德育有机结合，帮助大学生树立正确的人生观、世界观、社会观，实现长期健康发展。

（一）继承传统服饰文化

在中华民族发展史上，服饰文化深深植根于中国传统文化体系，已经成为不可分割的一部分。因此，中国传统服饰文化源远流长。它不仅强调心灵和眼睛的美，还强调服装和服装的地域特征。通过向学生传达服装文化中蕴含的价值观，可以在一定程度上促进传统服装文化的传承和传播。

（二）塑造正确的价值观

在高校中开展全面的德育教育工作，有利于增强大学生的思想认识，提高他们的思想境界，帮助他们建立一个正确的价值取向。当代德育教育不再将机械化的、填鸭式的教学方法作为主流，不管在内容还是在教育方法上都不同于以往。传统服饰中包含的文化元素很多，如礼仪观念、历史故事、审美观念等，作为教育者，可以将这些文化元素与德育教育结合起来，增强他们对是非的辨别能力，帮助他们树立正确的世界观、人生观和价值观，以便达到更高的人生境界。

将传统服饰文化融入高校德育教育中，可以引导大学生更加深刻地认识服饰文化，在优秀传统文化的指导下，有效地弘扬"个性意志"的科学价值观在学生的道德素养上，并在此基础上，促进大学生健全人格的形成，使他们在正确的发展道路上越走越远。

（三）培养良好人文素养

中国传统服饰文化具有鲜明的人文精神，它不仅重视人的自我发展，而且强调人与自然的和谐发展以及个人和集体的共同发展。这样就逐渐形成了道德教育与服装文化紧密结合的合力，渗透到大学生日常学习和生活的方方面面，帮助他们塑造积极的人文素质，同时起到鼓励的作用，使得他们能够在服装文化中内化和外化独特的人文精神，逐步成长为品格修养兼备的复合型人才。

（四）增强文化自信意识

积极将传统服饰文化与大学生德育教育相结合，对培养大学生优秀的道德素质，帮助他们对中国历史、文化和中国智慧有进一步的了解具有积极的作用。大学生只有亲身体会民族文化的精神内涵，才能从内心建立起文化自信。将传统服装文化融入年轻人密集的大学校园，可以拓宽学生的视野；将传统服饰丰富的精神内涵融入德育教育课堂，可以培养学生的优秀品格，增强学生对传统服饰文化的认同感。

（五）传承优秀文化

高校校园是传承和弘扬优秀文化的主战场，要抓好思想文化建设。中华民族经过数千年的历史发展，形成了独特的民族精神和意志力、高尚的爱国主义精神、高尚的品格和气节、精湛的工艺、优良的品质精神。这些都是优秀传统文化中的宝贵财富，是中国人民劳动和智慧的结晶。多民族的融合，形成了丰富多彩的具有不同地域、风俗的文化特征。而近些年全球一体化的发展和外来文化的影响，最终可能导致一些学生认为传统服装是"老式"和"落后"，即感知美的能力下降。基于此，可以通过传统服饰与德育教育的融合来增强学生对传统服饰文化的认同感，从而更好地传承中华优秀文化。

三、服饰文化融入德育教育的路径

中国有着五千年的文明史以及博大精深的文化底蕴。它体现了厚德载物、天下为公、与邻为善、自强不息的文化精神，是我国建设社会主义新社会文明的体现。只有深深扎根于我们民族文化的沃土，优秀文化才能蓬勃发展、源远流长。近年来，在中国人的生活中，中国风、复古风、新中式等元素越来越明显，一度成为当下的时尚热点，尤其是在年轻人中的受欢迎程度极高。高校作为文化的传播者，更应该承担起传播优秀文化、培养思想品德高尚人才的重任，将德育工作放在重要的位置。为更好地传承和传播优秀文化，巩固学生思想建设，培养学生优秀素质，各大高校正积极将传统服饰文化元素融入德育教育。尽管它们在实践中取得了一定的成效，但仍存在许多不足。

（一）三方共同努力

德育教育工作者应加强对服饰文化的学习，丰富知识储备，在教学过程中用专业的视角解读服饰文化，可以把服装文化的内涵灌输给学生，这样可以增强德育教育工作的实效性。德育课上的大学生应专注于老师讲解的内容，积极参与课外服装文化活动，通过查阅课外资源不断巩固学习成果，发挥榜样的引领作用。

（二）打造师资队伍

高校应创建一支高水平的教学队伍，为德育教育工作服务。从实践上看，传统服饰文化的德育教育还存在一定的不足。在培养德育课教师的过程中，重点应放在传统服饰文化与德育教育的共性上，确保教师能够识别二者的共性，并将其传递给学生。教师的思想行为在无形中会对学生产生巨大的影响，因此德育教师应将传统服饰文化的精髓融入个人言行中，以身作则，带动学生学习、实践传统服饰文化。

（三）创新教学模式

在高校德育教育中，为了有效地融入传统服饰文化，有必要改进以往的教学模式，融入当前能够吸引学生注意力的元素。在备课过程中，了解学生的心理特征和兴趣，并结合当前热点事件，利用课堂上的信息渠道进行解释。

（四）借助新媒体

近年来，古装剧在年轻人中流行起来，逐渐成为一种流行文化。在德育教育的基础上，以中国风、新中式等文化潮流元素为切入点，研究人们对传统服饰文化的现代化需求，培养当代大学生对传统服饰的再开发、再创造能力。

（五）挖掘服饰历史特色

将传统服饰文化融入高校德育教育，在德育课堂上积极探索不同时代的服饰特色，深入学习传统服饰和地域服饰中的历史文化典故。例如，以屈原文化为代表的湘楚服饰文化，既继承了先秦服饰的精华，又承前启后，推动了中国服饰结构的形成。深入挖掘湖南楚服饰文化的历史渊源，可以进一步了解战国时期古人的审美特征和设计思想，也可以从古代传统文化中了解中国服饰文化的悠久历史。教师应多方位、多角度、多形式地将优秀的传统服饰文化融入课程内容和教学案例中，树立高校学生的文化自信观。

（六）开展非遗服饰体验

为了更好地为高校德育教育创造多样化的教学模式，教师可以为大学生组织各种非物质文化遗产服装体验活动。通过对非物质文化遗产服饰文化的学习和深入了解，让更多的大学生在学习中领略非物质文化传承的魅力，体验非物质文化的审美愉悦和精神享受功能。同时，在各种服装体验活动中，可以聘请传统服装工匠亲自指导学生制作非遗服装，让学生在制作过程中体验非遗技艺的工匠精神。例如，要体验非物质文化遗产工艺蜡染，学生应该在这个过程中学习打蜡、浸泡、染色、洗涤和脱蜡等多种技术。在实践中，他们可以进一步了解蜡染工艺的过程和细节，从艺术、历史和技术的角度学习和理解传统非物质文化遗产文化。这不仅有助于高校非物质文化遗产的申报和推广，也将促进非物质文化遗产的传承和发展。

（七）收集资料调研

新时期高等教育的发展要求思想政治教育具有实践性，传统服饰文化是德育教育实践的重要载体。针对大学生，德育课教师可以开展丰富多彩的服装文化活动，如汉服展示、文创刺绣比赛、春装舞台展示、传统服装展示、服装设计比赛等。通过对各种传统服装活动的参与和实践体验，让更多的大学生能够理解传统服装文化的内涵和精神。同时，在开展服装文化活动的过程中，鼓励学生以小组为单位，逐步由浅到深、由单向到综合，运用山野调查、文献调查等方法，激发学生的学习热情和专业技能，使他们在研究中逐渐了解传统服饰的历史和典故，从中汲取营养。

第四节　中国传统节日习俗文化与高校德育教育研究

一、中国传统节日习俗的德育价值开发

中国优秀的传统节日习俗和文化是中华民族的精神和情感的体现，其蕴含了丰富的德育资源。这些习俗多样、内容丰富的传统节日都承载着不同的情感，在这些传统节日中，中华民族的优秀美德得到了充分体现，其中有体现爱国爱家的"忠"，也有体现孝顺敬长的"孝""敬""礼"，等等，这些都值得德育工作者通过校园活动用心挖掘、用情感填充大学生的心灵。

（一）爱国情

例如，端午节是为缅怀爱国诗人屈原，学习和继承其爱国精神的节日。吃粽

子，了解粽子这一传统食品的生产和传播意义；观看龙舟比赛，激发个人的集体意识，形成爱国主义意识；了解屈原跳江，体会这位诗人用自己的生命来传递爱国主义。

（二）亲情

例如，满月的中秋节是远方亲人思念的寄托，也是家人团聚的美好祝愿。在吃月饼时，更重要的是要理解月饼的含义以及与家人分享月饼的意义；在欣赏诗歌时，除了能够阅读和记忆之外，更重要的是要将文本中血浓于水的自发渴望传达给家人和朋友。

（三）尚美情

例如，在春节期间，追求新奇，追求美丽，欢度春节，象征着对新的一年过得更好的希望。拜年是最重要的习俗，正确的拜年方式可以通过真诚的祝福，从"新"到"美"，增进情感联系，增进友谊。

（四）怀远情

例如，由于接连下起小雨，清明节变得更安静了。缅怀、祭奠古人，可以体现出感恩和责任感。在传统节日的习俗中，修身养性，端正心态，让美丽的民俗美德代代相传。

二、中国传统春节习俗的德育功能

在全球化背景下，意识形态观念多样性的特征日益明显，尤其是在西方，万圣节、圣诞节、情人节等节日文化席卷而来。传统春节所蕴含的价值观与当前我国社会主义核心价值观高度契合。然而，在社会转型的过程中，一些传统习俗与现实生活变得格格不入，现代人常常感叹"年味淡了"。传统春节习俗的德育功能也受到了很大的影响。

文化促进国家昌盛，文化繁荣，民族强大。秦汉以后，随着社会生产力的发展和进步，人们开始对时令习俗有了更深的了解，春节的社会意义也日渐凸显。由于不同朝代采用的历法不同，每个朝代的春节名称和日期也不同。从秦朝到汉中期，一年的开始是在阴历的第十个月，十月初一是新年。到汉武帝时，汉朝已经形成了一个相对稳定的中央集权国家。汉武帝命司马迁、罗夏弘、邓平等人参照前朝历法，制定《太初历》。太初历从阴历的正月开始，将二十四节气纳入历法。汉中期以后，每年的开始是在正月初一，也被称为正月初二或正月初三。

元旦假期，法院举行元旦大庭会，庆祝新年。人们聚集在一起，全国人民一起庆祝新年。在隋朝和唐朝，历史上记载的元宵"端门灯"非常流行，吸引了外国使节前来观看。从那时起，元宵（元宵节用糯米粉做成的圆珠）灯就成为春节的一种重要习俗，历代王朝都沿袭了这一传统。在宋、元、明和清王朝，一年的开始被称为元日、元旦或新年。

尽管中国传统的春节在古代朝代有各种各样的名称，但春节期间迎接新年和家人团聚的精神内涵从未改变。德育是一个系统的活动过程，教育者根据一定社会和被教育者的需要，遵循道德品质形成的规律，采取言传身教等有效手段培养受教育者的道德品质。

（一）中国传统春节习俗的主要德育功能

1.价值引导功能
（1）孝老爱亲，和合圆满

传统的春节习俗不仅强调自然伦理，而且提倡人情和家庭关系。春节祭拜祖先的习俗表达了后代对祖先的怀念，也激发了他们对未来谨慎追求、尊重祖先的感激之情。从长辈到晚辈守大年三十、收压岁钱的习俗，是孝顺和父母子女情深的具体体现。

（2）崇德尚礼，家国同构

家族群体的思想观念根深蒂固，由内而外上升为民族价值观和民族价值观。春节传统节日活动强调团结和谐，强调道德伦理关系，充分体现了崇尚道德、礼让的社会氛围，也彰显了中国人重礼让、重情重义、重孝的民族品格。

2.社会规范功能
传统春节习俗有着广泛的群众基础，以家庭为核心，不断向社会外部传播。

参加这个节日的人接受来自家庭规则、乡村习俗和社会伦理等各个层面的道德教育。春节习俗，无论是祭祖、除夕守夜、清扫灰尘、准备团圆饭等，年轻人无一例外地共同参与。通过这种方式，每个参与者都受到道德的微妙影响和教育。人们利用春节的时间对年轻一代进行教育，营造浓厚的教育氛围。例如，在广东省佛山市，春节期间长辈们践行着"卖懒"的习俗，他们教育年轻一代摒弃懒惰的习惯，鼓励他们努力工作，取得进步。春节习俗中所包含的道德教育思想通过节日仪式为社会成员提供了调整和适应社会伦理道德教育的机会，这是一个通过节日活动塑造和教育人们的过程。

3.民族认同功能

（1）传统春节习俗重现民族记忆

在一代又一代中华儿女的传承和发展下，丰富的春节传统节庆活动流传至今。人们在用节日仪式重温传统、叙旧历史的同时，也在立足当前的基础上更新和完善传统春节习俗，赋予春节以新鲜的生命力，形成一种源远流长、与时俱进的民族记忆。

（2）传统春节习俗承载民族文化

传统的春节习俗展示了丰富的精神文化：春节祭祖、缅怀祖先的习俗表达了感恩之情，不忘基本的传统美德；春节习俗的起源与神话传说有关，这些神话传说都向后代传达了勤劳、勇敢和追求美好生活的意愿。这些都从不同的角度阐述了中华民族的传统文化，是民族文化的生动载体。元宵节有许多传统的春节娱乐活动，如舞龙舞狮、灯会、高跷等竞技表演，为广大观众献上了一场精彩的民族文化盛宴。

（二）加强中国传统春节习俗的现实意义

春节的传统习俗表达了强烈的爱国主义情绪。"春节联欢晚会"是我国北方人每年除夕必看的节目，历届春晚的节目内容无一例外都是多民族团结友好、敢于攀登科技新高峰、以铁血和荣誉担当保家卫国责任、强大的军事和国防力量等多方面，塑造了一个强大的"民族大家庭"形象，众志成城，共克时艰，人民安居乐业，激发了人民对国家的强烈自豪感、认同感和归属感，上升为爱国主义。从节目的表现形式来看，通过极具意图的主题、实践方法和以小见大的艺术手法，将"家国"紧密联系在一起。爱国主义和亲情在任何时代都不会过时。因此，在新的社会时代背景下，我们需要继承和发展传统春节习俗中的家国观念，充分挖掘传统春节风俗中的爱国主义精神，使之成为体现和谐完美的家国理念的有益补充。

农历正月十五元宵节，是一个欢庆的节日，"喧闹"一词表达着民族狂欢节的精髓。元宵节多以舞狮、舞龙、看灯、走高跷等传统表演项目将全民联系在一起。在欢乐热闹的元宵节习俗活动中，人们彼此之间没有隔阂，没有等级之分，没有高低贵贱之分，所有的人共享元宵节的欢乐时光。在等级森严的传统社会中，元宵节是一个幸福的时刻，它体现了宝贵的平等和自由。除一些农村地区外，在城市里，祭灶的习俗几乎已经消失。

（三）加强中国传统春节习俗德育功能的相关对策

传统是一种流动的精神力量。尽管与古代相比，当前的传统春节习俗在内容和形式上发生了许多变化，但这种变化并不是简单的替代，而是政治权力的变化、时代的发展、民族文化的变化等许多社会因素的结合。要充分发挥春节传统习俗的作用，就必须从时代的角度对其进行重新解读，再现其内涵，满足人们日益增长的精神文化需求。

1.家庭层面：言传身教，匡正家风

第一，要通过"口头交流"来增强传统春节习俗的道德意识。老年人应该在节日期间提高他们的文化素养。许多年轻的父母，由于种种因素，对节日习俗的理解和认知相对肤浅，往往对更深层次的道德内涵有着片面的理解。因此，年轻的父母应该通过网络和向老一辈寻求建议等各种方法来提高自身获取知识和自我更新的能力，并加强他们对春节习俗的理解。另外，有必要以日常的方式通过习俗来解读道德内涵。

第二，要用"榜样教学"来实现春节传统习俗的道德实践。榜样教学是一种强大而有说服力的教育方法，它为学习者树立了榜样，并引导他们采取适当的行动。

第三，借助"家庭文化"营造春节传统习俗的道德氛围。大家族的长辈们可以利用春节这一特殊时刻，突出建设家庭文化，营造一个良好的道德氛围。例如，利用祭祖的空隙向年轻一代介绍家庭发展史、祖先创业的困难、家族流传下来的家规、祖先高尚的道德品质和先进事迹等，引导他们了解家庭的优秀传统，激励他们继承和弘扬。

与此同时，老年人应该有意识地抵制消极的社会规范。例如，在购买年货和举办春节宴会时，避免通过展示和比较来浪费时间；走亲访友送礼时，要注意友谊的表达，避免物质主义、功利化、庸俗化的价值倾向；不搞春节送礼、权钱交易等；避开封建迷信活动，努力为年轻一代创造一个干净、温馨、有爱、充满活力的家庭环境。

2.学校层面：课堂内外，营造氛围

第一，在学校的课程教学中融入传统节日文化。作为高校教师，要深挖传统节日中所蕴含的德育内容，掌握和调动各种先进的教学方法，充分利用当地传统节日文化资源管理，在学习中融入传统文化，在传统文化中融入情感，使学生对传统节日的丰富内涵有一个深入的理解，帮助他们增强传承节日文化的社会责任感。

当前高校德育教育中涉及的传统节日文化教育内容相对比较分散，数量不足，且分布也不均匀，这就要求高校根据学生的文化水平、身心特点，在教学过程中适当补充与传统节日文化相关的内容，编写相关的传统节日文化教育读物，呈现出系统的、不同层次的教材和内容，帮助学生全面、系统地了解中国的传统节日文化。

第二，充分利用课外活动时间普及传统节日活动。传统节日活动能够增强学生的道德认知，转变学生的道德行为。高校应充分利用传统节日活动，将其纳入学生的课外实践活动中，如充分利用当地节日文化资源管理，组织学生参与其中，使学生在实践活动中进一步认同和内化民族情感。

3.网络层面：优化传播，创新载体

非物质文化遗产对艺术家的身体素质和技能水平要求很高，但是现代人对这一传统文化的重视程度不够，导致非物质文化遗产正面临灭绝。如今，随着现代多媒体网络技术的快速发展，各种非物质文化遗产开始被搬上大屏幕，在更大范围内传播，让非物质文化遗产焕发出新的生命力。

要利用现代网络多媒体技术创新传统春节习俗和文化载体。节日文化需要通过某些外部形式来表达和传播。如何展示具有深厚文化底蕴的春节传统习俗，突出德育功能，既是多媒体技术发展中的问题，也是继承和发展中国传统节日文化的必然要求。近年来，随着《舌尖上的中国》的热播，纪录片重新点燃了人们探

索中国烹饪文化的热情。针对这一趋势，中国中央电视台科教频道推出的纪录片《味道》展示了深厚的中国传统年菜文化，并通过各地的传统年菜倡导健康文明的春节。广阔的网络信息平台空间，综合运用声音、图像、视频、文字等传播方式，可以充分调动人们的感官，实现线上线下的共鸣，真正做到以"润物细无声"的方式实现对广大民众进行培育和教育的目的。同时，构建传统文化传播的认知路径，让大众能够吸收传统节日文化的精华，体验新的道德和情感带来的润物细无声的效果，为充分发挥传统春节的道德功能提供了多样化的文化载体。

（四）加强中国春节习俗的德育资源

春节标志着新旧交替，经过一整年的辛勤劳动，在岁末年初，人们会充满敬畏和感激之情，并祈祷在新的一年里国泰民安。

1.春节引导青少年形成崇尚和谐的价值观

天、地、四季、万物各自为政、和谐共生的理想状态便是和谐的呈现方式。我国把和谐视为"天下之道"，重视和谐，认为"德大于和"。传统社会中流行的主要的春节礼仪就是拜年。在古代，历朝历代的朝廷举行盛大的朝会，皇帝在朝会上接受文武百官、地方官员代表，甚至各国使节的祝贺，并给予他们礼物和宴请，营造了和谐氛围；在民俗文化中，我们不仅要祭祖，家人之间也要互相问候，包括老师、朋友、邻居，甚至路上的陌生人。每个人也应该互相鞠躬祝贺新年。此外，在春节期间，各地也有一些禁忌，如不诅咒、不争论、不破财等，这些都是在以一种特殊的方式刻意创造和维护世界和谐。春节是时间的接力站，是人生的精彩篇章，充满了美酒佳肴和各种娱乐活动，也充满了人间的善意和温暖。它暂时停止了日常生活的忙碌脚步，安慰和放松了日常生活中焦虑的灵魂，使社会成员在身心上实现了新的平衡，每个人都回到了应有的位置。简言之，春节的各种活动都包含着对和谐的追求，这对年轻人和谐价值观的塑造起着微妙而重要的作用。

2.春节引导青少年形成积极向上的人生观

一个人的人生道路和人生取向会直接受到人生观的影响，在青少年道德教育中起着至关重要的作用。春节开启了人生的新起点，让人们对未来充满希望，对生活持有乐观的态度。我国传统的节日有许多，但只有春节处于每年周期的更新点。春节期间有一副常用的对联："一晚一次，两年五点。"就物质时间而言，这两年没有太大区别，但在中国人的心目中，它是不同的："五点"之前的一年是旧年，这是过去的时间；"五点"之后的一年是新年，这不仅意味着"新的开始"，也意味着"万物更新"。春节期间，人们打扫庭院，用新的桃子代替旧的象征，以更新他们的生活环境；人们举行盛大的驱邪仪式，燃放鞭炮，贴上"鬼"怕的门神来驱邪；同时，张贴鲜红的"福"字方块、各种吉祥画、明确的吉祥组合字，享用各种寓意吉祥的节日食品，祈求好运和祝福；清洁自己的身体，净化自己的灵魂。人们把烦恼和失望都抛向过去，怀着对未来的美好憧憬和对春天的希望，让一切从头开始。

3.春节引导青少年养成尊老爱幼的家庭美德

自古以来，拜年一直强调拜年的对象和拜年的顺序。拜年对象通常超越亲属关系，拜年顺序强调年轻一代向长辈致敬。汉代崔氏的《四人月令》一书中提到，当时家族成员为了拜祭长辈，孙辈先敬酒祝寿。随后，他们向祖先、父亲、兄弟、朋友、亲戚和村党元老致敬。早在汉代，拜年的对象就不仅包括自己的家人，还包括老师、族兄弟、亲戚、朋友以及邻里和村庄的老人。直到今天，这一传统仍在流传，在山东、河北的一些地方，年轻一代仍沿用着磕头的方式向他们的家人和村里的长辈拜年，充分体现了敬老、敬亲、睦邻的美德。

春节不仅有敬老的习俗，也有爱幼的习俗。例如，饮酒最初都是从老年人开始，进入春节这一节日中，饮酒的规则会有所改变，有史书记载至少从汉代开始，我国就形成了新年期间饮酒从最年轻的人开始的规则。《荆楚岁时记》载："正月饮酒先小者，以小者得岁，先酒贺之。老者失岁，故后与酒。"①因为对于年轻人来说，过年意味着他们已经长大一岁，所以应该先饮酒庆祝。此外，新年酒还有一种特殊的祈求好运和辟邪的功能，鼓励年轻人先喝是典型的育儿礼仪。

还有一种习俗是，长辈在新年时把压岁钱给年轻一代。新年币，又称压岁币，是一种用来辟邪的硬币形状的产品。有的正面写着吉祥的话，如"永葆青春""天下太平""消灾除厄"。背面有龙凤图、龟蛇图、双鱼图、斗尖图、星斗图等各种插图，旨在抑制邪魔，祝福年轻人安全健康地成长。后来，人们开始使用真正的硬币作为压岁钱。民国时期，许多长辈经常用红纸包着100文铜钱送给

---

① （南北·梁）宗懔著；姜彦稚辑校.荆楚岁时记[M].长沙：岳麓书社，1986.

年轻一代作为压岁钱，意思是"长寿百年"。现在，人们也喜欢用新纸币给孩子作为压岁钱，这意味着好运常伴。

4.春节引导青少年养成热爱传统文化的赤诚之心

爱国主义修养是德育的重要内容之一。中国有着数千年的文明史，在这段历史中，政治权力发生了多重变化，多次遭到外敌的攻击。春节每年重复一次，为人们提供了定期接近、进入、重温、欣赏和理解传统，然后爱上它们的机会。通过对传统文化的学习，逐渐形成文化自信，并培养爱国主义精神。道德教育历来在我国教育体系中占有重要位置，中国人高度重视道德教育，将崇高的道德理想融入国家、集体或个人的重要仪式和人民日常生活的细节之中。在节日期间以及平时的居住地、衣着、饮食和社交活动中，鼓励人们践行礼仪，内化道德观念，加强道德修养，提升个人气质。可以说，几千年来，春节作为不间断的节日文化，一直在默默地发挥着它的德育作用。

三、清明节的道德传统

"清明前后，种瓜点豆""种树造林，莫过清明"，这些清明农谚揭示了清明节气与农时的关系。与传统节日的自然属性相比，文化内涵越丰富往往越容易受到人们的重视。在清明节的多重主题中，传统道德主题是最基本的一种。清明的气候、气象、景物、农耕规律构成了清明节气的自然内涵。清明政治、清明官僚、清明家风、清明心态、清明文风等构成了清明节的主要文化内涵。

今天的清明节更加注重感恩和祭祖。这在很大程度上体现了中国人感恩且不忘本的道德意识，也与儒家治史之道不谋而合。事实上，清明不仅体现在对祖先崇拜和崇敬的感激，也体现在对逝去的朋友和革命先烈的怀念。清明祭祖已成为构建和谐中国社会的精神支柱，成为重孝慎远的民族性格因素，融入中华民族血脉。

增强生命意识，将生命的意义与死亡的价值联系起来，对当今年轻人来说意义更大。清明，这个盛大的节日为人们提供了一个优越的德育环境。沐浴在美丽的春风中，人们总是想出各种各样的理由来认真享受大自然的好处，丰富生活的内涵。历史上留下的所有清明诗词都源于清明之心。

"梨花风起正清明，游子寻春半出城。日暮笙歌收拾去，万株杨柳属流莺。"（宋·吴惟信《苏堤清时》）清明季节满是对清明春景的热爱和对家乡山河的赞美，清明的天空、清明的景色、清明的精神、清明的情感，都在对清明季节的怀念中呈现出来。"云淡风轻近午天，傍花随柳过前川。时人不识余心乐，将谓偷闲学少年。"（宋·程颢《郊游》）从审美的角度看清明，也是对生命的一种欣赏。"南北山头多墓田，清明祭扫各纷然。纸灰飞作白蝴蝶，泪血染成红杜鹃。日落狐狸眠冢上，夜归儿女笑灯前。人生有酒须当醉，一滴何曾到九泉。"（宋·高翥《清明日对酒》）。

清明节已成为中华民族的精神象征。代代相传的清明民俗，不仅体现了忠君、爱国、敬老、慎终追远的道德美德，也蕴含着正确处理人与社会、人与自然关系的清明境界和道德规范。

第四章　中国传统艺术文化与高校德育教育研究

中国传统艺术文化沉淀了五千年的华夏文化，渗透着中华民族传统文化精神，蕴含着深厚的道德底蕴和可贵的民族品质，是开展德育教育的重要载体。在中国传统艺术文化的弘扬与传播中与德育教育相融合，有助于进一步扩大中国传统艺术文化的影响力，并促进大学生传统艺术修养和道德修养的共同发展。

第一节　中国传统音乐艺术与高校德育教育研究

音乐是由旋律、节奏或和声或器乐声音组成的艺术形式，是一种通过声波的振动而存在的艺术类别，人类运用听觉器官欣赏音乐能够引起各种情绪和情感体验。众所周知，任何艺术都有其基本特征，音乐作为一种艺术形式也是如此，它既遵循艺术发展的普遍规律，又遵循自身的发展规律。

一、音乐与德育的关系

音乐艺术中使用的声音是从自然界的各种声音现象中，通过特定的方法选择和总结出的一系列有组织的声音。基于这些声音的高度、强度、长度和音色形成音乐语言的元素，如旋律、节奏、音调、和声复调、纹理和配器。音乐利用有组织的声音形成特定的内涵，反映现实生活，表达人们的思想和情绪，从而引发情绪反应。

人们通过听觉器官接收声音，体验并感知音乐作品中的各种元素，如旋律、节奏、强度、模式和音色。音乐艺术可以直接影响人们的情绪，震撼人们的心灵。

音乐是一种时间艺术，其意象随着时间的推移而逐渐展开，随着时间的流逝而呈现、发展和结束。音乐欣赏从细节开始，直到演奏（演唱）整首作品才被视为一个整体。只听音乐作品的个别片段不会产生完整的音乐形象。

音乐是一种情感艺术，声音最适合表达情感：激情与兴奋、悲伤与愤怒、徘徊与细腻。无论音乐作品是何种类型，它都可能是一种情绪或意境的反映，是几种情绪的比较和冲突；它是情绪的波动和发展，是对某种音乐的总结。音乐以声音为媒介，拥有丰富的情感和强大的感染力，可以直接引发人们的情绪反应，引起相应的情绪。可以说，音乐可以更直接、更真实、更深刻地表达人们的情感。

美育培养人们认识美、体验美、感受美、欣赏美和创造美的能力，从而使人们拥有美的理想、情感、个性和品质。美育也可以指艺术教育。音乐作为美育的重要组成部分，是表达人的思想、情感和生活方式的艺术形式。

在日常生活中，人们通过欣赏音乐产生各种生理反应和心理活动，对情绪、思想产生一定的影响，并最终影响行为和整个社会。这就构成了音乐的社会功能。音乐是社会生活的反映，它对社会的影响是极其深远的。欣赏音乐可以调节人们的生活，起到娱乐的作用。同时，音乐可以传递情感，具有振奋精神、增强斗志、增长知识、发展智力、陶冶情操的作用。

总之，音乐的审美、认知、教育和娱乐等功能对社会产生了深远的影响。在音乐的这些功能中，娱乐功能最为显著。人们在日常生活中听音乐的主要目的是娱乐，而不是学习或教育。在紧张的工作和学习氛围中，听轻松愉快的音乐不仅可以调节生活，还可以忘记生活中的烦恼，消除工作和学习疲劳，实现身心放松。在听音乐的娱乐方式中，教育通过音乐不知不觉地渗透到人们的思想中，使他们对社会生活有更深入的了解，这就是音乐的教育和认知功能。音乐所包含的历史文化内涵和实践文化内涵是社会文化的重要组成部分，对提高人们的文化修养、思想政治意识和道德品质具有指导作用。

在学校、家庭、社区，甚至是整个社会，都有一个培养和建构思想政治品格的过程。在这个过程中，个人形成了正确的世界观、人生观和价值观，树立了理想信念，培养了良好的道德品质。黑格尔说："美学具有解放的性质。"因为美育主要依赖具体的、可感知的图像（如音乐），所以不需要说服、动员或执行命令。美育的过程充满了乐趣和主动性。

音乐是美育的重要组成部分，具有教育、审美等社会功能。它通过演唱和表演产生艺术效果。人们通过听觉器官可以欣赏音乐，这是它的外在形式，思想、情感和生活模式是音乐的内在精神，这种内在精神包含着道德价值。把外在形式和内在精神结合起来就形成了音乐。音乐与德育是相互融合、相辅相成的关系。音乐具有道德价值，音乐和道德教育交织在一起。《礼记·乐记》云："德音之谓乐""乐者，德之华也""凡音之起，由人心生也，人心之动，物使之然也。感于物而动，故形于声，声相应，故生变，变成方，谓之音，比音而乐之，及干戚羽旄，谓之乐"。在这里，所谓"声音"只有在强调了人的"道德"之后才成为"音乐"，也就是我们现在所说的"道德思想和情感"。

音乐是"气质"的产物，是"美德"的产物。音乐是人、社会和自然之间的纽带，反映了真、善、美。西方哲学家黑格尔说："音乐的基本任务不是反映客观事物，而是反映内在的自我。"可以说，音乐以其独特的审美方式进入人们的精神世界，人们在音乐创造的情感氛围中精神世界发生一定变化，并从中获得灵感。音乐一直是人们表达思想和情感、丰富精神生活有效的方式之一，能够满足人的审美需求，使人得到教育。音乐是人们在道德情感、道德理解和道德信仰方面的崇高追求。因此，音乐内在地包含着道德的内核，道德教育在音乐中找到了表现美的规律。

音乐与德育相辅相成。一部优秀的音乐作品具有强大的生命力和无限的魅力。除了优美的旋律外，最重要的是作品所包含的道德内涵。这类作品符合社会普遍的道德和审美趣味，这是进行音乐德育的基础条件。在古人看来，音乐几乎是道德启蒙的唯一途径，也是人生旅程中不可缺少的一部分。音乐从什么时候开始存在于人类社会中还不确定。但当音乐产生时，便对人们的思想、观念和行为产生了影响。也就是说，音乐的德育功能是伴随着音乐的出现而产生的。但人们对音乐德育功能的认识经历了一个较长的过程。

早在古代，我们的祖先就认为，通过音乐可以与天地之神沟通，并实现他们想法。因此，在拜祖先和天地之神时，往往用音乐祈求神灵保佑，风调雨顺。在人类劳动史上，人们也意识到劳动歌曲可以帮助劳动人民缓解疲劳，振奋精神。后来，人们逐渐意识到音乐可以"媚于神而和于民"，可以"行风""宜气""耀德"，这意味着音乐对个人道德和社会习俗具有重要影响。

二、音乐德育作用的表现

音乐艺术具有道德价值。优美悠扬的音乐蕴含着高尚的情感，而声音与情感相结合的音乐艺术是净化心灵、鼓舞精神的有力手段。音乐艺术的德育作用是多方面的，在人们追求理想信念、塑造人格特质、培养品德等方面发挥着潜移默化的作用。

（一）音乐之于理想信念的追求

在中外音乐发展史上涌现出了许多优秀的音乐作品，这些作品为人们珍视和传唱。如根据唐代诗人王维的七言绝句《送元二使安西》谱写而成的古琴曲"阳关三叠"，由三小节组成，在同一旋律中有变化和重复。在众多经典的中国传统音乐作品中，从道德教育的角度来看，影响最大的恐怕是名曲《满江红·怒发冲冠》。据传《满江红·怒发冲冠》是南宋抗金英雄岳飞创作的一首词，近代以后被谱成一首爱国歌曲，但编曲者究竟何人尚无确切的定论，但这丝毫不影响这首歌在唤起国人抵御外侮的民族觉醒上的所起的巨大作用。尤其是在抗日战争时期，《满江红》表现出的浓浓的爱国情怀，字里行间迸发出悲壮激越和气吞山河的英雄豪气，被中国人唱遍大江南北，极大地激发起人们抗击日寇、共赴国难的决心。就词而言，《满江红·怒发冲冠》分为上下两阕，充满着激情和雄伟的声音，上阕表达了作者忠诚报国的英雄精神，下阕表达了作者重建山川的坚定决心。整首词表达了作者抵抗金军、收复故土、统一祖国的强烈爱国主义热忱。就曲而言，整首歌的音调低沉而稳定，歌词和节奏分布均匀。上下旋律基本一致，略带悲剧色彩。整首曲像一条河，弯弯曲曲地回响着。唱着这样的经典词曲，中华民族的爱国之心、不忘屈辱、奋发图强便会油然而生。

　　人们发现，优秀的音乐作品，无论是民族的还是西方的，无论是古典的还是现代的，都可以长久流传而不消亡，而它们之所以能够流行起来并势不可当，总是有道理的。这种合理性主要表现在这些优秀作品以其鲜明的节奏、优美的旋律、丰富的和声、积极的歌词来表达情感，直接触动人们的内心，震撼人们的审美心灵，对人们的理想信念具有极强的感染力和影响力，向人们传递着积极向上的力量。20世纪30年代，有多少中国人是听着《义勇军进行曲》、怀揣着保家爱国的信念奔赴延安的，又有多少人是听着《大刀进行曲》毅然从军投身抗日战争的，这就是音乐给予人们的力量。《义勇军进行曲》由田汉和聂耳创作于1935年，这是一首散文风格的自由诗。作曲家巧妙地将其写成了一首战歌，一口气使用了六种不同长度的短语。这首歌的表达手法极具创造性：主音的连续重复、中等圆号风格的音调，以及结尾的突然停顿。这首歌激发了人们的斗志，唤醒了他们勇敢前行，激励他们从黑暗走向光明。[1]

　　古今中外，有不少音乐作品以"祖国"为主题，让欣赏者产生强烈的爱国情怀。如肖邦的《波兰舞曲》、西贝柳斯的《芬兰颂》等，都极大地激发了人们的爱国热情。还有我国当代的《歌唱祖国》《我的祖国》等歌曲，旋律雄壮优美，歌者在歌声中体会祖国河山的壮丽秀美，感受劳动人民的勤劳勇敢，通过歌声唤起人们建设祖国、报效祖国的使命感，进而培育人们深厚的爱国情怀。

---

① 陈敏.艺术与德育[M].上海：上海交通大学出版社，2016.

（二）音乐之于人格品质的塑造

音乐的审美功能对塑造人的良好品质有着重要的影响。柴可夫斯基说："音乐是上天赐予人类的最伟大的礼物，只有音乐才能解释宁静"。庄严肃穆的音乐让人心平气和，舒缓悠扬的音乐让人心平气爽，活泼开朗的音乐让人乐观，洪亮激情的音乐激励人们奋发图强。

那些具有男性特征的音乐作品，反映了人与自然的斗争，给人一种强烈的男性感，贝多芬的《命运》是一个典型。其宏大的结构、气势和不向命运低头的精神有助于培养学生坚强的性格。还有人民音乐家冼星海创作的大型声乐作品《黄河大合唱》，通过独奏、对唱、颂歌、合唱等多种形式的演唱，展现出宏大壮丽的气势和中华民族永不屈服、锐意进取的精神风貌。整部作品充满了爱国主义的光辉形象和"火"的激情，给人一种向往美好、战胜一切艰难险阻的信心和力量。

安静、温柔、细腻的女性音乐作品让人感到平静、温柔。《嘎达梅林》是一首具有叙事特色的蒙古族民歌，它描述了民族英雄嘎达梅林带领牧民反抗领主的英雄事迹。这首歌的旋律以蒙古族常用的五音羽毛模式为基础，采用上下句的单段结构。这首歌的节奏轻松、稳健、有力，旋律宽广豪迈，庄严肃穆。

简言之，音乐拓宽了人们的文化视野，让人们获得了与音乐作品相关的文化信息，使个人素质受到它的影响，有利于塑造人们的性格和气质。

（三）音乐之于道德情操的培养

苏联著名音乐教育家苏霍姆林斯基认为："音乐文化是培养道德文明和智慧的重要条件之一"。音乐是一种具有强烈情感和独特意图的艺术。通过欣赏音乐，人们能够深刻地体验和理解美，逐步形成正确的审美观，从而培养欣赏美、表达美和创造美的能力，提高辨别真假、美丑、善恶的能力，培养清晰的道德情感和自觉的道德信念，培养热爱生活、和谐平和的心态，还可以净化心灵，达到崇高的精神境界。①

---

① 黄静，吴学霆.乐·思首届全国音乐学院思政课教学改革与协作论坛文集[M].上海：上海交通大学出版社，2017.

音乐修身是一个长期的、持续的积累过程。一个人通过提升音乐修养，摒弃了自己内心阴暗庸俗的思想，逐渐形成高尚、文明的情操，并不断感悟生活的美好。独奏曲《渔舟唱晚》一开始就以优美的旋律和舒缓的节奏呈现出一幅宁静的画面，之后是音乐的旋转。每一层都给人一种晚霞归舟的感觉，充满诗情画意，让人感受生活的美好。云南弥渡山歌《小河淌水》由五个短语组成，优美舒缓的音乐描绘了月夜小河的诗意和如画的流动，以及年轻男女之间可贵的爱情。民间小调《茉莉花》全国各地有很多版本，其中以江苏和河北的版本颇受欢迎。整首歌由四个短语组成，第三个和第四个短语在音乐中一次性完成。改革开放初期创作的歌曲《我爱你，中国》分为三个部分。引子部分节奏自由，旋律起伏，中段节奏流畅，音乐层层推进。片尾曲"啊"将整首歌推向高潮，优美的音乐语言打动人心。人们的情绪随着音乐的旋律起伏，炽热的爱国主义情感在歌声中喷薄而出。

三、音乐教育与大学生德育的融合

（一）音乐教育与大学生德育融合的重要意义

1.丰富音乐教学内涵，提高教学价值

在高校将德育教育引入音乐教学中，就是通过运用音乐的教育手段，积极引导学生对音乐思想性的理解和思考，不仅让学生能唱会唱，更重要的是通过演唱而受到音乐作品的感染，让学生的思想境界、道德品质能够得到质的提升。通过学习音乐让他们懂得弘扬真善美，传播正能量，用积极的心态面对生活。音乐课堂丰富多彩，融入思政教育能够让更多的学生重新认识音乐课堂，增加对音乐课堂的期待感，从而更加用心地投入到音乐的学习当中，实现道德品质与音乐知识的双成长。

2.寓教于乐，发挥音乐课程思政优势

思想政治课程历来是高等教育的核心，高等教育目的是培养社会主义劳动者和接班人，立德树人是教育的根本任务。为此，高校各学科都结合自身特点，把思政引入课堂，开展课程思政建设，音乐教育同样如此。与其他学科相比较而言，音乐课程思政教学有其独特的优势，音乐有着鼓舞人心的作用，音乐与思政相结合，能够潜移默化地提高学生的思想道德水平，提升学生的爱国情怀。单纯的思政理论教育主要是以概念性、抽象性、理论性的教学为主，学生在学习过程中会觉得有些枯燥。而音乐思政教育使学生从思想上、情感上产生共鸣，让学生在学习音乐作品的同时提升自己的思想政治素养。而且，音乐课程思政能够使学生更好地学习音乐作品，每个音乐作品都有自己的创作背景和思想性，学生在理解的基础上进一步欣赏、演唱，才能实现技术与情感的统一。

3.培养学生的职业道德，促进高校学生全面发展

现代高校毕业生就业形势严峻，社会就业竞争压力大。用人单位需要的是德才兼备的人才，大学生除了要有过硬的专业能力，还要有高尚的道德情操。在应聘者专业技能不相伯仲的情况之下，有些岗位更加看重人才的道德修养，具备优秀的道德修养能够提高学生的竞争力。所以，在音乐教育中融入德育教育，能够引导学生树立职业道德观念与社会道德观念，为就业做好准备。

（二）音乐教育与大学生德育融合的现状

1.重音乐实践轻思政实践

在传统音乐教育中，教师片面注重学生专业的进步，导致学生认为思政教育可有可无。这无形中削弱了学生参加思政实践的主动性，阻碍了学生在思政实践中提升思想政治水平的步伐。目前，很多高校校内音乐实践氛围浓厚，丰富了学生课外生活。但此类实践活动多以学生为活动实施主体，活动举办过程中缺乏教师引导，环节设计上无法巧妙地与思政教育相结合，在举办过程中浪费了思政教育和思政实践机会。

2.音乐教师课程思政能力不足

高校音乐教师普遍存在发掘课程思政功能能力不足的问题。有些音乐教师本身思想政治素养较低，必然导致课程思政的教学效果不佳。而且音乐教师思政培训机会少，缺乏"课程思政"的理念，在课程设计环节容易忽略思政的教育功能，在教学过程中将思政元素融入音乐课堂时把控不好力度与深度，在教学反思环节又缺乏对"大思政观"的客观审视。音乐教师自身的这些问题严重制约了高校音乐教育与德育的融合，也阻碍了高校音乐教育思政建设进程。

3.音乐教育与思政教育融合度不够

高校思想政治课由专职思想政治理论教师授课，内容生涩且过于理性，普遍忽视大学生的情感感受，课堂上常现空泛的说教，大学生难以领悟。音乐教育作为艺术类课程，由专职音乐教师授课，侧重于对学生进行音乐知识的传授和音乐技能的培养，具有一定趣味性。但当前，高校思想政治教师与音乐教师缺乏在教学过程中的联动，没有形成对学生进行思想政治教育的合力。

（三）音乐教育与大学生德育的融合策略

1.巧妙利用歌曲，发掘德育内涵

在音乐教育过程中，音乐教师要挖掘每一个音乐作品的道德内容，寻找契机，使学生对其中的道德内涵有更正确的认识，并在表演方式和学生歌唱情感表达方面加以展示，使学生能够从中获取包含道德元素在内的全方位的信息，对音乐作品了解得更深刻。教师还可以向学生提问题，使学生对作品中表达的道德思想加以总结。教师也可以试着从现实生活着手对照歌曲中所表现的意思，让学生谈谈自己的道德感受，加强对道德的认识与推理思考，从而更有效地推动学生道德观念的成熟。

2.提升音乐教师的道德修养

高校音乐教师在教育实践过程当中应该承担开展德育工作的主力任务。音乐教师要始终明确自身肩负的历史使命，不仅要在课堂上传播优秀音乐作品，更要把教书和育人结合起来，在教书过程中贯彻社会主义核心价值观，使音乐课变成学生终身受益的课程。音乐教师的德育意识与道德水平是对学生进行德育教育的基础，这就要求音乐教师必须从自身做起，自觉提升道德水平。

3.创建音乐思政实践平台

实践是认识的基础，鉴赏音乐美的前提是蕴蓄一定的音乐修养，这种音乐修养需在音乐实践活动中获取。高校应积极创建音乐思政实践平台，吸引学生积极参与音乐思政实践活动，让学生在体验音乐的过程中培育乐感和音乐理解力，并接受思想政治教育。例如，高校积极组织各类音乐活动，鼓励学生参与其中，使学生在准备节目的过程中了解作品创作背景、时代特征和蕴含的思想感情，在潜移默化中接受音乐思政的影响。

第二节　中国传统绘画艺术与高校德育教育研究

一、中国传统绘画艺术的传播

（一）中国传统绘画艺术传播的可行性

1.教育出发点的一致性

素质教育是一种集德、智、体、美、劳于一体的教育形式，德育和美育属于素质教育的范畴。从艺术表现的角度分析，国画艺术属于美育的重要组成部分。中国传统绘画艺术在功能方面，不仅强调技术，更加注重教育，是道德教育中不可缺少的组成部分，与高校道德教育的出发点是相同的。

2.具有综合教育价值

每个人都欣赏美，在德育教学过程中，教师可以利用学生与生俱来的爱美之心，因势利导，用赏心悦目的艺术作品来辅助德育教育，培养学生的道德品质；在各种国画作品的欣赏中净化学生的心灵，使学生从中获得关于自然、生活品位、生命意义和价值的灵感。

（二）中国传统绘画艺术传播的途径及方法

在整个德育教育中适当增加国画艺术模块或使用插图，将作者的思想情感融入国画作品中，以增强教育效果。画家的兴趣和思想是通过绘画表达出来的，通过绘画创造出一种意境。作为传统文化精神的表现形式之一，国画艺术可以作为高校德育教育的重要素材之一。

高校教师在对学生进行道德教育的过程中，可以将优秀的国画艺术穿插其中，这不仅为思想教育提供了直观的论据，而且还可以将中国古典文化的精髓巧妙地传达给学生，使学生在了解民族艺术文化语境的同时，潜移默化中实现道德品质的提升。

（三）中国传统绘画艺术融入德育教育的必要性

中国传统绘画艺术是中国优秀文化的重要组成部分，由于受到西方绘画艺术的冲击，其在高校学科所处的地位相对较低。在此情景下，高校教师需要一步一步地引导学生了解传统绘画艺术，让他们逐渐了解其所包含的文化内涵，为文化的延续做出贡献。

二、传统绘画艺术与德育教育的融合

作为中华文明的精华之一，传统绘画在中国已有5000多年的历史，从尤超的画圆螺旋、伏羲的画八卦到唐宋的绘画形式，再到元明清文人画的兴盛，中国传统绘画艺术经历了曲折而漫长的发展历程。几千年来，无论是绘画、雕塑、建筑、工艺美术，还是中国艺术，它们都具有"成教化，助人伦"的道德教化功能。

从传统绘画的发展史来看，它一开始就与"教育"和"改造"息息相关，在德育方面发挥了重要的作用。在经济快速发展的今天，"以德育为核心，以培养创新精神和实践能力为重点的素质教育"是当前中国教育改革和发展的方向。中国传统绘画艺术中所蕴含的儒、道、佛精神是阶级统治的产物，但也包含着丰富的道德教育内容。尽管现在的国画艺术在学生德育中所起的作用还是很小，但作为高校教师，应该肩负起国画的传承使命，将传统文化的精髓通过国画这一载体直接传授给学生，从而使我国传统绘画文化得以传承。

（一）传统绘画艺术教学中德育渗透的必要性

1.普通绘画教学的价值观决定着美术教学必须重视道德教育

从教育的角度来看，普通美术教育主要通过绘画教学培养道德、审美、意志、智力和创造力等基本素质和能力。纵观国内外艺术教育的发展历程，其最早通过美育来培养人的情感，这也是德育本身的追求。美育以情动人，德育以理服人。俗话说"诉诸理性"，美育往往是德育的先导，德育是美育的主要内容。

国画艺术是人类艺术宝库中的瑰宝，经过数千年的发展，植根于民族文化的沃土，融民族的道德情感、哲学观念、审美意识于一体。唐朝，尤其是初唐，政治繁荣，举世称羡，疆域辽阔，社会稳定，经济繁荣，商业发达，国际贸易频繁，中外文化交流不断。它是当时世界上最强大、最繁荣、最文明的国家，这些都为这一时期艺术的辉煌提供了条件。由于国家的统一，文化得到了繁荣发展，儒家礼乐教育也得到了加强，"成教化，助人伦"理所当然地成为美术最重要的功能。隋唐五代是体现皇家贵族审美趣味的宫廷美术极度繁荣的时期，尤以绘画为著，初唐时期的阎立本是代表性人物。阎立本（约600—673年），擅长书画，最精形似，作画所取题材相当广泛，如宗教人物、车马、山水，尤其善画人物肖像。其代表作之一《步辇图》被列入中国十大传世名画之列，现珍藏于北京故宫博物院。李公麟作为典型的北宋文人代表，一生服膺儒术，不遗余力地弘扬儒家伦理思想，以绘画诠释和宣扬《孝经》的要义。

中华优秀传统文化是祖先留给我们的宝贵精神财富，也是教育工作者的重要教育资源。当代教育，特别思想道德教育，更应该植根于中国传统文化，汲取其优秀元素。

中国传统绘画艺术中包含中国传统文化的精髓，在内容、主题、文化认同等方面对当代大学生的德育具有启示作用，采用中国传统绘画艺术渗透的方式普及道德教育可以说是一条捷径。将其作为一种视觉形象融入高校的德育课程中，对促进高校的德育工作具有重要作用，使学生通过对国画作品的欣赏，全面提升艺术修养和道德修养。

2.在教学过程中渗透德育是艺术魅力的体现

绘画教学与德育的结合是一门综合艺术，要把握适度才能达到实效。美育不等同于道德教育，也不应该被其他教育取代。绘画教学中德育的关键是渗透到学生的内心深处。

（二）传统绘画艺术对德育教育的作用

中国传统绘画艺术与个人道德修养存在密切关系，而这是西方绘画如素描、色彩、油画等所没有的特征。将国画艺术融入当代大学生德育教育中，有助于教师用直观的视觉语言滋养学生的灵魂，从而促进思想道德教育的发展。具体而言，中国传统绘画艺术对德育教育具有以下作用。

1.陶冶情操，帮助学生形成良好的思想品德

一般来说，绘画作品中所表达传统儒家思想，通常都会采用典故的形式，例如，《二十四孝图》，其中包括《孝感动天》《戏彩娱亲》《芦衣顺母》《涌泉跃鲤》《弃官寻母》等24幅国画作品。这些典故有些是为了维护古老的伦理道德价值观，但其中中华民族的传统美德"二十四孝"中的孝道无疑是值得学习、继承和弘扬的。

传统绘画艺术还有助于培养学生的爱国情感，可以例举中国著名画家，艺术巨匠徐悲鸿的爱国事例和作品。徐悲鸿先生是我国不可多得的爱国绘画大师。当年，日寇的铁蹄肆意践踏拥有千年灿烂文明的华夏大地，山河破碎风飘絮，人民深陷苦难中。正所谓：天下兴亡，匹夫有责。徐悲鸿先生深爱着自己的祖国，国破家亡之际，徐悲鸿先生于悲愤中，挥毫泼墨，激情万丈，创作了《负伤之狮》。受伤的狮子正如被日寇侵略的祖国，可是这头雄狮并未屈服，从未怯懦，而是意志坚定，斗志昂扬，准备与侵略者殊死一搏。寓意着终有一日，祖国必将击败狂傲的日寇。徐悲鸿先生的这幅画作非同凡响，立意高深，画技精湛，充分彰显出其心系祖国和人民的安危，并希冀祖国和人民能够早日摆脱苦难，此乃一种至高无上的爱国情怀，感人肺腑，震撼人心。徐悲鸿先生除了在创作中表达自己的爱国情感外，他还在香港、新加坡、印度举办义卖画展，宣传支援抗日。这种极高的爱国热忱对大学生具有重要教育意义。

2.滋养心灵，有助于培养学生健康的心理素质

现代研究表明，健康的心理素质对人的成功起决定性作用。基于各种原因，高校大学生毕业后面临着巨大的职业竞争压力，导致他们在学习和生活中所要承受的心理压力逐渐增大。中国画的古韵可以缓解学生的压力和紧张，滋养学生的心灵。在中国传统绘画中，文人最喜欢的绘画对象是梅、兰、竹、菊"四君子"，这反映了画家的思想和个性。通过在具体的教学过程中引用这些国画作品，教师可以使学生与国画艺术产生情感共鸣，从而培养他们的民族精神。

3.把国画艺术融入德育是文化传承的要求

在艺术文化发展的长河中，中国传统绘画逐渐建立了自己独特的艺术理论和美学传统。将传统绘画艺术这一中国人民引以为豪的非物质文化遗产与高校德育教育有机结合，是使学生认识历史、传承文化的必然要求。

三、中国传统绘画艺术与德育教育融合的实践路径

中国传统绘画艺术博大精深，其所蕴含的价值观念和道德标准对人们的生活和精神面貌都产生了深刻的影响。中国传统绘画艺术中蕴含的中国特色在当代大学生思想道德建设中发挥着不可替代的作用。充分利用国画艺术的思政教育功能，全面创新，开展切实可行的实践活动，将中华优秀传统文化有效融入大学生思想政治教育中，赋予优秀传统文化新的时代内涵，增加思想政治教育的亲和力和针对性，更好地发挥其在大学生思想政治教育中的作用。

（一）德育教育中传统绘画艺术缺失的成因

1.多元文化的冲击

经济全球化必然导致文化多样性，这些变化对高校教育的影响是非常大的。高等教育中，学生接触国画艺术的机会很少，造成国画艺术教育的精神滋养缺乏。高校教师国画艺术知识的缺乏导致国画艺术教育活动不足。

2.课程设置、教育内容和方式有待改进

在很多高校，国画艺术都只是选修课或通识课，其教学内容与思想政治教育的结合度不高，而教师对绘画艺术认识的不足使其无法在两者之间找到合适的契合点，无法合理利用绘画艺术中的德育教育资源。同时，在当前许多高校思想政治教育教材中，国画艺术教育的内容也没有得到充分体现。与此同时，学校课程安排没有对传统文化不够重视，导致国画艺术无法更好地融入学生的日常生活中，大学生缺乏对绘画艺术文化的认识。

3.校园传统文化活动缺乏

校园文化活动承担着政治教育和传统文化教育的重要使命。受制于资金、师资等，目前校园传统文化活动无法得到相应的支持，尤其是国画艺术活动，学生们对传统文化缺乏深入了解，且学生会对国画艺术的宣传力度不够，在开展活动方面缺乏创新，形式相似，使得整个校园环境中的传统文化氛围显得十分薄弱。这种现象造成整个高校校园文化建设缺乏传统文化的滋养，对大学生的全面发展十分不利。

（二）中国传统绘画艺术与德育相结合的实现路径

1.坚持马克思主义思想的引领作用

中国当代思想政治教育创新实践的核心就是运用马克思主义基本思想来反映和重构优秀传统文化所赋予的时代氛围，无论是弘扬中华优秀传统文化，批判和继承传统文化，还是创造性地改造优秀传统文化，这一核心主题是不变的。

五千多年来，我国优秀传统文化在中华民族的发展历史中发挥了重要作用。它在中华民族内部不断形成和发展，对促进民族的创新、发展和演变发挥着重要作用。时至今日，优秀传统文化中所蕴含的思想文化仍然具有重要的价值。中国传统绘画艺术具有强大的生命力，其传承自古至今从未中断。需要注意的是，中国传统绘画艺术中有精华也有糟粕，这就要求大学生在马克思主义哲学的正确指导下，弘扬和传播优秀的传统绘画艺术文化。

2.完善课程设置，丰富教育内容和转变教育形式

（1）完善课程设置，丰富教育内容

国画艺术是弘扬中华民族精神主旋律的重要形式，高校应秉承创新发展理念，在相关课程设置中加入国画艺术的内容。帮助学生了解传统文化，积极践行融入优秀传统文化思想精髓的综合性文化教育体系。作为文化的传播者，教师也应该对优秀传统文化的价值有深刻认识，在真正理解中国画的前提下，在两者的兼容中寻求融合的可能性。对教材进行整合的时候，应该坚持合理原则，建立一个精确的课程体系，不能机械地照搬。

通过对传统绘画艺术的学习，可以使学生对中国艺术有更加系统的认识，认识到中华民族传统文化遗产是独特的、丰富多彩的，进而增强民族文化自信和爱国之情。

（2）丰富课程教学方式

在设计融入国画内容的思想政治教育课程时，教师可以在具体教学中增加实践部分，实施有计划的主题教学模式，并划分几个主题模块。人们往往更喜欢通过绘画记录来表达他们对英雄的爱和敬意。中国美术史上有很多英雄画，教师通过对相关美术作品进行主题教学，同时与相关绘画内容和创作背景结合，使英雄风采得以彰显；国画作品与艺术大师、思想政治教育相融合，融入思政课堂，可以深入挖掘其中蕴含的中华优秀传统文化和革命文化元素。

在对艺术作品进行介绍的时候，可以与相关历史背景知识相结合；对作品进

行评论时，采用通俗易懂的语言；通过对作品的欣赏和学习，让学生了解历史、了解国情、学习知识、增进情感。

绘画艺术教育更适合在实践中进行，通过实践教育寻找艺术与思想政治教育的联系。师生在课堂和课外活动中共同努力，开展丰富多彩的实践活动，在实践中逐渐提高，最终实现理论与实践的完美结合，提升大学生思想政治教育的效果。目前，常见的方法主要有建立大师工作室，培养优秀的传统文化传承人。

3.加强师资队伍建设，提高教师的传统文化素养

作为教学过程中的关键人物，教师的文化修养、融思政教育与文化教育于一体的能力对传统绘画艺术教育与德育的融合起着关键的作用。

教师的传统文化素养、运用传统文化中思政教育资源的能力，将直接影响学生对传统文化的理解。高校应该将师资队伍建设放在首位，大力推进优秀传统文化教育。

目前，高校师资队伍的专业水平相对较好，但其中也存在个别问题，如传统文化特别是国画艺术的知识基础相对薄弱，对内涵丰富的优秀传统文化缺乏一定的理解。这就要求高校教师能够秉持科学、创新的态度，牢固树立终身学习的理念，通过不断学习逐步提高传统文化素养。

4.加强中国画教学与德育的巧妙融合

第一，要强化工笔画教学的地位。因为对今天的学生而言，受毛笔工具书写水平所限，对水墨画紧密相关的中国书法的了解匮乏，因而难以很快进入"引书入画"的文人水墨画系统。相较传统的水墨画而言，工笔方式更易于被学生所接受。一方面应遵循传统工笔画教学中临摹、写生等程序，另一方面，以工笔画教学为先导，然后在教学过程中以中国画为媒介引导学生了解水墨的方式。

第二，中国画在传统儒家文化影响下有着"成教化，助人伦"的教育功能。教人向善、借物寓意、表达高尚人格讲仁爱、崇正义、尚和合、求大同的思想内容都可以作为思政融入的切入点，但是要注意不能过于生硬，也不能冲淡筑牢中华民族共同体中华文化共同体这一主题。

第三，要从学生自身的体认和认知状态出发，而不是一种硬性的植入。引导学生从绘画技术的认知层面进入到审美观念的层面，打破原有的成见和概念化的认识，才可能没有违和感地激发学生兴趣，引入思政内容。

5.拓展校园内外文化实践活动

（1）丰富校内文化活动

国画艺术与校园文化活动结合，立足现有的传统文化资源，举办传统文化日庆祝活动，开展丰富多彩的主题讲座和社团活动，是丰富大学生思想政治教育的有效形式，是拓宽高校校园文化建设的重要渠道。例如，组织学生举办"国画鉴赏""中国传统名家绘画艺术作品展"等一系列文化专题讲座、学术交流论坛、公益课堂等，开展传统文化传承活动；发挥学生社团优势，举办校园主题艺术创作活动，如每逢"五四青年节"、国庆节等开展有特定主题的文化艺术创作活动；组织一系列传统文化活动，带动校园活力，如邀请非物质文化遗产传承人、著名艺术家等走进校园，建立大师工作室，培养优秀的中国传统艺术传承人，将中华优秀传统文化的核心精神融入校园环境建设中，充分利用教学楼、图书馆、宿舍、食堂等高环境，在走廊、墙壁、柱子等处展示学生的优秀作品，营造良好的传统绘画艺术氛围，巧妙地发挥优秀传统文化的教育功能，使学生在潜移默化中开阔视野，受到艺术熏陶，形成良好品格。

（2）建立校外实践教育基地

通过建立校外社会实践基地，可以充分发挥聚集人才、优化资源的带动作用。依托当地特有的自然文化资源，建立美术馆、博物馆、风景名胜区、历史遗址等不同的校外实践基地，可以更好地为大学生提供学习国画的资源。聘请讲师到基地进行授课，向大学生详细解释情况，让大学生了解当地历史传统；组织学生志愿者参与基地各项活动，让大学生接触优秀传统文化，提升学习兴趣和文化素养，使实践活动成为高校国画艺术教育的常态化机制。

第三节　中国传统戏曲艺术与高校德育教育研究

中国戏曲经历了几千年的发展，在发展过程中不断壮大，并逐渐与中国其他的传统艺术相互融合，最终成为一门综合性的表演艺术。

高校是培养人才的重要场所，对传承中华优秀传统文化同样负有不可推卸的责任。这就要求高校积极开设戏曲艺术课程，营造良好的学习氛围，真正提高学生的戏曲表演和欣赏能力。

一、中国传统戏曲中的德育教育

（一）传统伦理道德难以替代

中国传统戏曲的题材大多来自民间社会，由于其独特的表现形式与民间口味相匹配，长期以来深受各界人士的喜爱。戏曲对传统伦理道德的弘扬起到了不可替代的作用，这在许多文学作品中能够体现出来。

鲁迅先生在《社戏》中使用了一种非常感性的写作风格。作者描绘了一群快乐的乡村朋友，展示了那个时代浓郁的乡村风情和乡村青年的淳朴、善良、友爱等优秀品质。表达了他对乡村生活，尤其是对淳朴醇厚的乡村氛围和乡村孩子的深切怀念。

道德教育在中国人民的生活中具有非凡的意义。因为在历史悠久的中国，传统道德规范在中国人民的日常生活中发挥着至关重要的作用。道德作为维护社会秩序的精神支柱，满足了中国人民的多种需求。然而，传统文化教育在中国社会各阶层的普及程度仍然远远不够，尤其是在社会底层的广大群众中。正如《社戏》中所描述的那样，戏曲以其生动易懂的特点，成为许多人接受历史和社会知识的重要途径。艺术表演中的道德观念影响了许多中国人的潜意识，已经成为道德教育的重要形式与内容。

（二）中国人民善良和负责的人格特征

中国传统戏曲具有独特的审美特征。就道德教育的意义而言，所谓"高台教化"的作用可以在这里突显出来。"高台教化"是一个生动的论述，它生动地表达了戏曲表演的形式和内容特点。陈独秀说："戏园者，实普天下人之大学堂也；优伶者，实普天下人之大教师也。"这正是它的意思。中国劳动人民一直具有善良和负责的人格特征。他们心地善良，同情弱者，往往本能地对背叛信仰的人怀恨在心，以恩报怨，而对被抛弃和被阴谋陷害的女性则格外同情。例如，戏曲《秦香莲》以生动、通俗的故事情节在社会上流传已久。

尽管《秦香莲》在现代社会以各种不同的艺术形式被塑造，但它在今天仍然在广大观众中掀起了巨大的情感波澜。每当这出戏上演，观众们都会为秦香莲哭，同时也会为恨陈世美。故事情节深深触动了观众的道德情感。当然，触动人们内心深处道德意识的不仅仅是《秦香莲》。当人们看到黄梅戏《女驸马》中冯素珍冒着被皇帝斩首的危险去救李郎，历经磨难，最终与李郎喜结连理的故事情节时，仍然深深地被她追求爱情、勇敢前进的精神所打动，这也对现代年轻人产生了深远的影响。

在中国历史上，无论是农村还是城市，每次演出戏曲，我们都会看到观众涌向剧院，即使是偏远的农村地区也是如此。在文化信息还没有广泛传播的时代，戏曲的表演场地挤满了人，许多人很高兴手里有戏票。看完后，三五个人一组热情地讨论他们对这部剧的感受。戏曲以优美的音乐、华丽的服装、跌宕起伏的故事情节深深地影响了每一代人，起到了良好的伦理道德传播作用。

然而，随着电影和电视等以技术为主导的娱乐形式和社交网站、微博、微信、博客、论坛、播客、抖音、快手等社交平台越来越流行，受中国传统戏曲文化影响的人大大减少。现代人越来越被外来文化和现代文化吸引，对戏曲感兴趣的人越来越少。如何找到一条适合戏曲的生存路径，使其继续在德育中发挥不可替代的作用，是一个亟待解决的问题。

当然，鉴于中国戏曲与中国传统道德的特殊交融关系，我们在呼吁戏曲承担道德教育任务、肯定传统伦理道德对中华民族伟大复兴的积极意义的同时，并不盲目强调戏曲在"高台教育"中的作用，我们也不认为传统伦理道德必须得到充分继承。我们的目标不是让戏曲和观众回归过时的传统，而是立足于现实。作为中华民族独特的文化代表，中国戏曲应以其独特的艺术魅力和感染力，以喜闻乐见的形式，广泛传播传统伦理道德的精髓。这就是我们强调的意义。

此外，中国戏曲的教育功能是其他艺术形式无法比拟的，这至少有四个因素：一是戏曲的表演形式。戏曲的现场表演和观众之间的交流是其他宣传形式所无法比拟的。特别是在民间戏曲表演中，经常会加入舞蹈、武术，甚至杂技，具有视觉吸引力。二是戏曲的艺术形式。戏曲表演通常非常频繁，因为中国人民在节日期间都有追求刺激的心理欲望。三是表演风格。戏曲表演通常有一个完整的故事情节，很容易吸引观众的兴趣。此外，中国戏曲长期以来适应了不同的地区的方言和风俗习惯，结合当地人的习惯，将演唱风格转变为地方戏曲，很容易受到不同地区观众的喜爱。四是艺术呈现中的情与景的融合，寓教于乐，情与理相结合。不难想象，舞台上的戏曲表演通过一个完整的故事情节展示了生活中的爱与恨，通常与观众的日常生活没有距离。这尤其增加了戏曲的直观性和吸引力。

总的来说，中国戏曲以其独特的艺术感染力触及观众内心，使人们在艺术欣赏过程中产生快乐、悲伤等体验。戏曲以其自身的故事情节反映社会，反映现实，引导人们追求真善美，提升精神境界。

二、戏曲艺术与校园德育的交融

（一）唤醒学生爱国情感，促进德育渗透

中国戏曲是体现民族精神和文化的艺术瑰宝，随着中国戏曲的不断发展，一些优秀的、引人注目的剧目也在逐渐形成。然而，处于当前复杂的娱乐形势下，中国戏曲艺术的地位逐渐下降，甚至已经淡出人们的视线。因此，教师在向学生传授戏曲知识时，必须承担起应有的教育责任，运用戏曲元素激发学生的爱国主义和民族精神。

（二）培养优秀道德品质，树立正确思想

戏曲是美的集合，这也是其能够达到娱乐身心的主要原因。经过细腻的打磨，配上优美旋律、独特的戏曲歌词，多样化、特色鲜明的表演最能满足观众对戏曲的期待，并通过故事情节的强化，最终形成打动观众的强大力量。戏曲表演能够深入学生的内心，帮助他们理解真、善、美的具体含义。例如，《铡美案》中包公被塑造成了一个刚毅不屈的形象。演员们通过歌声和动作变化，生动地展现了舞台上的包公形象，也就是一个豪放正气的官员形象。在观看此类戏曲的过程中，学生可以在心理上模仿剧中的主人公。这种道德模式的建立可以帮助学生在处理事情时树立正确的价值观。《花木兰》节选描绘了木兰女扮男装，在战场上英勇战斗，将父亲从战争的苦难中拯救出来的故事。教师在带领学生学习《花木兰》节选时，首先应该对这个故事进行分析和解释，让学生对木兰优秀的道德品质有所了解，鼓励学生在生活中孝顺父母，热爱祖国。通过对这类戏曲的欣赏和学习，可以帮助学生逐步建立正确的思维方式，并使学生掌握为人处世的道德标准。

（三）传承优质民族文化，丰富知识积累

中国戏曲艺术有着独特的风格和魅力。它从歌唱中汲取表演的精髓，在歌唱、背诵和表演的基础上塑造生动的人物形象。为了戏曲的发展，无数戏曲表演艺术家贡献了毕生的精力，最终使戏曲艺术大放异彩。例如，在带领学生欣赏戏曲《苏武牧羊》的过程中，教师可以帮助学生更深入地了解优秀的民族文化，并在学习中不断积累文化知识。分析《苏武牧羊》的故事，可以帮助学生加深对苏武的了解，帮助他们理解苏武是如何在恶劣的环境中坚持回到祖国的，也可以让学生对历史的发展有更深刻的认识。

（四）规范学生情感认知，加强情感教育

中国戏曲艺术是以生活元素为基础而创作的，通过观看戏曲表演，观众可以走进各种生活中的故事。在带领学生学习和欣赏戏曲时，教师可以通过戏曲表演来反思生活的抽象，使学生通过吸收戏曲经验对生活有更清晰的理解。在当今知识教育时代，往往忽视了对学生的情感教育，因而戏曲教学应承担起调节学生情感认知的责任。

戏曲蕴含着丰富多彩的文化知识，以群众喜闻乐见的形式得以展示，精彩纷呈。教师应根据学生认知的不同阶段，探索独特的戏曲教学方法，加强德育在戏曲教学中的渗透，鼓励学生深刻把握戏曲中蕴含的深厚人文情怀，使学生塑造正确的价值观。

三、以戏曲艺术强化高校思想道德教育

（一）在高校中推广戏曲艺术的实践现状

很多高校不重视弘扬戏曲艺术和进行相关社团建设，大学生也不关心戏曲艺术的传承。这种情况不仅与学科建设、就业导向等现实因素有关，而且与人们对戏曲艺术在大学教育中的作用认识不足有关。因此，有必要树立高校德育理念，将戏曲艺术在高校的普及作为提高高校思想政治工作效率的助力。

（二）在高校推广戏曲艺术的途径探索

1.科学组织戏曲艺术的教学活动

传统音乐教育偏重歌唱，对戏曲知识的传播和戏曲音乐的教学不够重视。当前音乐课将中外著名音乐艺术作品放在重要的位置，缺少传统戏曲教育内容。一些学生对西方音乐更感兴趣，他们对贝多芬、柴可夫斯基和施特劳斯都很熟悉。然而，对中国古典音乐的卓越成就非常陌生，尤其是对中国戏曲艺术之甚少。还有一些学生对《窦娥冤》《白蛇传》《白毛女》《桃花扇》《西厢记》等优秀的戏曲作品也缺乏基本的了解，这些问题使得我国传统戏曲文化在传承中面临着极大的挑战。

传承和弘扬中国戏曲艺术要在教育体系中站稳脚跟，就要从制度上保障中国戏曲艺术教育的正常开展，根据规划编写规范的教材，让学生真正体验中国戏曲艺术的广度和深度，了解中国戏曲的艺术精髓，爱上这门艺术。

2.宣传机构要创造良好的社会舆论环境

社会舆论环境的创造离不开各类媒介的宣传，宣传机构要坚持专业标准，发挥舆论引导作用，在消除悲观、抑郁、放纵等各种精神垃圾的同时，还要为年轻学生提供更多健康向上的精神食粮，并将引导和教育年轻一代作为己任。此外，要利用社交媒体积极营造良好的艺术氛围，举办传承优秀戏曲艺术的活动，为戏曲艺术进校园提供良好的条件。

3."戏曲进校园"与"戏曲出校园"相结合

要让学生更好地体验戏曲的魅力，可以从以下几个方面入手。

第一，积极鼓励学生参与剧团建设，同时促进各高校大学生剧团之间的交流。

第二，以戏曲艺术为主题，定期组织开展校园艺术节，开展校园戏曲演出活动。

第三，鼓励高校戏曲艺术爱好者走出校园，参与社会戏曲艺术实践活动，在社会舞台上充分展示自己。

4.坚持与时俱进，推陈出新，实现传统与现实的有机结合

中国戏曲艺术的发展既需要公众的支持，也需要自身的不断创新。如今，以

京剧为代表的现代戏曲创作十分丰富。例如，交响诗作品成功地与京剧和管弦乐队的传统伴奏风格相结合，令人耳目一新。著名钢琴家殷承忠先生在钢琴伴奏中演奏了革命样板曲《红灯记》，让人感受到了强烈的时代气息。

不可否认的是，社会发展必然会使青年学生的兴趣爱好、审美习惯和艺术品位发生变化，对此，高校教育者要想在校园中传播传统戏曲艺术，就需要与时俱进，在内容、形式等方面对传统戏曲进行创新，使之符合青年学生的审美趣味。

第四节　中国传统书法艺术与高校德育教育研究

在信息时代，越来越多的人喜欢无纸化办公学习，且随着便利交流工具的出现，人们手写的机会越来越少。随着时间的推移，人们整体写作能力下降也是必然的结果，这是非常遗憾的。书法是中国艺术的辉煌结晶，不应该也不会消失在时代的长河中。高校进行传统书法艺术教育，能够在潜移默化中对学生的耐力、审美、道德素质以及精神文化素养产生一定的影响。在当前教育部门大力倡导提高学生综合素质，特别是加强德育改革的情况下，高校应该将书法教育纳入规划，在教学过程中培养学生的能力和技巧，同时在书法教学中融入德育教育，充分挖掘书法中蕴含的德育元素，使二者相辅相成，共同提高学生的整体文化素养，促进了学生身心全面发展。

一、在书法教学中渗透德育教育的重要性

在社会快速发展的背景下，人才已成为各行业的重中之重，中国教育部门在人才培养方面进行相应改革。以培养品德良好、专业突出的人才。因此，高校必须加强对学生道德素质的培养。

随着社会的不断进步，人们的生活水平越来越高，父母和长辈的溺爱使得孩子在成长过程中不会面临太大的压力和挫折。此外，许多孩子非常活泼好动，在

课堂上学习时无法长时间集中注意力，这让许多家长感到无奈。书法是培养学生品格和锻炼学生毅力的重要工具。练习书法能够让学生安静下来，集中注意力。在练习书法的过程中，学生需要手、眼、脑协调工作，可以发展大脑左右半球的思维能力。

中国自古以来就有关于书法重要性的说法，比如：字如其人，书法能修身等。在很多人看来，书法无非是写字，是一件简单的事情。然而，写好字并不是一件容易的事，需要多年的不懈练习。在学习书法的过程中，一定要有规律，稳扎稳打，没有捷径可走。在日常训练中，教师应向学生强调练字的基本原则。事实上，写字和做人的原则是一样的。写字的开始就像人生的开始，第一笔很重要。它直接决定字是否正确。写到最后，干净整洁很重要。因为学习书法有很多好处，所以开展这门课很重要。

老师可以向学生讲述著名书法家的故事，让他们学会欣赏书法艺术，同时了解中国书法的文化遗产。在书法教学中可以营造轻松、愉快、活泼、有趣的课堂氛围，使课堂不沉闷，激发学生学习书法的强烈欲望，提高教学质量。

此外，学习书法还可以培养学生良好的学习习惯。学习书法时，学生需要坐直，眼睛与书本保持一定距离。经过长期的练习，他们会形成标准的写作姿势。书法对书写工具的摆放也有严格的要求，书写过程非常严谨，可以培养学生坚强的意志力。

二、在书法教学中渗透德育教育的有效措施

（一）提升书法鉴赏能力，树立正确的人生观

培养学生欣赏书法作品艺术美的能力，引导学生形成最基本的书法审美素养，是书法教学的第一步。

在带领学生欣赏书法作品的过程中，学生可以与书法大师进行情感和思想交流，产生情感共鸣。当学生的审美能力得到一定程度的提高时，教师可以更深入地挖掘书法中蕴含的更深层次的真理，塑造学生的内在精神世界，在无形中实现艺术内在美与外在美的和谐统一。

在陶冶情操的同时塑造学生的精神世界。例如，在教学生欣赏颜真卿书法作

品时，首先要让他们直观地感知和表达颜真卿的书法特征，然后告诉他们，颜真卿字体的力量是强大的，他的笔是端庄的，就像他正直不屈的性格一样。颜真卿一生誓死抵抗敌人，有着高尚的精神和气节。他的作品充满力量和毅力。了解了颜真卿的品格，学生们就会尊敬他，在文学上也不敢懈怠。又如王羲之、柳公权等著名书法艺术家，他们有自己的艺术风格和独特的个人素质。学生欣赏他们的书法作品，不仅可以培养艺术审美能力，还能了解这些作品源远流长的内在原因。这些书法家有扎实的基础、精湛的技艺，笔尖反映了他们坚强的品格和民族气节。在享受这场视觉盛宴的过程中，学生还可以学习他们的品格，并积极参加书法比赛和相关活动，在实践中真正了解书法、热爱书法。

（二）讲述书法蕴含艺术，熏陶爱国精神

我国书法界有这样一句话："先学做人，再学写字。"由此可见，中国传统书法艺术极其重视人的道德养成。当代学生对中国书法的光辉历史知之甚少。在学书法之前，老师可以先给他们讲一些古代著名书法艺术家的故事，比如他们的社会环境、生活经历、文化修养等，让学生了解书法的艺术特色和文化观念，并领会书法家的爱国精神。

颜真卿的爱国事迹便是很好的素材。公元755年，安禄山造反，当时的朝廷毫无准备，官吏、将领纷纷投降或逃亡，皇帝哀叹"河北二十四郡,竟然没有一个忠臣"。眼看国家到了支离破碎、即将灭亡的时刻，身为平原太守的颜真卿不顾势单力薄，首先起兵讨伐，对后来朝廷平定叛乱做出了极大贡献。公元781年，淮西节度使李希烈背叛朝廷，当时的宰相卢杞乘机借刀杀人，让颜真卿前往宣读诏书。颜真卿当时已年近八旬，也知道有去无回，但为了国家的统一大业，依旧慨然前往。李希烈以宰相之位为诱惑，对他千方百计拉拢，软硬兼施，方法用尽，但他忠贞不渝，丝毫不为所动，最终被杀害，终年77岁。颜真卿在中华民族历史上留有不可磨灭的政绩，尤其是他那忠贞不贰的爱国激情，为历代史学家孜孜称赞。颜真卿的爱国精神值得每一位当代大学生学习。

（三）坚持书法练习，塑造优良品质

学习书法最重要的是毅力和专注力。只有坚持不懈地练习，才能取得良好的结果。书法练习可以使学生平静下来，缓解他们焦虑的情绪，使他们更加沉着。

郭沫若同志曾说："做事不认真、武断，容易错过，但练字可以逐渐消除这些缺陷。"因此，在书法课上，学生对学习书法应有一个正确的态度，了解书法艺术的真正本质。在开始上课之前，要求学生在尽可能短的时间内准备好纸、笔、墨和研究材料，并有序地放置。这样可以培养学生严谨认真的学习习惯。其次，当要求学生复制字体或独立写作时，要注意他们的握笔姿势和坐姿是否正确，以及他们是否分心。此外，还需要仔细观察学生的写作顺序是否正确，从而培养学生一丝不苟的良好习惯。最后，当学生完成书法任务并离开座位时，要求他们的手或桌面上没有墨水痕迹。

在教学生书法的过程中，可以给他们讲"三分为木"的故事。这个故事为：王羲之按照皇帝的指示，在板上写上祭字，然后皇帝命人雕刻。在雕刻过程中，有人惊讶地发现，王羲之的手迹被刻成了三块木板，这展示了他高超的书法功底。然而，"三分为木"的含义不仅仅是字面意思，更揭示了王羲之非凡书法技艺背后的真相。因此，应该教育学生，只有勤奋才能在书法和其他方面取得成功。在一笔一笔的书法实践中，培养学生无畏、坚忍、耐心、注重细节的优秀品质。

第五章　中国传统文学文化与高校德育教育研究

中国传统文化源远流长，博大精深，而中国传统文学艺术作为中国传统文化不可分割的一部分，对后世影响极为深远。本章针对中国传统文学的发展、地位、文化特征、基本特色、在德育教育方面的作用等加以论述。

第一节　中国传统文学的发展

所谓的传统文学，指的是从古代流传到现代的文学，是中国文学的精髓。中国传统文学是原始人在生产劳动中创造的。原始人在劳动过程中，随着身体的起伏活动与劳动工具的配合，自然而然发出了劳动呼声。当这种呼声产生了某种规律时，节奏便形成了。根据最初的节奏产生了诗歌韵律和音乐、舞蹈的节奏。

关于中国传统文学的理解，文学的内涵是以某种包含对诗的意境感悟而形成的经验为根源，这一点能够根据长期的细心观察和学习积累起来，从而得到相对固定的传统；将该传统广泛地流传开来，便在潜移默化中产生了鲜明的民族特色，形成了具有中华民族特色的传统文学。

中国传统文学主要涉及诗歌、散文、小说、戏曲等形式，下面从诗歌、小说、散文入手来介绍中国传统文学的发展。

一、诗歌

诗歌是最早的传统文学的艺术形式，其发展最为迅速，是中国传统文学宝库中一颗璀璨的明珠。我国现存最早的诗歌可以追溯到上古时代，其生动地反映出我国古人的生活场景和日常状态，借助质朴自然的语言和形象的表达方式，让人们深刻地感受到诗歌的迷人之处。

中国古代最早的诗歌总集是《诗经》，发展到战国时期，孕育出了楚辞这种形式，楚辞不再局限于《诗经》中四言为主的句式，形成了独具南方特色的表达方式。到了汉代，形成了一种新的诗歌形式——乐府诗。这里的"乐府"指的是汉武帝设立的专门管理音乐的机构。最初的乐府诗需要配上音乐的形式加以演唱，后来的文人只采用这一体裁，并不配乐。到了唐代，我国的国力达到了历史上的鼎盛时期，也产生了新的诗歌形式——绝句与律诗。诗歌创作也处于飞速发展的时期，唐诗成为中国古代诗歌的典范。到了宋代，诗歌得到了进一步的发展，新的诗歌形式——词的发展已较为成熟。词依据一些固定的词牌进行创作并且配合音乐伴奏进行演唱。

二、小说

"小说"一词最早见于《庄子·外物篇》，是指一些琐碎之言，与小说的关系较远。春秋战国时期，百家争鸣的学派里也有"小说家"，不过，小说这种文学形式一直被正统文人所冷落，直到元代之后，市井文化发展，小说逐渐取代了诗歌成为中国传统文学的重要文体。远古社会到秦汉时期这个阶段有不少神话故事和寓言故事流传下来，小说这种文学形式就起源于此。魏晋南北朝时期，小说进入了重要的发展阶段，产生了志人、志怪小说，不过，小说结构和内容比较简单。一些较为经典的作品有《世说新语》《笑林》《语林》等。到了唐代，小说出现了新的形式——唐传奇，这代表着中国古典小说迈向了成熟阶段，最为经典的作品有《莺莺传》。宋代出现了话本这一形式，明代又发展成为拟话本，明清时期，出现了章回体小说。在明清时期出现了中国文学史上的四大名著：《水浒传》《三国演义》《西游记》《红楼梦》，也有许多经典的作品传世，比如《儒林外史》等。

三、散文

散文是一种表达作者真情实感、写作方式灵活的记叙类文学体裁。六朝以来，将不押韵、不重排偶的散体文章称为"散文"，从而与韵文、骈文区分开。之后把不包括诗歌、小说的文学体裁叫作散文。

先秦时期是中国古代散文的发轫期，这一时期的散文有诸子散文和历史散文。诸子散文多是各学派阐述其观点和主张的著作，例如，《论语》《孟子》《庄子》；历史散文，顾名思义主要以历史为题材，指的是记载历史事件和历史人物的著作，例如《春秋》《左传》。西汉时期，史学家司马迁撰写了我国第一部纪传体通史《史记》，为二十四史之首，传记散文发展到鼎盛时期。东汉以后，出现了许多不同类型的个体单篇散文，司马相如、扬雄、班固、张衡这几位散文家的作品对当代以及后世都产生了深远的影响，他们四位也被称为汉赋四大家。唐宋时期，古文改革运动的浪潮极大地促进了散文创作的兴盛，其写作手法逐渐复杂，文学散文应运而生，创作出了很多经典的游记、寓言、传记和杂文等文学著作。这一时期涌现了许多知名的文人，例如，"唐宋八大家"。明清时期，桐城派发展为散文的主要流派，主张散文创作遵循"义理、考据、辞章"的理论。

第二节　中国传统文学的地位与文化特征

中国传统文学是世界上历史悠久的文学之一，具有丰富多彩的内容、鲜明独特的文化特征，对我国乃至世界文化来说是非常宝贵的遗产，在如今的文化建设方面依旧发挥着重要的作用。

一、中国传统文学的地位

（一）中国传统文学是中国传统文化的重要载体和重要组成部分

从我国先秦时期的《诗经》《楚辞》到汉赋、唐诗、宋词、元曲及明清小说，中华民族创造了无数经典作品，为后世留下了非常丰富、宝贵的文学遗产。一方面，传统文化中蕴含的思想文化、意识形态、观念等借助文字形式记录在文学作品中，从而能够流传下来。传统文学作品与诸子百家的著作本质上都成为思想意识与观念的物质载体，传统文学所发挥的载体作用不能通过其他形式的文化得以实现。另一方面，文学艺术作为一种社会意识形态，本来就是文化的重要组成部分。一直以来，传统文学承载着民族的历史、文化、精神，是中华民族的精神瑰宝，在历史的长河中感染着无数的华夏儿女，具有强大的思想艺术魅力。

（二）中国传统文学对于现代文学的借鉴意义

发端于"五四"运动时期的中国现代文学与传统文学存在很大的差异，不过其势必不会完全不受传统文学的影响，仍有很多作家从小就喜爱阅读传统文学。中国现代文学的旗帜和奠基人鲁迅对传统小说进行过深入而精湛的研究，他的《中国小说史略》是中国第一部小说史专著，具有里程碑式的意义，其中系统地论述了中国小说的历史发展和成就。另外，他在创作小说的过程中也借鉴了传统小说的优点。

一种常用的传统文学——诗词，在众多诗人、作家的作品中占据着较为重要的位置。大批以毛泽东为代表的老一辈无产阶级革命家都写出了大量旧体诗词。

（三）中国传统文学的世界性意义

中国传统文学在世界文化宝库中占有极其重要的位置，这体现出了古代中国在世界文化中作出的重大贡献。自汉代开始，日本正式与我国开始交往，也开始学习我国文化。到了唐代，随着源源不断的遣唐使的到来和学成归国，中国传统文学对日本的文化和文学产生了极大的影响，如唐诗。由日本来的学生和僧侣与唐代的文人有密切的交往，还有人结下了深厚的友谊。日本嵯峨天皇十分喜爱白居易的诗；紫式部研读过《白氏文集》；日本空海和尚不仅能写汉代书法，而且为了向日本人介绍汉语和汉文学撰写了《文镜密府论》。中国传统文学还对亚洲其他诸国产生了重要的影响。

意大利的马可·波罗是第一个将中国向欧洲人做出报道的人，《马可·波罗游记》重点记录了他在中国的见闻，详细描述了中国的自然和社会情况。在文学领域，《赵氏孤儿》是第一部传入欧洲的中国戏剧，先后出现了不同的译本，征服了不少欧洲观众的心。18世纪，欧洲的不少思想家对中国充满了好奇和兴趣。发展至今，我国的许多古典名著都被翻译为不同文字，也出现大批具有世界影响的文化名人，对增强世界人民对中国的理解起到了重要的作用。

二、中国传统文学的文化特征

儒、道、佛对中国传统文人产生了很大的影响，进而使其创作的传统文学具有独特的文化特征。

（一）"文以载道"与文学的教化、实用功能的强调

中国传统文学十分重视文学作品的道德教化作用，具有明显的实用、功利性。儒家主张将文艺同政治道德相结合。荀子认识到了文艺与政治的紧密联系，在儒家对文艺同政治的观点之上展开了更加全面的阐述。春秋战国时期，为了解决当时的社会问题，各学派纷纷开始著书立说，在思想、政治方面发表了很多学说和观点，达到了散文古代发展史上的第一次创作高潮。汉代学者对《诗经》的解读，倡导美刺讽谏原则，更为强调诗歌的政治教化功能。唐代古文运动继续系统地分析了文、道的关系，韩愈和柳宗元提出了"文以载道""文道结合"的理念。北宋诗文革新运动继承并发展了唐代古文运动，欧阳修在文学创作中也秉承着"文以载道"的理念，认为文学应该反映现实生活，揭示社会问题。唐宋八大家在"明道""载道"核心理论的指导下，创作了大量内容充实、有教化和实用功能的散文，达到了散文古代发展史上的又一次创作高潮。

（二）"诗言志""诗缘情"与文学的表现特征

中国传统文学注重"表现"。"诗言志"最早见于《尚书·尧典》，这也是我国古代文论家对诗的本质的看法。先秦时期人们认为"志"的含义是抱负、志向，对其的理解比较狭隘，战国中期以后，"志"的含义包括思想、意愿、感情等。儒家在诗的理论中首要主张"言志"，同时重视其政治功用。陆机的《文赋》第一次系统地阐述了文学的艺术特征和创作倾向，其中提出了"缘情说"，在文学史上产生了积极的影响。"言志""缘情"理念，一方面，呈现出中国诗歌创作的具体情况，另一方面，使中国传统文学发展出注重"表现"的特征。中国是一个诗的国度，其内容十分丰富，特别是抒情诗的表现最引人注目，表达诗人内心的品质，表达诗人对人生的感悟，并不是单纯地描写现实生活，这成为中国传统文学的突出特征。

（三）"形神兼备"与文学形象的创造

"形神兼备"指的是不仅要细致到位地描摹出外在形态，而且要饱含内在精神，这是中国传统文学艺术形象创造的独特原则。形、神这对重要的范畴是庄子最早提出的，在他的思想体系中，"形"是指形体、形象，"神"是指道、天德、

精神。庄子并不十分看重外在的形体，更看重精神是否能与道合一，达到自然无为。总体来看，庄子更看重神而轻视形的作用。汉代的《淮南子》在庄子形神论的基础上有了不一样的论述，其中提出以传神为主的同时，也不否定形的作用，还将其形神理论直接运用于绘画、音乐、舞蹈创作中的形神审美。形神论在诗论、文论上也开始逐渐发展，如认为神比形高一层，但是无形就无法传神。要实现更高层次的神似，需要先描摹出具体的形象，找到关键的外形特征，并加以充分描绘才能更加传神。

第三节　中国传统文学的基本特色

一、历史源远流长

中国文学的发展时间较为久远，从原始社会开始便存在相关的记载，尽管原始社会时期并没有发明出文字，仅通过口口相传的方式流传下来一些民歌、民谣和神话故事等口头文学。在相关的古籍资料中能够看到原始社会时期的神话故事，比较经典的有《盘古开天辟地》《女娲补天》《精卫填海》《大禹治水》等，从不同角度展现了中华民族传统文化的精神内涵。

二、文学体裁的多样性

目前，文学体裁主要有四大类，包括诗歌、散文、小说、戏曲。中国传统文学体裁具有多样性，一方面，是由于其囊括了所有的现代文学体裁，并且具体种类也都非常丰富，另一方面，是由于其表现手法和风格多样。

在各种文学样式中，诗歌的起源最早。《诗经》创作的主要特点为复杂的结构、赋比兴的表现手法、和谐的韵律等。楚辞是一种新的诗歌形式，其篇幅极大增长，句式长短不一，还融入了许多楚地的方言，赋予了它更加独特的魅力。两汉乐府诗不仅标志着叙事诗的成熟，而且出现了完整的五言诗。到了唐代，文人们创作了大量的古体诗、近体诗，形成了各种不同的诗体。唐代后期兴起了新的诗歌样式——词，经过五代到两宋，成为宋代一种重要的文学形式。金元时期又兴起了一种新的文学形式——曲，其中包括散曲和杂剧。

中国古代散文的源头，可以上溯到殷商时期，最早的成篇散文出自《尚书》，标志着我国古代散文已经形成。春秋战国时期的散文主要包括两种：一种是以说理为主的诸子散文，另一种是以描写历史人物、记述历史事件为主的历史散文。从魏晋时期开始，一直到南北朝时期成为有代表性的文学形式。

中国小说起源于上古时代的神话传说，这一时期的小说创作较为简单。唐代传奇的出现表明了中国古代小说创作成熟期的到来。唐代传奇在人物塑造、语言运用、情节安排等方面都取得了较大的成就。宋元话本是中国白话小说的开端，其中，讲史话本是章回体长篇小说的起源，小说话本也叫作小说。在这以后，我国小说也被分为文言小说系统和白话小说系统。

元杂剧标志着中国古代戏曲的成熟。元杂剧剧本的构成为"四折一楔子"，其语言主要包括曲词、宾白，发展出散文和韵文结合、结构完整的剧本。元末明初，杂剧逐渐走向衰落，南戏越来越受到人们的重视，得到了快速发展。

三、文学风格的丰富性

文学风格是文学理论中受到持续而深入研究的文学理论概念。通常情况下，风格与民族、阶级、时代、流派和作品的体裁、题材有很大的关系，与作家的个性也有密切的关系。风格能从作品中体现出来，中国古代文学产生了丰富多彩的风格。

从时代的角度入手，随着时代的发展也产生了具有不同特色的文风。《诗经》中的作品自然而质朴，楚辞的宏博丽雅，汉赋的华丽细腻，建安文学的慷慨悲凉，等等。

从流派的角度入手，所属的文学流派存在本质上的不同，其作品的核心也不同。盛唐边塞诗人大多描写边疆地区的自然风光，表达保家卫国的高尚情操和思乡之情，诗风豪迈勇敢；山水田园诗人则描写自然风光、田园生活，表达对大自然的热爱和对田园生活的向往，诗风隽永优美。中唐新乐府运动诗人主张揭示社会矛盾，追求通俗易懂，便于传播；韩孟诗派则往往通过个人命运来揭示社会问题，追求险怪、奇特。

第四节　中国传统文学与高校德育教育研究

一、中国传统文学德育功能的人性化建构

中国传统文学德育功能朝着人性化发展已成为重点研究的领域。本节基于马克思主义的全面发展理论，结合传统文学德育功能实现的情况，从不同角度探讨传统文学德育功能的人性化建构体系。

（一）树立以人为本的文学德育功能落实观

文学德育功能的落实一定要围绕人文主义精神展开，在教育者中树立起以人为本的德育功能落实观。这就需要教育者更加重视青年的个性化情感、意志、独立思考以及创造精神的培养，如积极面对人生中的挫折和现实生活的勇气、独立人格的养成。发挥出传统文学具有的德育功能，更加合理地利用传统文化的宝贵资源，学习优良的民族精神，整合文学教学中的人文资源至关重要。塑造完善的人格，形成符合时代要求的价值体系，这样才能够更加有力地推动人的全面发展。对于现代德育教育来说，这是需要重点关注和研究的方面。

要想发挥出文学的德育功能，就一定要紧紧围绕着人文精神进行，并且在文学教学中要更加重视对学生的人文关怀。第一，教育者的教学观念应该与时俱进，形成以人为本的德育观。接受德育教育的主体是人，并且德育的最终目的是人的发展。在发挥文学德育功能的过程中，学生的主体地位是一定要重视起来的，只有充分发挥学生的主体性才能真正实现学生由知识到能力的转化，以实现"人的教育"之效果。对于教育发展来说，人不仅在其中充当着主要的角色，而

且最终的发展目标也是围绕人制定的。文学德育功能的人性化发展，要将培养健全的人以及传承人类文化价值观念置于首位，重视对个体生命和情感的人文关怀，只有如此，才能改善并扭转长期以来文学德育功能落实非人性化的不利局面，真正彰显文学德育功能落实的本质——人的教育；第二，平衡好人文与科学这两者的比重。在发挥文学德育功能的过程中一定要始终贯彻人文教育的理念，把人的发展作为主要目标。

研究文学教学内容时，应摆脱理性的科学探究的方式，取而代之的是深入地探索真正的人文价值，使学生从丰富的人文精神和优秀的民族精神中汲取文化养分。教育者应尊重学生的想法和行动，使他们可以发挥出其主观能动性。让他们在掌握科学知识和技能的基础上，真正体验到生活的意义。文学德育功能落实应该是体验和提升个体生命价值的一个动态过程，是体验自由精神的过程，是以理解为基础的对话、交流的过程，是具有多元化、个性化、人性化的教育过程。

（二）丰富文学德育功能人性化的内容

对文学德育功能的看法和举措，可以直接地影响到文学教学今后的发展趋势，同时也决定着教学大纲中明确提出的相关要求是否可以被很好地落实。在文学德育功能的落实方面，形成更加全面、深入并且正确的认识和研究，有助于全面地实现文学教学任务，推动人的全面、自由发展。学生就是祖国和民族的未来和希望，他们一定要拥有良好的道德素养、高尚的理想情操，具有爱国主义精神和锐意进取、勇于创新的精神。为了塑造出符合上述要求的人才，一定要充分地融合教育和育人的理念。究其本质，文学德育功能落实是一种人性教育、灵魂教育，是按照社会需要的方向培养人才，能够凸显出当下的时代特色。文学德育教育中讲授的内容，一方面应该满足人性教育的根本要求和文学的教学原理，另一方面要与社会发展的具体需要和德育对象的心理水平匹配。进行文学德育教育，不只是为了实现社会价值的相关教育，而是要更加注重文学德育教育中个体价值的方面，将更多的精力放在个体的生命、情感以及心理方面，尽可能地增加文学德育教育中人性化的比重。因此，文学德育功能落实内容的核心就是通过对文学课本精神内涵的深入挖掘来延伸学生精神空间，丰富他们的心灵世界，全面促进学生的个性发展。

每个人都是一个独立的个体，都应该有更加富足的精神世界和自由的心灵空间。文学德育教育面向的对象为独立的人，教育目的为实现对人的全面培养。基于此，文学德育教育中所包含的内容必须能够对学生的精神和心灵产生影响。为了促进人的全面发展，丰富学生的精神世界需要借助一系列方式方法来洗涤他们的内心，完善人格修养，重塑人格品行。从古至今，一部好的文学作品可以达到打动人的内心、教化人的目的，使人的灵魂得以升华，带领人走进作家创作出的文学世界，和书中的人物对话，感受他们的人生和心情。而文学就是人学，只有真正进入学生内心深处，才能让学生充分体验生活，认识人生道理，升华心灵，在潜移默化中提升自我。

我国传统文学的历史源远流长，其内容包罗万象，从唐诗宋词到散文、小说，都体现出了中华民族深厚的道德底蕴和精神内核。在优秀的传统文学文化和民族精神的浸染下，塑造了中华儿女的内心和品格，成为凝聚中华民族的一大精神支柱。古代文人的优秀思想并没有被淹没在历史的长河中，反而在社会高度发展的今天依然放射出耀眼的光芒，陶冶着现代人的情操，借助古代文人的智慧更加豁达地面对现实生活。着眼于当下的德育教育，教育者应更加严肃地考虑下面的问题：德育教育应怎样更好地实现"人的教育"？对于这方面，我们应理性地看待历史和现实，更加重视传统文学文化，结合当下社会的发展深入探索其中的宝贵内涵，从而让传统文学能够焕发出新的生机。一切事物都有其两面性，这就要求我们以辩证和历史的态度看待传统文学文化，用更加理性的态度加以取舍，保留传统文学中正面积极的内容，更好地传承发扬下去。蕴含着丰富道德文化和民族精神的古老文学，为各种教科书的编写创造了强有力的文化支持和内容土壤，有人文的、自然的、哲学的、浪漫的以及历史的等，举不胜举，为德育教育创造了极为自由和广阔的发展空间。

在德育教育过程中，应从中国传统文学中汲取文化养分，结合时代性的人文关怀，充分挖掘，培养学生完整的道德精神和品格，丰富学生的精神家园。只有如此，才能彻底打破文学德育功能落实非人性化发展的局面，才能使文学德育教育更加人性化。

（三）对文学德育教育进行人性化的评价

在很长一段时间内，我国的德育教育出现了急功近利的状况。对德育赋予功利色彩会使德育沦为统治阶级规范社会的工具，使德育丧失了人性化的特点。文学德育功能落实充斥着很强的人文色彩。进行文学德育教育一定要围绕人的发展进行，为人们发挥自身的主体性提供坚实的保障，建立一个完善的、人性的、立体的文学德育功能落实评价体系。文学德育功能落实的人性化评价应注意以下几点。

第一，评价目的要以人为本。进行评价的过程中要关注人的发展，着重考察文学德育教育中人在各方面的发展变化，不能只评价人所具备的道德品格。

第二，评价内容要全面化。对文学德育教育进行评价，不能只考察道德意识和道德行为方面的发展情况，还要考查学生的心理需求、情感态度和人格品质等方面。

第三，评价方法要多样化。主要包括总结性评价、形成性评价、发展性评价，这些方法具有各自的优点。对德育教育展开评价，不能只采用总结性评价，而要根据德育评价的具体方面，再考虑学生当前所处阶段的发展特点、心理需求等，进行有针对性的个性化德育评价，实现评价方法的客观性和多样性。

第四，评价主体要多元化。教育者和学生都被作为德育评价的主体，德育教育中涉及的不同环节、影响和结果均作为评价的客观对象。开展评价时，教师并不是这一过程的主导者，而是参与其中的一分子。教师应充分尊重学生的主体性，同学生高度互动，实现共同探讨和评价。

第五，评价过程要具备发展性。对文学德育教育进行评价，应将大部分精力放在学生的实际发展过程方面，不应局限在发展结果上，更不能完全脱离实际地得出评价结果。不能采取直接用品德得分相加的方法来对学生的道德水平加以量化。一定要注意评价的灵活性和合理性，在评价过程中尽可能地避免定性评价，要充分实现评价的发展性和整体性，真正促进学生的全面发展。

回顾人类的发展史，可以看出德育在人类发展中占据着非常重要的位置。得益于我国上千年的历史发展和文化积淀，使我国文学德育教育具有深厚的历史底蕴和特殊的文化魅力。传统文化不仅使我国德育教育有了更多的精神储备，而且也激发了人们对当下的思考，产生了更多的挑战。发展势必包含传承，而传承势必产生新的发展。德育价值诉求的多元化和人文化，而公正精神和人文精神是历史发展的必然趋势和结果。随着知识经济时代的全面到来，人们正迎着21世纪的曙光去接受所有未知的机遇和挑战，尊重人的主体性，以人的发展为核心，这是时代发展的必然选择，同时也是文学德育功能落实人性化构建的根本。塑造理性的个性化主体，进而推动社会的和谐发展，实现道德化人与人化道德的完美结合。

总之，文学德育教育必须坚持以人为本的理念，在人文精神的指引下开展，致力于重建现代社会所需的价值体系和道德体系，真正促进人的全面发展。这是实现民族复兴的精神内驱力和根本保证。

二、中国古典诗词的德育教育

中国古典诗词是中华优秀传统文化的重要载体。研究中国古典诗词德育价值，有利于探寻中华优秀传统文化的核心要义，有利于提升全体国民的文化素养和道德水平，有利于增强学校德育的实效性和针对性。

（一）中国古典诗词的德育价值

中国古典诗词之所以具有德育价值，是因为中国古典诗词与德育之间存在着内在关联。就中国传统教育而言，其重心在于德育，其根本在于"明明德"，就是要把美好的品德发扬光大，做到以德配天、以德化人、以德立业。

中国古典诗词作为中华优秀传统文化的瑰宝，其灵魂在于"思无邪"，就是要真实而自由地反映人们的生产生活、传达人们的思想情感，其在表达上具有自由性，在情感上具有真实性，在语言上具有独特性。"思无邪"包含"明明德"的内容，促进"明明德"的内化，丰富"明明德"的形式，因此通过"思无邪"可以实现"明明德"，通过中国古典诗词可以达到德育的目的。

中国古典诗词德育价值主要体现在三个方面：家国情怀、社会关爱、人格修养。其中，家国情怀是其永恒主题，具体展现为"位卑未敢忘忧国"的爱国之情、"男儿何不带吴钩"的报国之志、"家祭无忘告乃翁"的强国之愿；社会关爱是其不懈追求，具体展现为"疑是民间疾苦声"的时政之音、"但愿众生俱保暖"的人民之心、"让他三尺又何妨"的和谐之道；人格修养是其志趣表达，具体展现为"要留清白在人间"的浩然之气、"一言为重百金轻"的诚信之品、"千磨万击还坚劲"的坚毅之性。

要在当代中国实现中国古典诗词德育价值，党和国家、社会、学校、家庭四方主体应当共同努力。就党和国家来说，应该明确古典诗词育人的目标方向，强化组织领导，完善制度保障，营造宣传氛围；就社会来说，应该从新闻出版、广播影视、艺术创作、休闲娱乐等多个层面建立起多元化的支撑，促进中国古典诗词的推广普及；就学校来说，应该区分小学、中学、大学不同学段，有针对性地推进中国古典诗词的传承教育；就家庭来说，应该从兴趣培养、氛围营造、家风传承等方面下功夫，在濡染中发挥中国古典诗词的陶冶功能。

（二）中国古典诗词对当代德育教育的启示

大学阶段重在增强学生的使命担当。大学生已经相对成熟，具有独立思考问题的能力和解决问题的能力；具有一定的责任心和自我管理能力，更加注重自己的个人形象和社会形象，能够处理好自己的事务，并关注周围人的需要；有一定的适应能力和抗压能力，能够面对学习生活和职业发展等多方面的变化。大学阶段是学生集中学习专业知识、提高文化素养、选择职业方向、培养工作能力、建立社交网络的重要时期，帮助学生在各个方面得到全面的提升和发展，为今后走上社会更好地过渡。

大学阶段实现中国古典诗词的德育价值，要教育引导大学生坚定理想信念，促进大学生思想政治素质、科学文化素质和身心健康素质全面协调发展。

中国古典诗词在大学阶段发挥德育价值，应当从以下几个方面重点开展。

第一，全面推进高校课程思政建设，以中国古典诗词为抓手，发挥好每门课程的育人作用。积极推进课程思政建设，要在知识的传递和能力的培养中融入价值观的引领，以此帮助学生树立正确的世界观、人生观和价值观。中国古典诗词具有隐性教育的特点，可以融入各类课程，构建全员全程全方位育人大格局。不仅可以采用经典诗句作为讲课开场的引子或是课中的点缀，也可以以诗词这种方式表达具体的课程内容，激发学生兴趣。同时也可以看出，利用中国古典诗词推进课程思政建设，对各学科教师的人文素养要求很高，大学教师作为课程思政的"主力军"，应不断提升自身素养，既专且博，心系德育、率先垂范、言传身教，守好一段渠、护好责任田，在课程建设的"主战场"上深入挖掘各类课程和教学方式中蕴含的中国古典诗词德育资源，对其进行创造性转化、创新性发展，用好课堂教学这个"主渠道"，帮助学生在学习中增长知识，拓宽眼界，塑造品格。

第二，用好高校第二课堂，将中国古典诗词融入丰富多样的校园活动之中，提高学生综合素质，促进学生全面发展。第二课堂的活动形式非常多样化，包括各种学术讲座、文艺演出、体育竞赛、志愿服务、文化体验、实践活动、社会实践、学生社团等。这些活动旨在让学生在课堂之外，通过参与各种有意义的活动，提高自己的专业素养和综合素质，增强自我管理能力、交往能力和领导能力，实现全面发展。在高校第二课堂中，学生可以自主选择参加感兴趣的活动，通过参与实践、交流、合作等方式，掌握各种知识和技能，提高学习能力和创新能力。此外，高校第二课堂还是学生交友、增长见识、开拓视野、增强社会责任感和爱国精神的重要平台。

在第二课堂中发挥中国古典诗词德育价值有多种方式，如成立学生社团，自我管理、自我教育、自我服务，聚集喜爱中国古典诗词的同学们一起，学习分享、创作中国古典诗词，还可以通过组织诗词讲座、诗词朗诵会、诗词大赛、原创诗词分享会等多种活动，传播自己对古典诗词的理解和感悟，传递正能量，还可以与汉服社、茶社、书画社等其他社团联合开展活动，在朋辈之间弘扬传统文化，传承中华文脉。又如，积极鼓励大学生走出校园，开展实践类活动，体会古诗词中的"纸上得来终觉浅，绝知此事要躬行"（陆游《冬夜读书示子聿》），将"读万卷书"与"行万里路"相结合，参加"青年红色筑梦之旅""百万师生大实践"等活动，在实践中将自己的专业知识落到实处，学思结合、知行统一。还如，可以鼓励大学生积极参与志愿服务活动，为社区居民、孤儿院儿童、敬老院老人以及贫困山区的孩子免费开展古诗词讲座等活动，将自己的热爱传播出去，深入基层去了解民生民情，通过实践增长才干、磨炼意志，锻炼独立思考和自我决策的能力。再如，鼓励大学生积极参加"挑战杯""互联网+"等创新创业大赛，将中国古典诗词的元素设计在项目计划书中，利用中国古典诗词实现文化赋能，打造精品项目，增强学生的创新意识，培养学生的创新创业精神和团队合作能力。在第二课堂开展的过程中，要特别注意把握正确的方向，要在校党委、团委的引领之下，充分发挥学生党支部、团支部的作用，聚焦立德树人的根本任务，构建系统完备、科学规范、运行有效的工作体系和制度体系，推动"第二课堂成绩单"等评价制度的完善，将所有活动的落脚点集中在厚植爱国情怀、坚定理想信念、培养优秀品格、提升综合素质上。

第三，在创造性转化和创新性发展中推动中国古典诗词德育价值的实现，助力高校意识形态工作的开展。当代大学生处在一个科技、信息、数字化和全球化飞速发展的时代中，也经历着气候变化、资源短缺、环境污染、贫富分化、人口老龄化、国际贸易和政治争端等诸多变化，面对多元化的文化和价值观，面对竞争日益激烈的社会和经济环境，大学生必然会思考自己未来该何去何从？大学生相比于中学生而言，更加具备独立思考和选择的能力，更加清楚自己内心的想法和行为的后果，也会在甄别和选择之后逐渐形成固定的思维方向和固定的行为模式，明确自己支持什么、反对什么，想要什么、不想要什么，由于他们年少热血，往往会对自己认定的事情坚持到底、义无反顾。这时候，大学校园的思想阵地就显得尤为重要，作为教育者必须用各种方式帮助大学生坚定正确的信仰，选择正确的道路。

中国古典诗词在大学阶段不可能像中小学阶段一样，只通过学习和讲授就能实现德育价值，而是应该通过创造性转化和创新性发展，让大学生看到诗词背后的东西，将诗心诗意内化于心，外化于行。比如中国古典诗词中有许多爱国的诗词，而这些爱国的诗句中都包含着忠君的思想，在中国古代爱国是与忠君联系在一起的，当引导大学生深入思考为什么的时候，会让他们发现政权的稳定与国家的安定密不可分，诗人们维护统治阶级，实际上是为了自己所深爱的人民和河山。又如，"青山一道同云雨，明月何曾是两乡"（王昌龄《送柴侍御》）等诗句表达的是一种"天下一家"的共同体意识，可以引导大学生探寻这种"天下""大同"的观念与共产主义的契合，而中国古诗词中向往的"天下大同"是人人友爱互助、家家安居乐业，没有差异、没有战争的世界，进而使大学生意识到坚持马克思主义道路的正确性，再结合大学生自己所了解的国际形势，看到中国在国际舞台上主张和平与对话，反对霸权主义和强权政治，看到中国政府为构建人类命运共同体而做出的努力，会更加坚定"四个自信"，更加拥护党和国家的领导，树立共产主义的远大理想，确立马克思主义的坚定信念。

当中国古典诗词的思想与灵魂真正进入大学生内心的时候，他们会成长为一个富有中国心、饱含中国情、充满中国味的新时代青年。这样的青年在面对西方文化入侵的时候，会有自己的品位和判断。他们不会再过度崇尚西方生活方式、价值取向、审美观点等，不会再将西方的价值观视为高人一等的"教条"，追求"洋气"和"西式"，在面对西方的名牌化妆品和包包、衣服的时候，在面对迪士尼乐园、好莱坞电影、西式化餐饮的时候，不至于再盲目迷失和跪舔。他们会意识到资产阶级的生活方式必然导致人们在思想上追求物质上的享受和肉体上的快乐，陷入唯利是图、自私自利、缺乏进取精神的状态之中。他们会明白真正的"小利"和"大义"，带着唐诗宋词里的君子之风，勤奋踏实、严谨治学，捍卫学术道德，严守学术规范，学好真知识，练就真本领。不至于对外界的各种诱惑和陷阱"干大事而惜身，见小利而忘命"（罗贯中《三国演义》），因为即使当外部制约和规范不足时，他们心底还有一份荣辱感和操守力，他们可以带着对自己的尊重和骄傲，带着对学术的敬畏和追求，带着对国家和未来的信心，带着民族复兴的宏愿，"虽千万人吾往矣"（《孟子·公孙丑·上》）。他们还会逐渐看清西方政治的虚假面孔，看清羊皮之下的伪善和荒诞，不会再被人轻易利用，因为他们拥有内在的文化自信，而这种自信本身就是一种凝聚力和向心力，是新时代党和国家事业的坚强思想保证和强大精神力量。

三、以《郑板桥家书》为例谈中国传统文学的德育教育

《郑板桥家书》又名《与舍弟书十六通》，浓缩了郑板桥的人生感悟，全文总共收录了郑板桥写给其堂弟郑墨的十六封家书，平淡家常中蕴含深刻的哲理，让人掩卷沉思，浸润其中。随后，郑板桥后裔将其著作整理成《板桥集》发表，将《与舍弟书十六通》放入《板桥集》中，并改称为《家书》。《郑板桥家书》历来被人们称道和传诵，在古代家书史上有着举足轻重的地位，通过对大量著作、史料、论文等文献的整理和收集，发现板桥家书的研究成果丰富，由于研究的精力和能力有限，因此主要从以下两个方面进行。

（一）《郑板桥家书》德育思想的特征

郑板桥作为一代文学大儒，所写家书忠厚诚恳，一经问世，便广受好评。家书蕴含丰富的德育思想，其德育思想的主要特征包括以下三个方面：德育目标的合理性、德育内容的教化性、德育形式的艺术性。因郑板桥生活的时代，必定会留下时代的烙印，其德育思想具有时代局限性，所以要辩证地看待家书中的历史影响，传承精华，并运用于当代实践。

《郑板桥家书》自公开发行以来，广为流传，其蕴含的德育思想被大部分人们接受和认可，与现代社会价值具有内在一致性。郑板桥通过不断遵循中华民族在历史长河中创造的文化遗产，在明确德育目标的基础上，结合清朝社会主流意识，对子弟实施教化，以美育德。因此，通过对家书德育思想的三大主要特征进行论述，或许我们就可以知道《郑板桥家书》成为家书代表作的原因。

1.德育目标具有合理性

郑板桥结合自身经历和所处的社会环境，在书中围绕"培养什么人"展开描述，用意在于培养子弟具备何种品德，为家庭设立了明理做个好人和"爱人的理想人格"的德育目标，期望子弟能够达到何种理想境界，力图让子弟成为一个具备高尚道德情操的好人。其德育目标具有合理性，主要如下。其一，借鉴圣贤之道，实现与家庭实际的有机融合。儒家学说的核心精神是"内圣外王"，教育每一个人对内加强自我修养，向圣贤学习，提升思想境界，也就是培养完善的人格，这是一种理想追求。郑板桥自幼接受儒家思想熏陶，在他看来，孔子是天生

圣人，以"圣贤"为楷模，能够达到启蒙作用。具体来看，其德育目标并非将成为古圣先贤的高标准施加于子弟教育，而是从现实出发，结合清朝社会大环境所提倡的道德标准，切实依据郑氏家族耕读传家的传统实际情况而定，是在现存基础上的超越与提升，期望子弟在未来能够实现这一理想人格。其二，将个人的道德修养放在首位，实现个人之于家庭、社会、国家的紧密联系，强调从自身下功夫，依据自身条件进行整合统一，关注个体的自我发展。从古至今，中华民族对美德孜孜追求，古语有云"道德传家，十代以上"，强调了个人道德的重要性。郑板桥也十分重视个人的道德修养，对子弟提出了成人的要求，在家书中要求子弟要明理做个好人，仁爱万物。在他看来，为人的根本在于明理修身、忠厚仁义，做一个符合社会要求的好人，而非追逐官场名利这些身外之物。他批评清朝部分读书做官、鱼肉百姓的现象，忽视了人的品德修养，认为这样一开始便走错了路。因此，郑板桥结合自己以什么方式生活于社会，从自身下功夫，对勤勉向学、持家之要、修身养性、处世哲学等经验进行总结，融入家常，使子孙后代具备良好的德行修养，做个明理的好人，仁爱他人，立于世间。

《郑板桥家书》经过时间的洗礼和战乱，仍流传至今，被世人接受和认可，其德育思想闪烁着智慧的光芒。家书中德育目标的设立对今天的家庭教育、学校教育、社会教育都有重要的指导意义。

2.德育内容具有教化性

中国古代家书蕴含的道德要义与儒家思想相契合，是对儒家思想的传承和延续，秉持道德为先的教育目的，鼓励和倡导自我修养的提升，承担教育感化、思想教化的职责，教导家庭成员以高尚的道德品格推动家庭的和睦、兴旺发达。郑板桥是一位儒生，研读"四书""五经"、董仲舒的策论等众多儒家经典，颇有心得，以大众化、通俗化的方式，告谕世人。所写家书以儒家教化思想为核心，因郑板桥的家庭背景、个人经历、社会环境而有所异同，家书彰显了板桥作为一家之长对家庭成员的教化。《郑板桥家书》通过举例子、摆事实、讲道理的方式，结合郑板桥所学、所知、所见、所闻、所想，运用详细朴实易懂的语言，将儒家思想融入日常生活点滴，推动家庭成员自觉形成自我内化。此外，家书是关于家庭教育的范本，实际内容言近旨远，体现社会性，不局限于家庭本身，《郑板桥家书》涉及为文之道、读书治学、平等仁爱等内容，具体翔实，主要围绕训诫子弟、齐家治家、处世之道三个方面展开，从家庭内部教导家庭成员适应整个社会环境的处世哲学入手，将统治者宣传的意识形态融入家庭教育之中，与社会大环境接轨，推动家庭成员的社会化。

《郑板桥家书》教化的主要对象是其堂弟郑墨和儿子，在实施教育教化过程中郑板桥与郑墨共同达成了"契约"，在此基础上发挥家庭德育的功效，期望子弟能够有所得，朝着家庭、社会期望的方向前进。此外，家书因其具有私密性的特点，教化范围有限。郑板桥将所写家书进行严格筛选，优中选优，并将家书付梓，广为流传，供世人评说，扩大了影响范围，从小家扩散到大家，进而扩大了教化范围，世人将其称为不可磨灭的文字，蕴含《颜氏家训》《庭诰》之意，其家书教化思想理念对当代家庭建设仍具有启迪意义。

3.德育形式具有艺术性

郑板桥的诗、书、画堪称三绝，是历史上著名的大文豪、书画家，在书法、绘画、诗词等方面技艺精湛，其作品更是中华民族宝贵的财富。《郑板桥家书》属于散文系列，是一部文学艺术作品，将美育和德育相结合，其德育形式具有艺术性。

明清时期是中国古代家书发展的鼎盛时期，这一时期的家书发展迅速、数量巨大、体例多样、内容丰富，彰显了其特殊的时代特色。《郑板桥家书》是明清家书中的代表作，自乾隆年间刻印出版后，许多书籍将其收录其中，作为学习的典范。

清人郑方坤在《郑燮小传》中提及"所刻寄弟书数纸，皆老成忠厚之言"，对《郑板桥家书》家书及其话语给予了肯定的评价。语言是通往心灵的桥梁，优美的语言能够带来心灵的共鸣和美的享受，让人感受到阳春三月的美好，能够巧妙化解矛盾，深入人心，增强内容的可读性和满足话语对象的需求。《郑板桥家书》话语用词优美，既无学究之气，又无晦涩难懂之处，将简单的道理通俗化，轻松自如，简单明了，既有对家人情感柔性的话语表达，也有对为文之道、治家理念、齐家之道的理性话语表达，并非单纯地说教与枯燥地讲大道理，彰显了话语表达的亲和力，体现了郑板桥在文学上的造诣，内容真实可靠，不同于其他家书，《松轩随笔》曾提及板桥家书乃世间不可磨灭的文字，《郑板桥家书》别具一格。

优秀的美术作品，形象和观念水乳交融，帮助人们在认识日常生活的过程中，分清善恶，接受美育熏陶，进而提升思想道德。郑板桥是历史上著名的书画家，自创"六分半书"，后世称为"板桥体"，其字圆润古秀，如雪柏风松，能够"震电惊雷"，给人以美的享受。阅读《郑板桥家书》，感受郑板桥"书"一绝的特色。其家书文字优美，是清朝和后世书写汉字临摹的范本，具有美育功能，带来视觉享受，能够以美怡情、以美染人、以美引善，使人受到家书德育思想感染、启迪，增长见识，从而提高思想道德境界，得到美与善的教化。

德育形式具有艺术性是《郑板桥家书》德育思想的一个重要特征，不仅可以感受到郑板桥作为诗、书、画三绝传奇人物的魅力所在，还能欣赏大文豪在自身家风建设方面的教导，得到美的享受。《郑板桥家书》篇目不多，但篇篇是经典，从家书的书写、话语的表达、情感的真实来看，都是家书中的精品，在清代散文史上占据重要位置，是世间流传下来的传家之宝。因此，在开展德育工作的过程中，充分挖掘类似《郑板桥家书》等经典家书，开展家庭教育、美学教育、文学教育，结合书法字体，选取优美的文字表达，实现思想与艺术相结合，增强德育的艺术性，实现德育与美育相结合，达到协同育人的效果。

（二）《郑板桥家书》对当代德育教育的启示

习近平总书记一贯重视和提倡发展中华优秀传统文化，曾多次在报告、讲话、谈话中作了一系列重要论述。回顾历史，古圣先贤在历史长河中创造了众多优秀作品，是中华传统文化的重要载体，蕴含丰富的德育资源，为当代德育教育提供思想资源和理论依据，是我们进行道德建设的精神动力。《郑板桥家书》是经典家书代表作，蕴含着丰富的德育思想，具有重要的文本研究价值和借鉴意义，在一定程度上为新时代道德教育提供指引。

1.对德育内容的启示

《郑板桥家书》中的德育思想涉及修身、齐家、治国、平天下等内容，内容广泛，涉及个人与家庭、自然、社会等相处之道，契合时代发展要求，是不可多得的佳作，不仅传承了中华传统文化，更是历史的见证。在学习借鉴《郑板桥家书》精华的基础上，为当代德育内容提供有益借鉴。

（1）坚持日用家常，弘扬优良家风

家庭是个人成长的起点，也是个体培养道德品质和身心的栖息地，更是教育的重要场所。随着时代的快速发展，现代家庭与古代家庭结构呈现出不同的特点和变化，现代家庭规模越来越小，结构类型多样，成员流动频繁，家庭成员间相处更为平等、民主、和谐，具有新的特色。时代在进步，但当代家庭也出现了不好的现象，如亲情冷漠、孝道缺失、夫妻不和、兄弟相争、重智轻德等现象存在，而农村地区的留守儿童、孤寡老人等问题引发大量关注，家庭教育所呈现的作用越来越突出。2022年《中华人民共和国家庭教育促进法》将家庭教育融入国家大事之中，体现"家事"也是"国事"，首次对家庭教育进行专门立法，上升至法律层面，为当代家庭教育提供导向作用。《郑板桥家书》中关于家庭和睦、勤奋节俭、兄友弟恭、感恩教育等内容是对中华传统家庭美德的继承，蕴含丰富的治家理念，是当代教育应当推崇和发展的德育内容，对家风建设具有借鉴意义。

郑板桥作为清朝著名廉吏，在官家记载中名声突出，这与其家庭教育密不可分。郑板桥对家书曾评价，日用家常，有言近旨远之意，并不局限家庭自身，涉及生活领域的方方面面。

其一，营造和睦的家庭氛围。现代家长要重视家庭成员间的相处之道，建立和睦家庭，以好家风涵养品行。一个有德之家虽不一定能培养有德之人，但良好的家教、家风能够滋润人心，是道德之人的摇篮。就像《郑板桥家书》写信的目的一样，只有在家庭教育中去培养和重视家庭成员基本道德修养以及日常习惯，正确处理夫妇、父子、兄弟等家庭人际关系，才能有更好地涵养品行，建立和睦家庭。因此，在日常家庭教育中，家长在做人做事问题上，率身正下，以此凝聚人心，增强家庭成员的责任感和担当精神，维护家庭秩序，强化家庭内聚力，让孩子在关系融洽、心情愉悦的氛围中成长，进而打造符合自身家庭特色的家风，推动子孙后代的发展。时代在变迁，家长要联系当前现状，根据社会发展，教导家庭成员在社会化的过程中实现家庭成员与社会接轨，学会处理和协调与家庭成员、同学、朋友等人际关系，使之具备感恩、忠厚、诚信、节俭等良好品质，成为道德之人，进而建立和谐、友爱、团结、民主的家庭氛围。

其二，传承优秀治家理念。《郑板桥家书》蕴含的孝、悌、仁、敦睦邻里、勤奋节俭、劳动教育等理念在今天仍具有现实价值，具有普遍意义。我们在家风建设中应该认真借鉴和弘扬，结合当代家庭出现的问题，运用传统治家典范，使《郑板桥家书》等优秀家书经典成为创造家风建设的源泉和文化助推力。因此，教育者在传授知识的过程中，应结合优秀家书、家训等德育资源载体，在吸收精华的基础上为我所用，利用生活中跟家庭息息相关的节日，如清明节、中秋节、春节等，通过深入浅出的推广和宣传，回顾历史，常讲常新，打造富有中国特色的"家"课堂，使受教育者明确家庭中个人与家庭成员间的道德准则和行为规范。同时，以活动为载体，通过举办"写家书""读家书""学家书"、以家书为主题征文等一系列活动，从实践的角度培养"家文化"，让受教育者关注和重视家庭成员间的日常联系和沟通，多从学以致用的角度去实践和创新，营造和谐、温馨、愉悦的家庭氛围，建立优良家风。

（2）倡导读书之道，完善学校教育

现代教育更多的寄托于学校教育，学校是人们获取文化知识的重要场所，在传授过程中，肩负着育人的重任，帮助年轻一代掌握知识、技能、品德等，促进人的社会化。学校教育顺应时代发展，坚持五育并举，为国家培养全面发展且具备高素质的人才。把德育排在五育之首，强调德育是学校教育的灵魂，具有铸魂作用。因此可以看出，国家认为人才之本应具备道德这一要素，注重人才的道德教育，同时相应地，学校教育必须把德育放在首位，发挥德育的作用，培养具备良好道德品质的人才。

《郑板桥家书》内容丰富，意蕴深远，蕴含丰富的教育内容，对学校教育产生深远影响。因此，完善学校教育要关注学校德育，重视对传统经典的涉猎，提高学生的道德认知与实践。中华民族自古以来重视耕读传家，延续至今。随着时代的发展，为何读书成为人们追问的一个话题，在多元价值理念的影响下，"读书无用论""百无一用是书生"等思想观念对为何读书形成冲击，一部分人将金钱作为衡量一个人成功的标准，造成对读书学习的误解，把金钱作为一生追求的人生目标，认为读书的目的在于赚大钱，忽视了读书的真正意蕴。郑板桥在家书中明确提及读书虽不一定能够实现"学而优则仕"，但学到的学问的获益者仍是自身，正所谓"科名不来，学问在我"，读书是改变命运的最好方式，也是救贫的良方，正所谓"扶贫先扶志，教育要先行"，这是当代国家积极大力发展教育的原因之一。青年一代是祖国发展和强盛的希望，学校通过加强教育，使当代青年明白读书之道不在于对功名利禄的追求，让青年认识到读书的目的在于自我提升、锤炼品格，并非读书致富、做大官。作为新时代的青年，生逢盛世，应抓住时代机遇，读书立志，将自身的理想抱负融入中国梦之中，为国家发展贡献力量。

郑板桥自幼熟读经书，总结了一套操作性强的读书方法，例如，阅读经典、精选精读等，引入学校课堂和教材之中，为当代青年指明了正确的读书方法。青年思想提升和充实来源于不断地学习，以勤勉、谦卑的态度学习人类在实践中创造的道德财富，开阔视野。学校在具体教学过程中，通过制订学习计划，对如何选取经典读物、如何阅读、阅读的意义等方面进行深入探究，使当代青年明白读书的目的、读书的方法、读书的作用，形成良好的学习习惯，积极主动去学习，做到多读书、读好书，自觉将知识融会贯通应用于社会实践，进而达到学以致用的效果，推动建设书香中国。

（3）加强道德教化，优化社会风气

自古以来，道德教化是引导和治理社会的一种方式，有利于促进良好社会风貌的形成，推动公序良俗的发展。良好的社会风气需要引导和提倡，从经典中寻求治理之道，发挥道德教化作用，以此来推动道德建设，进一步优化社会风气。《郑板桥家书》作为经典名人家书，家书所宣扬的"孝悌""忠厚""仁爱"等思想，是建立在以血缘为基础上的家庭教化，将父母之爱融于家庭教育之中，促进家庭成员的社会化，为建立和谐社会提供参考借鉴价值。从微观上看，家庭是社会构成的重要组成单位，家庭教育是基于血缘基础上长辈对子弟的耳提面命，将社会意识家庭化，能够让家庭成员自觉接受教化，构建良好的邻里关系、家庭关系等，促进小家融入社会大家庭，是社会治理的延续和补充。因此，优化社会风气，以社会为依托大力弘扬传统道德教化理念，使人们内化为自身的道德品质，不断提高道德自觉性，进而带动家庭重视家庭教化，向社会传递积极的正能量，推动经济、文化、社会等道德领域展现积极健康向上的态势。例如，改善社会中亲情淡薄、孝道缺失、邻里冷漠等现象，倡导人们接受优秀传统理念教化，进而完善自我，营造积极向上的良好社会氛围。

另外，《郑板桥家书》中大量描述为人处世之道，包含了郑板桥对家人行为规范的具体要求，蕴含睦邻友好、兄弟和睦、善待宗族、礼让同学等思想，勾勒出富含哲学韵味的道德教化思想。这些思想观念是涵养社会主义核心价值观的来源，也是社会大力弘扬的道德规范，有利于推动社风建设。我们要立足于中华传统文化，善于继承才能创造美好未来。因此，把《郑板桥家书》中的仁爱、友善、和睦等教化思想融入社会主义核心价值观，以家书家训作为载体和资源，实现社会主义核心价值观和家书家训对接，加入时代元素，整合创新，深入人们的日常学习生活，使个人感悟和体会在家庭、学校、社会、国家等各方面遵守的准则，自觉学习古人在修身、齐家等方面的精神，以优秀道德观念滋养身心。此外，在现实社会中，我们应当充分汲取《郑板桥家书》有益的道德教化实践，推动社会主义核心价值观在生活中落实，化巨为细，落实到具体行动中，依靠个体日用家常的道德实践，推动人们在日常自省修身、家庭教育中自觉形成爱国、友善等道德风范，实现个人推及身边的其他群体，助推社会主义核心价值观的培养和"软着陆"，落实生活育德，进而推动淳朴社风和良好社会风尚的发展，有利于社会风气的治理。同时，利用家庭、学校、社会各自蕴含的教育优势，加大教育和宣传力度，共同形成教育合力，营造良好的教育氛围，进而构建和谐、美好的社会。

2.对德育方法的启示

郑板桥特别重视对子弟进行道德教育，有着独特的爱子之道。《郑板桥家书》中所运用的德育方法，将道德标准应用于具体的实践中，重视子弟的道德培养，为当代德育方法提供参考和借鉴。

（1）加强言传身教，促进知行合一

家庭是人生的起点，也是第一个课堂，伴随个人成长的一生，面临着培养人、养育人、塑造人的责任。一个人从出生到成长，离不开家庭教育和环境，甚至家庭成员间的关系、处世之道也能影响个人的一生，造成不可逆的后果。郑板桥在家书中多次提及对待乡邻、宗亲、故交等的相处之道，以具体的事例进行讲解，将长辈的言行举止作为教育示范，使之更具有感染力，可操作性强。而且他认为无论是言传还是身教，无论是作为一名父亲、堂兄还是官员，自己的言行都会影响他人，在家中以自身为例，告诫子弟要延续这一传统。因此，当代教育要重视教育者在整个教育过程中的主体地位，做到上行下效，育人先正身，在实践中通过身体力行，达到育人于无形之中。

在家庭德育中，家长作为引导者和示范者，起到带头作用。习近平总书记也多次提及父母要为孩子做好榜样，注意孩子的思想和行为变化，要做好教育引导作用。因此，父母在家庭中要运用日常言语劝导，做好举止表率，树立正面形象，以事明理，以身垂范，引导孩子分清是非，懂得善恶，约束和规范孩子的行为习惯，发挥教育引导作用，从而提高孩子的道德认知，帮助孩子在日常实践中转化为道德实践，培育优良家风。在学校德育中，教师是指引学生前进方向的引路人，在学生心中具有威信力，正所谓"亲其师而信其道"。教师对学生的影响不仅来源于其渊博的学识，更来自其高尚的品格和知行合一。基于此，教育者要加强和提升自身素质和教学水平，深入受教个体现实生活实践，在日常的学习工作中做到身正为范，发挥表率作用，增强教育的说服力，启发和诱导学生正确看待生活的现实世界，通过一系列活生生的实践训导，促进学生将"致知"转化为"力行"，引导学生形成正确的道德认知，促进良好行为习惯的养成。同时，根据受教个体的兴趣爱好、认知水平等因素，在平淡的日常生活中融入洒扫庭院、读书学习等细而微的活动，培养学生健全的人格。

（2）重视防微杜渐，注重早期教育

自古以来，我国就有蒙以养正的经验和实践，众多家风家训将其列为教导子孙后代的传统,《颜氏家训》《郑氏家仪》《聪训斋语》《朱子治家格言》等经典家训在家庭教育中重视早期教育,将道德品德修养摆在重要位置,培养家庭成员良好的道德行为习惯。郑板桥也特别重视子弟的早期教育,注重养正于蒙,小到儿童游戏,次及诗歌读唱、礼待同伴,大到读书、做官,皆有所述,将优秀道德理念融入日常生活中的规范和点滴教育中,告诫家人倡导什么、培养什么、预防什么等一系列具体的操作规范,在孩童幼小的心灵中种下种子,以期形成好的道德品质和行为习惯。可见,郑板桥对早期教育格外关注,在他看来,孩子在"幼稚之时",习惯自成,那么孩子在长大以后,能够养成比较稳定的道德规范,这对当代道德教育具有有益借鉴。当代社会因工作压力、升学任务等多方因素的影响,出现"竞争式育儿"、重智轻德、早教低龄化等现象,一些人在一定程度上将孩子作为攀比对象,忽视了早期教育并不是让孩子一味地抢跑和领先,而是在尊重规律的前提下,掌握孩子的身心发展规律,根据孩童特点对症下药,把握教育的黄金期,培养孩子良好的道德品性。

因此,从个人层面讲,道德养成在于本心,而非外烁,要从小把握人生的"总开关",夯实成长根基。道德教育不仅教人存心、养心、放心,更要落实于个体日常生活,重在道德实践。一个人从出生到成长,接受比较全面的教育和实践,能够陶冶道德情操,从小端正道德品行。由此可见,我们在幼年时期接受父母熏陶,经过长期耳濡目染,修养其心,在日常生活中体悟,有利于形成正确的三观,长大后能够养成比较稳定的道德品质,将社会价值标准融入实践之中。从家庭层面讲,父母与孩子朝夕相处,是孩子的第一任老师。家长要关注和重视儿童的早期教育,从人生的第一课堂入手,从小抓起,打好教育基础,教会孩子如何做人做事,借助典籍设教、传道,弘扬圣贤之道,重视典范讲解,融入家庭日常琐事,敦促孩子磨砺节操品行。此外,人的习性与后天环境紧密相关,父母要警惕身边不良风气的影响,及时纠正,以期从童蒙开启认知窗户,使之归其位、得其正,让孩子内化为自身的道德修养,自觉主动地去实施道德实践,成为道德高尚的人。从学校层面讲,学校要主动将德育放在突出重要的位置,坚持以德育人。早期儿童具有模仿力强、记忆力好等特点,具有向师性,而青少年一代的成长关系国家未来,需要从小打好根基,落实立德树人。因此,教师要注重自身的能力和素养,从小将美好的价值理念传递给学生,增长和拓宽学生的见识,使之具备探索世界本源的能力,具备仁爱、诚信、宽容、谦虚等道德品质,为后期的学习教育打下基础,培养具有"正能量"的一代,融入国家发展大局。

（3）教育严而有度，励人慈爱有加

"严"与"爱"相辅相成、相互支撑，是教育中不可避免的一对关系。在教育中，"严"与"爱"的关系是教育者在教学过程中不可避免面临的现实问题。在家书中，郑板桥深刻剖析了这一问题。他提出父母对孩子的爱是无私、自然的，在实际教导的过程中，主张"严"与"爱"融合在一起，注重教中有严和教中有爱，做到严慈相济，爱之有道。从中我们可以得到启发，作为教育者，应当做到严慈相济。

家庭教育中，教育的第一责任人是父母，指明了父母在教育中的地位。因此，父母作为教育的第一人，对孩子品行的培养具有导向作用。然而父母在教导孩子的过程中，对"严"与"爱"的尺度把握不准，甚至一部分父母过于溺爱或严格，出现"养而不教""重智轻德""高智商的低能儿"现象，这些问题和变化在当代家庭上演。因此，父母要正确处理"严"与"爱"的关系，做到爱之有道，给予孩子适当的"爱"，实现励人与"爱"相融合，营造充满爱的家庭氛围，实现感情上的共鸣，达到以情感人、用情促知、以情促意的效果。同时，父母也要给予恰当的"严"，摒弃传统的棍棒教育、"打压式教育"，不仅要严于孩子道德品格，还要严于律己，使孩子迈好人生的台阶，扣好人生的扣子。

教师作为教育者，同样需要注意"严慈相济"，实现"教"与"爱"的结合。教师在传授知识的过程中，要加强与学生的互动，不能空泛地高谈理论，只停留在嘴上说说，而应落实具体要求，使学生在掌握知识的过程中，严于学生的品德培养，落实到怎么做的具体实践，以贴近生活的日常实践为支撑。此外，教育以人为对象，是以人为本的实践活动，具有温度。大中小思政课教师应常怀热忱之心，了解和热爱学生，而不是只停留于课堂教学，课下不与学生进行沟通交流，出现"课上见人，课后不见人"的现象，导致师生关系淡漠。因此，教师要将"爱"融入日常教学实践，与学生建立起深厚的师生友谊，关怀学生，通过定期举行师生对话、创造交往情境、组织教师培训等方式，建立和谐融洽的师生关系。此外，在日常教学活动中，多一丝"人情味"，让思政课成为一门具有感召力、有温度的课，借鉴《郑板桥家书》中的话语表达，通过通俗化、简洁明了的语言文字，将深奥晦涩的道理通过深入浅出的话语表达出来，做到说好说清、讲解透彻、富有温度，拉近与学生心理上的距离，温暖和感化学生，引发学生共鸣，达到励人于无形之中，为国家培养人才。

第六章　中国传统科学技术与高校德育教育研究

　　人们普遍认为中国古代的教育重传统而忽视自然哲学和科学技术。中国生产力的落后与封建主义的教育观念有很大关系。虽有一些先进的教育家主张实用主义，强化实学，但没有得到统治者的认可和支持。长期以来，中国的传统教育一直存在着"轻视自然科学、轻视科技"的缺陷。例如，在中国古代并没有"科学"这个名词，只有一个"科"，这个字代表着分类和等级。虽然我国古代的传统科学技术并没有占据主导地位，但是它的历史和成就是值得骄傲的，对教育也有非常重要的影响。

第一节　中国传统科学技术的发展历程

中国是古代科学技术和文化的发祥地，也是唯一一个未被中断的古代科技文明古国。中国的科技在理论和实践上都取得了很多新的成就，尤其是在秦汉至宋元这一千多年的时间里，中国的科技一直走在世界的前列，为人类的发展作出了重要贡献。回看我国古代科学技术的发展，我们既惊叹于前人的巧夺天工与睿智，同时也深刻地意识到了它的局限性，如果我们能在继承中舍去它的弊端，取长补短，那么中国科学技术的发展一定可以重新焕发光彩。

一、古代科技发展的历史变迁

（一）古代科技的萌芽

从远古到春秋战国，我国的科学技术文化经历了一个从孕育到萌芽，再到初步发展的过程。从180万年至公元前2000多年这一段时间，我们的祖先已经靠自己的双手创造出了一个又一个技术成就。到现在为止，我们所发现的最早的石器产生于大约180万年前的西侯杜文化，说明我们的祖先至少在那个时候就已经拥有了使用石器的能力。考古发现，距今170万年的元谋人，不仅能制作各种原始的石器、骨器、木器，还能使用火，这可能是我们祖先所主宰的最早的自然力量。另外，从石器时代出土的铁器可以看出，人类已经制造了弓和箭，具有很高的科技价值。一方面，这表明我们的祖先在制作工具上已积累了相当丰富的经验和较高的技能；另一方面，他们也能远距离捕捉到野兽，这对人们的生存和发展起到了不可忽视的作用。

在距今约1万年的新石器时代，人类已经拥有了更为精细的生产工具，并拥有了较为发达的原始农业和家畜饲养技术，与此同时，一些原始的手工制品如陶器、纺织等也已初具规模，从陕西半坡村出土的6000多年前的彩色陶罐就可以看出，当时的陶器制作技术已经相当成熟。而最早的织布工艺则是从母系氏族中的女性开始，由她们亲手织网、打席子。在此期间，出现了原始的养蚕、造屋、造舟的技术。

除应用于生产实践的科技创造外，有关自然规律的科学知识也已初露端倪，尤其是医药知识。医术的起源首先体现在原始人的饮食中。在旧石器时代，我们的老祖宗就已经懂得把食物煮熟，不仅可以预防很多肠胃方面的疾病，而且还可以促进身体的发育。在新石器时代，人类已经懂得使用陶瓷来烹饪，这样可以降低对食品的污染，同时也可以充分地吸收养分，而且陶瓷的烹饪让人类知道可以将水煮沸，进而泡茶、饮茶。在极端艰难的生活条件下，祖先们创造出了"为舞以宣导之"的体育疗法，以此来让自己的身体得到锻炼。除此之外，在采集野果、植物种子和根茎的过程中，还积累了一些植物药的知识，渔猎、畜牧、工具制造也给人们带来了动物药、矿物药的知识。

夏商周时期是我国古代科学技术的真正诞生阶段。在这个阶段，农业、手工业得到了前所未有的发展，更重要的是，伴随着生产力水平的提升，出现了脑力劳动者和文字。作为第一个奴隶制国家的夏王朝，其科技与文化的特点主要表现在：夏王朝的生产与生活用品由石器、陶器逐渐演变为青铜；农业生产已有一定程度的发展；夏王朝最重要的科学成就就是确定了"正月"为岁的年历。接下来的商朝，虽然有着迷信的成分，但也取得了很多的成就，青铜器文明发展到了一个顶峰，出现了许多青铜武器，包括戈、矛、刀、斧、箭镞、盔等，以及盛酒的尊、罍、彝，以及喝酒的爵、觥。周公于西周初期于嵩山建立"望星台"，这是我国现存的最早的天文观测站，同时也是世界上重要的古遗址之一。与之有紧密联系的数学已自成体系，"算筹"被用来做简单的四则运算，也被广泛地运用在诸如土木工程的计算等生产实践中。

春秋战国是我国古代科学技术发展的关键时期，也是我国科学技术发展史上的一个转折点。在这段时间里，各个阶级都有自己的理论，"士"阶层在世界各地游历，进行辩论，形成了"百家争鸣"的盛况，同时，他们也将科学推向了另一个高度。其中，孔子所创的儒学，注重血缘关系、道德和生产实践，它后来在中国传统文化中占据主导地位，极大地影响了中国古代科学技术的实用化、技术化和伦理化倾向。而道教，则是超越了生命和社会的限制，以整体的自然规律为中心。与儒学并称"显学"的"墨家"，则以"实证"为特征，建立起一种"试验—逻辑"的科学认识模型，是我国古代科学发展中的重要组成部分。不管是在科学的认知上，还是在科学的思考方式上，墨家都与古希腊的科学有着异曲同工之妙。但是，随着中国社会的不断进步，这种思想也逐渐被人们所摒弃，最终消亡，是中国古代的科技事业的一种巨大损失。

（二）"实用"科学体系的形成与发展

从秦汉到三国、两晋，再到南北朝，这是中国古代科学发展的另一个关键时期，秦王朝统一的政体和中央集权使一系列的科学政策得到了深入的贯彻，其中度、量、衡的统一对科学技术的发展、传播、交流都有深刻的影响。汉朝继承秦朝的制度，使其统治得到了进一步的巩固。不同民族、不同区域间的交往也越来越频繁，因为集中人力、物力，对一些科技进行了研究，从而为水利工程的修建和建设创造了有利的条件。在秦汉时期，不仅青铜代替了铁器，成为一种通用的农业工具，还产生了钢铁，这一点比欧洲提前了1900多年。在此期间，建筑、运输、陶瓷、纺织等技术也得到了飞速的发展。科学上最大的成就是农业、医学、天文、数学这四门学科逐渐成熟。作为一个以农为本的国家，历代的统治者都十分重视农业。这一时期，耕作已渐趋成熟，《氾胜之书》等几部农作著作的出版标志着农艺发展到了创造农艺的程度。医圣张仲景的《伤寒杂病论》、华佗精湛的外科手术技艺流芳百世，天文学家张衡成就非凡。《九章算术》等著作相继问世，为以炼丹为基础的化学奠定了基础，生物和物理也取得了长足的发展。从这一点就可以看出，中国古代的科技已经形成了一套完整而有特色的科学体系。

三国、两晋、南北朝是一个动荡不安的乱世，在这样一个特定的时代背景下，生产工艺和实用科学得到了很大的发展。兵器的生产工艺得到了长足的进步，推动了机械工艺向精密化方向发展。三国时期，曹魏马钧就是其中的佼佼者，他将东汉时期的翻斗车改造成了龙骨水轮，成为当时最先进的水轮。割据的政权为各种学术思想的争鸣创造了良好的生存空间，除儒家外，道家最为活跃，在寻求长生不老的炼丹过程中，他们揭示出了一些自然界事物的属性，例如，在冶金、磁学、药用植物学等方面都发现了很多新现象，对科学技术的发展作出了新的贡献。在此期间，科学发展的最显著成果就是实用科学，它是一种没有与技术相区别的知识形态，技术包含了知识，知识具有显著的实用性。

自秦汉至南北朝时期，所形成的古代科学技术的实用化方式和路径深刻地影响了中国后世的科学技术发展，尤其是实用化的科学，重视生产实践和亲身体验，重视工艺过程、工艺方法和实用化。熟练的手工业者，例如医师，在实践科学上有很大的贡献。但是，实用科学太过重视经验性描述，而没有进行理论性分析，它重视效益，却没有对原因进行探究，知识水平又陷入了知其然不知其所以然的阶段，这就存在着很大的缺陷。

（三）古代科技的鼎盛

从隋唐至宋元，中国历史上出现了前所未有的大统一，封建体制逐步完善，与世界各国进行了广泛的文化交往，同时也使中国古代科技的发展达到了一个新的高峰。隋朝虽然时间不长，却在医学、天文和建筑史上留下了光辉的一笔，特别是李春所设计的"赵州桥"，在工程学和建筑美学方面都具有里程碑意义。

盛唐时期，社会的发展达到了鼎盛时期，文学和艺术的发展也达到了一定的高度，相比之下，科学技术的发展就显得有些落后了。总的来说，唐朝的手工业和农业技术并没有得到很大的发展，但是与人们的精神生活紧密相连的技术却得到了显著的发展。长安城的规划和建设，以及木刻的农书、历书、医书和书法作品，都是这一时期的产物。《茶经》是陆羽所著，为当时世界上第一部有关茶的专论；陶瓷工艺也取得了长足的进步，其中，青、白两种釉料均有较大发展，"唐三彩"亦是在这一时期出现的。占星与天文学因其与封建皇权的气运联系在一起，因而产生了诸如李淳风、僧一行等一批杰出的天文学大师。在医药方面，有了第一本《唐朝本草纲目》，有了孙思邈这样的大宗师。炼丹术士们发现，在封闭的环境下，把硫黄、雄黄、硝石进行加热，会发生爆炸。在数学方面也有了进一步的发展，取得了较为显著的成果，如二次插值方法的出现。

宋代社会发展在各个方面都大大超过了前代，在此背景下，中国科学技术也达到了历史发展中的高峰，指南针、印刷术、火药在军事上得到运用，其余门类的整体全面推进是三大发明得以发展的支柱。农学方面，陈勇的《农书》是现存最早论述南方水稻区域的农业技术和经营的农书。医药学进入了争鸣和学派形成的新阶段，金朝的刘完素、张从正和李杲三位医学家与元代的朱震亨并称为"金、元四大家"。《铜人腧穴针灸图经》统一了各家看法。此时，法医学已获得了令人欣喜的进步，在秦汉丰富经验和理论知识的基础上，南宋宋慈的《洗冤集录》被译为朝、日、英等国文字，是许多国家审理死伤案件和研究法医学的重要参考书。"水运仪象合"汇集所有天文仪器的优点，集浑天、浑象和报时于一体，北宋年间还进行了大规模的恒星观测。宋代是数学家的时代，诞生了贾宪、秦九韶、杨辉等杰出的数学家。

生物知识不断积累，高水平的植物和动物学者不断涌现。随着地矿业的发展，各地的志书、地学著作层出不穷，人们对矿产、地质现象的认识也随之提高。物理学、冶金和化学在这一阶段得到了快速的发展，新的科技发明不断涌现，传统的技艺不断精进。陶瓷在技术和工艺上都达到了一个新的高度，传统的炼钢技术已经定型，建筑业也已经达到了相当成熟的程度。中国各朝代都十分重视蚕丝产业，蚕丝产业的规模和技术都得到了极大的提高，宋高宗时期，单是江浙一带就有超过117万多匹蚕丝，可见其规模之大。

元朝在宋代科学技术的基础上有了进一步的发展，并因其对外拓展的需求，更加注重技术实力。统治者广收贤才，以求巩固自己的统治。广袤的疆域也促进了不同民族和区域之间的交流。

《农桑辑要》《农桑衣食辑要》《农经》先后出版，是元代农业研究成果较高的三种重要成果的延续。中医药学之间的交流，使新型的药物和独特的疗法被引入传统医药之中。数学和天文学取得了前所未有的成就。由于东西两方面的交通便利，使得大量的西方人到此旅游，也有很多中国学者到西边去，写下了很多有名的游记。京杭大运河的建成，表明了这一时期水利建设的高度发展。黄道婆学习了黎族的棉花纺织技术，使得江南的棉花产业得以繁荣发展。可以看出，元朝承上启下，显示了一种宽广的文化气息。

（四）古代科技的衰落

明清是封建社会的末期，中国的政治、经济、思想、文化，甚至科学技术都受到了严重的影响，出现了僵化和停滞的局面。闭关锁国的政策使得我国隔绝了外界的一切信息。除了个别成就之外，整个国家的科学技术都陷入了停滞不前的状态。

到了明朝，中国科学技术进入了一个"总结期"，这一时期最显著的特点就是各个学科都有了较大规模的科学总结。郑和是一位航海家，他七下西洋出使亚洲、非洲30多个国家，掌握了当时世界上最先进的船舶制造技术，是一件举世瞩目的大事，人数之多、船队之庞大，更是前所未有。郑和的功绩对国外地理学的发展起到了很大的推动作用，许多生物学的著作相继问世，反映出人们对动植物的形态、分类、生活习性，以及它们与环境的关系，微生物、基因的变异等知识的了解。

在医学技术上取得了两项重大成果：第一，对传染病与非传染病的治疗有了新的认识；第二，研制出一种预防牛痘的疫苗。在明朝之前，《伤寒论》被认为是治疗瘟疫的主要依据，许多病人都是因为误诊而死亡的，吴有性在此之前，提出了"墨守古法不合今病"的主张，对病原菌、传播途径和方法进行了综合研究，并提出了一些新的见解，著有《瘟疫论》一书，这就是瘟疫理论的基础。在采矿上，"火爆"法在明朝已经开始使用，这一方法极有可能是以火药为原料的爆炸。最迟在明代就有了一种焦化方法，它使用的是一种含有更多挥发性物质的焦化煤炭，这一方法比欧洲提前了100多年。活塞波纹管已经在冶炼中开始使用，这种波纹管可以持续提供大的空气压力和气体流量，从而提高了炉内温度和熔化率。

随着人们对科学认知的不断深化，一系列总结式的科研成果不断涌现。宋应星《天工开物》一书，对明朝乃至以前各朝代的农艺、手工艺生产技术进行了较为全面、系统的研究。《本草纲目》是李时珍在医药学上的一部著作，它对药材的形态、产地、采集、种植等都作了详尽的描述，并详细记载了药材的蒸馏过程，为后世医学和生物医学的发展作出了重要的贡献。徐霞客的《徐霞客游记》是一部以日记的形式记录下来的作品，记录了他考山观水所得到的地理知识，特别是对熔岩、河流等地质现象的研究成果，并对由于海拔和纬度的不同造成的气候变化，以及对植物和动物的生态和分布的影响进行了分析和评价，是一部很有学术价值的作品。徐光启的《农政全书》更是一部集思广益、博采众长、博大精深的古代农学著作。

明末，西方传教士在我国也有选择地介绍了西方刚刚兴起的科技知识，以徐光启为代表的中国士大夫中的先进分子，认识到了西方科技的先进性，翻译介绍西方的科学著作，同时对中国传统科学文化进行了自觉的反思与改造。这些工作都为中国传统科学向西方近代科学转变作了最初的理论准备。

清朝以后，封建专制主义强化了它的统治，闭关自守的政策日益加强。在经济方面，大力发扬"重农抑商"的传统，对工商业进行限制和打击；在文化方面，则表现为"重文轻技"，以赋税、地租、封建特权等为主要手段，对科学技术的创造漠不关心；在教育方面，"四书""五经"占主导地位，使得与生产技术相关的学科被扼杀，从而造成人才的流失。在闭关锁国的政策下，这些内在的顽症使得我国的科技发展受到了很大的影响，国家的大门不得不向外敞开，西方的文化不断以强势姿态充斥进来，我国的科学发展举步维艰，虽然也有一些有识之士，但并没有让中国人警觉起来。如李善兰从19世纪50年代开始，就与伟烈亚力合著《几何原本》后九卷，以及《代数学》和《代数积拾级》，使《几何原本》有较为完整的中文译本，也让现代代数数学、分析几何学和微积分，首次进入我国。徐寿在翻译西方科学技术著作时，对现代无机化学、有机化学、物理化学、分析化学和工业化学知识等进行了较为系统的介绍，为现代化学和化学工业的出现和发展打下了坚实的基础。此外，华蘅芳、徐建寅、张福僖等人也为引进西方科技知识作出了突出的贡献。

二、明清实学理论在传统教育中的发展变化

明清实学理论并非一种静态的社会思潮，而是一种具有一定历史内涵的学术思想形式。在明朝晚期，这一理论已经成为一种学术思潮，内容丰富，影响深远。它随着社会的变化而变化，也像客观事物一样，经过了一个产生、发展、鼎盛与衰颓的历史过程，具体可以划分为三个历史阶段。

第一，从明正德年间到万历年间，一股与宋明理学并驾齐驱的务实思想，伴随着明末清初的社会矛盾、政治危机而爆发，这是一股与明末清初儒家思想分庭抗礼的力量。这一时期，实学思想在明清之际得到了发展。

第二，从明万历中期到清康熙中期，是一段"天崩地解"、风雨飘摇的时代。封建社会中存在的阶级矛盾，尤其是清军入主中原、明末灭亡等因素所造成的冲突，资本主义萌芽状态下出现的市民阶级对封建专制的反叛，以及"西学东渐"的影响，将明清实学思想推到了一个新的高度。

第三，从康熙中期到鸦片战争初期，由于资本主义的破坏以及对朱子学说的推崇，使得实学思想从高峰走向低谷，经历了一个曲折的发展阶段，这是实学思想的衰落阶段。

明清实学思潮是在我国16世纪到19世纪中叶形成的，它有着深刻的阶级基础和文化意识形态基础。随着封建主义的种种社会矛盾和宋明理学的衰落，尤其是明朝的灭亡，很多先进的思想家通过深刻的反省意识到明末的灭亡，其根源在于其空洞和腐朽的本质，因此，他们对儒家思想进行批判，提倡"由虚返实"，并越演越烈，形成了明清时期社会发展的主要潮流。在地主改革者们的努力中，也出现了新出现的市民阶层，他们对封建制度进行了反抗。这两种社会力量的发展，形成了明、清两代实学兴起的社会和政治环境。宋明理学的治学传统及其中所包含的一些务实的思想，再加上中国古代科学的兴起，使得"西学东渐"的思潮逐渐兴起，中西文化开始碰撞与融合。明清实学正是在这样的时代背景下，形成了一种强有力的社会进步思潮。

在儒学发展中，明清实学是中国哲人理性思维的伟大成果，具有重要的理论

价值和社会价值。从它的理论价值看，它不但对宋明理学所探讨过的范畴、命题、问题，如理气、知行、理欲等做出了自己的新的解释与说明，进行了总结性的批判，达到了中国古代思想史的最高水平，而且如"启蒙意识"中所说，也提出了一些反映市民阶层利益和要求的新范畴、新命题、新问题，成为中国近代启蒙思想的理论先驱。明清实学一扫宋明理学的天理，"灭人欲，舍利义"的陈腐之说，为近代资产阶级的"富国强兵"和发展资本主义开辟了道路。明清实学的"舍虚就实"和经世学风导致近代资产阶级愤然抛弃心性玄谈，将视线投向现实社会，救亡图存。以徐光启、梅文鼎为代表的科学家开辟的学术路线和治学方法，也是中国由古典科学进入近代实验科学的中介和桥梁。道光、咸丰年间经世实学派提倡的今文经学，更是19世纪末叶康有为、梁启超变法的重要思想武器。明清之际的中西文化交流和龚自珍、魏源放眼看世界，向西方学习开放精神更开启了中国近代资产阶级向西方寻求救国救民真理的道路。

在儒家思想的发展过程中，明清实学是中国哲学家们理性思考的结晶，无论在理论上还是在社会上都有很高的价值。就其理论价值而言，其不仅对宋明理学所讨论的范畴、命题、问题作出了新的阐释，而且进行了总结，反映了当时的市民阶级的利益与需求，是中国现代启蒙思想的一代先锋。明清实学破除了陈旧观念，开创了近代资产阶级"富国强兵"和发展资本主义的新局面。明清实学"舍虚就实"与经世主义的学术风气，使现代资产阶级愤怒地摒弃了精神上的空想，转而把目光转向了现实，以求自保。徐光启与梅文鼎等人所开辟的学术路线与研究方法，亦为中国传统科学向现代实验科学过渡起到了一个媒介与桥梁作用。在道光、咸丰年间，经世实派所倡导的今文经学，成为康有为和梁启超在19世纪后期进行改革的一种有力的思想武器。

从这种进步思潮的兴起和影响的范围来看，它已由学术领域遍及政治、经济、科学、文化艺术领域，从学术上的深刻性和尖锐性来看，这种进步思潮已经发展为批判封建绝对主义和愚昧无知，结束了长久以来一直被宋明理学占据主导地位的局面，猛烈攻击着旧有的礼教和传统的禁锢，闪耀着早期启蒙运动的光辉。明清实学虽为宋明理学与现代新学之间的桥梁与纽带，却未能使中国走向彻底的资本主义，反而造成了一个不正常的半殖民地、半封建性社会的形成。究其原因，主要是由封建势力的强大与传统意识形态的根深蒂固，以及资本主义萌芽的微弱及其实学思想的不彻底性所造成的。

三、劳动教育在中国古代教育中初露端倪

在中国古代的主流文化中，既不重视自然科学，也不重视生产劳动，但有一位强调以"农学"为核心，以"劳动"为中心的教育家，他就是明末清初的颜元。

颜元长期居于乡野，亲自参与了农事，后又投身于教化、研学等，但始终没有离开过农事。在中国古代的教育发展史上，像他那样一生都没有离开过农业生产的教育者是极少的。

当时的中国已经有了一些资本主义苗头，新兴的资本主义势力也在逐渐成长，它一方面需要掌握政治权力，另一方面需要培养能够满足经济发展需要的人来推动资本主义的发展。与此同时，随着西学东渐运动的发展，西方资本主义的新价值观和近代自然科学的新知识也随之出现，国外的传教士也开始传教，并开设了一些教会学校，给我们带来了一些近代资本主义的科学思想和政治理念，这些外来的影响也引起了当时一些知识分子的极大兴趣。颜元的劳动教育思想正是顺应了这一时期资本主义发展的实际需求，并在一定程度上反映了这个时期商品经济的发展状况。

正因为颜元自己一生长期参加农业生产劳动，因此，使他能够冲破自孔丘以来儒家轻视农业生产劳动的传统思想束缚，对劳动有一个全新的认识，不仅认为人人应该劳动，还重视对学生进行劳动教育。这种劳动教育思想主要表现在以下两方面。

第一，重视传统农业知识。颜元始终把向学生传授农业知识置于其教育活动的重要地位。第二，注重劳动对于育才的作用。颜元认为，劳动既可以推动经济发展，又能使国家富强，还能起到教化人心的作用。首先，它是一种道德教育。它既可以正心、修身、祛除恶念，又可以激励人们勤于工作，克服懒惰和懈怠。他主张劳动能够"治心""修身"，因其能使人的生命得到充实，并能使人摆脱种种邪恶的念头。一个人闲着没事干，心里空落落的，很容易生出邪念，这话倒也不是没有道理。其次，劳动本身也是一种运动。劳动能强身健体，是保持身体健康的重要途径。身体素质提高了，读书时方能打起精神。因此，劳动能开发人们的智力，增长人们的才干，其价值不言而喻，有着积极的现实意义。

颜元虽然注重对学生的劳动教育，但是其思想并未超越"劳心者治人""劳

力者治于人"的桎梏，这既是其教育思想中的负面因素，也是他无法克服的历史和阶级的局限性。

第二节　中国传统科学技术与高校德育教育研究

人类社会的发展历史表明，科技与教育是推动社会进步与生产发展的重要力量。科技工作者是发展新生产力的先驱，发展教育、提高人民群众的素质是科技事业发展的根本。人类以科技为手段认识自然、利用自然、保护自然，从而使人类的生产力向更深更广的方向发展。

在有文字可考的中国历史中，华夏祖先们在科技上取得了巨大的成就，这使得中国成为世界文明发展最早的国家之一。他们不但建立了农学、医学、天文与历法学、数学四大古老的科学体系，还在冶炼、制陶、造纸、水利、建筑、航海等领域作出了巨大的贡献。他们在进行科学技术实践的过程中十分注重科学技术教育，出现了墨翟、张衡、贾思勰、祖冲之、沈括、王惟一、李时珍等一大批科技大师，在科技教育方面取得了卓越的成就。正是这一批优秀的科技人员和他们的科技活动，将中国古代的科技逐步推上了发展的高峰，使中国古代的科技在15世纪以前始终居于世界前列。

一、主要的中国传统科学技术

（一）四大发明

在中国的辉煌历史中，有四颗耀眼的明星，它们就是著名的造纸术、火药、指南针和印刷术，这些都是中国古代文明的代表，也是对世界文明发展产生巨大影响的四大发明。

1.火药

我国发明的火药，被称为黑色火药。黑色火药由硫黄、硝石和炭块三种物质组成。因为硫黄、硝石都是治疗疾病的良药，而它们与煤炭结合后会引起火灾，因此，这三种物质的混合体被称为"火药"，意思是"着火的药"。春秋战国至西汉，人们利用冶炼技术制造矿石药物，希望能制造出长生不老的丹药，或制造出更多的金银财宝，于是就有了炼丹术，也就有了炼丹家。炼丹家通过一次次的熔炼，积累了大量的熔炼经验，加深了对各种物质的了解。我国的火药之所以能够发展下去，离不开炼丹大师的功劳。东晋时期，有一位名为葛洪的炼丹术家，他所著的《抱朴子》就是专门讨论炼丹问题的书。唐代初期的孙思邈是一位药师，他所著的《丹经》就是迄今为止最早的有文字记载的火药配方。

火药的用途很广，最初是用来制作易燃武器的。大约在10世纪开始使用火药来制造武器。有了火药之后，军事专家们就开始用抛石机来发射火药。宋代的路振称其为"发机飞火"。在北宋时期，我国就已经可以生产高威力的枪炮了。直到南宋后期，才有了"突火枪"的出现。13世纪，宋金双方交战时就使用了以金属为原料的枪炮。

我国火药的传播途径和造纸术一样，经印度传入阿拉伯和波斯，再从阿拉伯传入欧洲，直到14世纪中期，英、法两国才逐步掌握火药的制造技术，使欧洲历史发生了重大的改变。

2.指南针

指南针又叫罗盘针，它是一个根据两个磁极的物理性质来测定方位的仪器。我国最早的指南针起源于战国时代的一种指南工具，名为"司南"。司南的出现，说明我们的先民很早就已经意识到了磁石的吸铁性，也意识到了磁铁的指向作用。春秋战国时期，就有"上有慈（磁）石者，下有铜金""慈（磁）石召铁，或引之也"的记载，这是世界上有关磁石指极作用的最早记载。在欧洲，直到17世纪，英国的吉尔柏才发现了磁铁的这个特性。

因为自然磁力的不稳定，所以司南的指路精度并不是很高。到了宋朝，司南又发展为指南鱼、指南龟、指南针。这种改变不但意味着指南针在外形、制造工艺、设备等方面的巨大进步，还实现了由直接采用天然磁石到利用人工磁化技术制作的更高级磁性指向仪器的突破。

指南针在海上的运用使得中国的航海术在中世纪达到了世界的顶峰。阿拉伯人、波斯人、罗马人通过海上贸易来到中国，中国的指南针导航技术也随之传入他们的国家。12世纪左右，指南针通过阿拉伯传入欧洲。

3.造纸术

纸张是人类文明得以延续与传播的重要载体，它的发明具有划时代的意义。中国古代劳动人民对文化媒介载体的探索由来已久，早在植物纤维纸张出现以前，金石和竹帛就已被用来做记录文字的材料。这种材料既沉重又昂贵，并不适合书写。

1957年，我国考古工作者发现了目前已知的最早的植物性纤维纸——西安霸桥遗址出土的西汉初期的麻纤维纸。东汉时，蔡伦根据前人的经验，对造纸工艺进行了进一步的完善，不仅使用麻、碎布和渔网，而且还使用了树皮。这种方法不但节约了费用，而且使纸张的品质有了很大的提高。105年，蔡伦将这种纸献给朝廷，自那以后，这种纸就在大江南北流传开来，又名"蔡侯纸"。唐宋时期，随着造纸业的发展和造纸工艺的革新，皮纸、宣纸、蜀纸、苏纸和池纸相继问世。明朝宋应星在他的名著《天工开物》中对造纸的全部过程及有关技术作了详尽的记录，表明了造纸业得到了更大的发展与完善。清朝的宣纸以其白色光亮、经久不褪色、柔韧、久折不断而著称，被誉为"纸寿千年"。

大约在公元3世纪，中国的造纸术首先传入越南，之后传入朝鲜、日本、印度。大约在8世纪中叶，由于唐王朝与大食交战的缘故，造纸术西传阿拉伯，12世纪由阿拉伯传到欧洲，以后逐渐传到世界各地。

4.印刷术

有了纸，就有了现代意义上的书籍。印刷术的发明开辟了书史上的一个新时代，对于人类文化的传播与发展起着举足轻重的作用。中国的印刷技术始于4世纪，当时是用纸张在碑文上拓印，然后印出黑白相间的拓本，然后就可以复制出黑白相间的文字。以拓印为基础的印刷术，先后经历了两个时期，即雕版印刷和活字印刷。

隋唐时期，人们根据最原始的拓印方式发明了一种雕版印刷，即用优质细密的木料，在木料上刻出阳文的反面，再用墨水将其复制到纸张上。唐朝所铸的《金刚》，刻工精细，字体清晰，是目前世界上最早的有明确年月的印本。到了宋朝，雕版印刷工艺日趋成熟。宋代的雕版印刷以木刻为主，也有少数以铜板为基材，其木刻文字极为精致，不但数量大，而且质量高。

雕版印刷虽然比手抄好百倍，却是一种浪费材料和人力的行为，而且很不实用。北宋庆历年间，平民毕昇在前人的基础上，经过长时间的实践和摸索，成功发明了活字印刷。它不仅在一定程度上弥补了雕版印刷的缺陷，而且在一定程度上使雕版印刷的效率大大提高，从而推动了雕版印刷技术的发展，成为印刷史上的另一项重大技术变革。元朝时期，人们用锡制活字，成为世界上第一个金属活字，但由于锡不沾墨水，印刷出来的文字不清晰，因此并未流行。元朝王桢对活字印刷术进行了改进和普及，并把活字印刷术记录在《王桢农书》中，这也是世界上第一部论述活字印刷的著作。随着时间的推移，随后出现了磁、锡、铜、铅等金属活字，把活字印刷推向了一个新的发展阶段。

11世纪初，雕版印刷术传入朝鲜，后又传入越南、伊朗、埃及和欧洲。活字印刷术在14世纪由我国往东传到朝鲜、日本，往西从新疆传到高加索、小亚细亚和埃及。印刷术的西传从根本上改变了欧洲的社会文化环境。

（二）中医药学

中国的医药学是医病治伤和保健延年的民族医学，它以完整而博大精深的理论体系、高超的医疗技术和丰富的典籍闻名于世。

1.医学理论

中医学理论是中医学的核心，是中医在长期临床实践中逐步形成和发展起来的。

春秋战国至两汉时期是中国传统医学发展的黄金时期。《黄帝内经》《难经》《神农本草经》《伤寒杂病论》这四部医典的出现在中医药发展史上具有重要意义。这四本书的出版标志着中医药学理论体系的初步建立。

在我国的隋唐时期，医药学得到了很大的发展，唐朝在临症治疗方面也有了很大的成就，具有代表性的有孙思邈的《千金方》、王焘的《外台秘要》。

明代中期，随着资本主义的萌芽，一大批学者开始向实学靠拢，清朝初期，一些知识分子不愿仕清由儒转医，转而以儒学为主，这一点极大地增强了明清时代的医学研究实力，因此，医学著作的数量迅速增长。明清两代医学中的两个重大成果，一个是温病学派的出现，另一个是药物学的大规模总结。明清时期出现的温病学派，把急性热病归结为由于感受四时不同的温邪所致，在病因、病理及治疗上逐渐自成一套较为完善的理论，这些理论被著成《温病条辨》《温热条辨》《温热经纬》《温证论治》等书，它们对病的病因、病理、辨证论治等方面都有较为系统的阐述，以补充"伤寒论"中的缺憾。另外，明清两代对本草的重视程度远不如宋朝，但民间对本草的研究却取得了巨大成就，李时珍所著的《本草纲目》收录了1892种药材，分门别类，条理清楚，内容丰富，是明末以前本草学研究的总结性著作，在国内外都产生了巨大影响。

2.药学理论

中国古代医学使用中药治疗疾病，这是中医区别于其他医学的重要标志。随着中医学理论的不断发展和完善，与中医学密切相关的中药学也取得世人瞩目的伟大成就。几千年来，中国人民在对中药学的探索过程中形成了众多的医药学著作。

（1）《神农本草经》：我国现存最早的药物学专著

《神农本草经》是汉代成书的、我国最早的一部药物学专著。书中载有："上药120种为君，主养命；中药120种为臣，主养性；下药120种为佐使，主治病。用药须合和君臣佐使。"通过主药与辅药之间的君、臣、佐使理论，反映药物配伍的原则，为药学基本理论奠定了基础。书中还收录了252种植物类药物、67种动物类药物、46种矿物类药物，并将其分为上、中、下三个品级，包括有毒的、无毒的；书中还记载了各色药材的产地、药性、采集方法、用于治疗的疾病，并找到了不少具有特殊功效的药材。陶弘景在《本草经集注》一书中建立了一个更科学的分类法：他一方面将药物包括植物、动物、矿物等分为五石、草木、虫兽、果、菜、米食、有名未用7类；另一方面依据药物性能及疗效为标准，区分为80多类。这里所提出的新分类方法，便于临床处方参考，并对医药科学的发展起到了积极的推动作用。同时，中国第一部医药著作《雷公炮炙论》也已出版，其中所载的医药理论和方法对后人也有很大的影响。

（2）《黄帝内经》：我国现存最早的医学理论著作

《黄帝内经》（简称《内经》）是目前我国最早的一部医学理论著作。这本书不是一个人写的，是经过许多代由许多医学家的经验、心得和理论概括而成。一般认为，该书的主要内容完成于战国时期后来传抄中又补充了一些后人的内容。

《黄帝内经》分《灵枢》《素问》两部分，为古代医家托轩辕黄帝名之作，为医家、医学理论家联合创作，一般认为成书于春秋战国时期。在以黄帝、岐伯、雷公对话、问答的形式阐述病机病理的同时，主张不治已病，而治未病，同时主张养生、摄生、益寿、延年，是研究人的生理学、病理学、诊断学、治疗原则和药物学的医学巨著，在理论上建立了中医学上的"阴阳五行学说""脉象学说""藏象学说"等，奠定了中医学理论的基础，影响是深远的。历史上许多学者对这本书进行了大量的研究和注释工作，到今天仍是我们学习和研究中医理论的必读之书。该书的部分内容还被翻译成日、德、英、法等多种文字，是世界各国研究中国医学的重要文献。

（3）《伤寒杂病论》：我国第一部临床辨证论治的专著

《伤寒杂病论》是我国第一部将中医理论与实践相结合的中医临床诊治专著，是东汉张仲景的著作。对伤寒的病因、症状、病程及治疗进行了系统的剖析，确立了对伤寒病的"六经分类"的辨证施治原则，奠定了理、法、方、药的理论基础。《伤寒杂病论》在过去的两千多年里，一直保持着强大的生命力，被认为是中国医术的开山祖师，也被认为是医学界最具影响力的一部医典，注重辨证论治，自成一体。这本书上记载的大部分药物都是经过现代科学验证的，被后人使用过，效果极佳。

《伤寒杂病论》不但成了我国历代医家必读之书，而且在日本、朝鲜、越南等国家也有了很广的传播。

（4）《本草纲目》：我国古代药物学的集大成者

《本草纲目》是明末李时珍所著，是中国古代药理学的一部杰作，被称为"中华医药经典"，对中国和世界医药事业的发展作出了重要贡献。

《本草纲目》是一部博大精深的著作，全书52卷，190万余字。李时珍总结前人在本草著作得与失的基础上，总结出了《本草纲目》"不厌详悉"的编撰原则。他将这些药材收集起来，进行了分类，取其中的精华，剔除了重复的部分，最终收录在《本草纲目》中。同时，他还深入人群，收集到了374种药材，这些药材都是以前没有记载过的。《本草纲目》收录了1892种药材，是历朝历代记载药材最多的一部。书中开创性地绘制了1160张药材图谱，并在此基础上注重对药材特性的精确描述，以便于后人认识、采集和鉴定药材。同时，李时珍也十分注重对方剂的搜集。《本草纲目》附有11096个方子，其中包含了历代医书上记载的各种方子。所以，这本书不但是一本草药的精华，而且是一本药方的全集。这种以药入方、以方入药的方法，不仅验证了药材的药效，也加深了人们对药材的理解，使药材的应用更加广泛。

3.针灸疗法

针灸疗法是中国医学中一种特殊的治病救人的手段，是我国古代医学的宝贵遗产。针灸治疗是通过对患者身体的某个部位进行针刺或者是用火烧灼的方法来治疗。针灸在我国有很长的历史，其源头可追溯到新石器时代，即用"砭石"或"针砭"等方法来减轻病人的疼痛。针灸治疗是建立在经络学说之上的。针刺有效，其原因在于针灸的刺激部位和针灸所引起的机体传导之间产生了作用。《黄帝内经》中的《灵枢》九卷专门论述了针灸的技巧，被誉为"针经"。《灵枢》将人体的经脉分为12条主脉（12经），而从这些经脉中延伸到身体尽头的就是"络脉"，并详细介绍了这些经脉的运行路径，以及这些经脉与疾病、治疗的关系。腧穴是经脉学说的进一步发展，也被称为"孔穴"或"穴位"。

针灸用针出现在周代。在春秋战国时期，针灸术得到了很大的发展。两汉时期是针灸研究的发展阶段，出现了淳于意、张仲景、华佗等多位针药并用的大师。隋唐之后，出现了许多关于针灸的书籍，当时的著名医师孙思邈和王焘还画出了专门的针灸图谱。为便于教学和演示，王惟一还特意监督铸造了一尊立体的针灸铜人，并编写了《新铸铜人腧穴针灸图经》，为中医针灸术的普及提供了便利。中国的针灸术及相关文献因其在临床上的广泛运用而逐步走向亚洲乃至全世界。

（三）农学

中国农业发展历史悠久，与同时代的其他国家相比，中国传统农业雄踞前列，无论在农具、农艺、农学研究等方面，都有一定的优势。在一定程度上而言，中国文明化进程的高低可以用农业科技的发展程度来衡量。

1.农业发展

"南稻北粟"是中国新石器时代的一种农耕方式，在浙江余姚的河姆渡遗址出土了一批6700年前的水稻，是目前为止最早的人工种植水稻的遗迹，也证实了中国是全球水稻种植的发源地。6000年前，在仰韶文化遗址中发现了谷粒，这表明黄河流域已将谷粒作为主要粮食作物。在距今约4000年的安徽亳县的一处新石器遗址中，发现了一块被碳化的小麦种子，它是目前中国保存最为完整的一块普通小麦的化石，这一发现证实了小麦起源于中国。此外，在仰韶文化遗址内还发现有豆科植物的遗迹，证实了中国是豆科植物的起源地。

在春秋战国时期，中国人就已经把农业和季节结合在一起，按季节种庄稼，而且还发明了各种各样的金属农具，比如耒耜、耨、镰、锤、犁。尤其是牛耕和铁犁的推广使用，奠定了此后2000多年中国最基本的耕地方式。那时，人们还发明了用来灌溉的橘槔和辘轳等工具。秦国蜀守李冰父子在此建立了完备的农田灌溉体系，并在此基础上修筑了都江堰，使得川西南地区成为一个旱涝保收的"天府之国"。为使耕地得到最大限度的利用，汉代大力推行牛耕。在西汉时期，有了风车、水碓、钩镰和三齿耙，到了东汉，又有了曲柄锄和铍镰等工具。三国时马钧发明了一种较为先进的灌溉、排水机器——龙骨水车，同时也出现了一种与播种机相似的"耧车"。到了宋元时期，农具的发明和改进已基本定型。

田地改良方面，战国时有了土地连作复种的利用方式；汉代在土地多余的地方推广轮作制。江南有一种浮田，以筏盛土，浮在水面，无旱涝之患。北方有一种石子田，具有蓄水保土的作用。

在蔬菜的栽培上，已发展了百余种蔬菜。人们对土壤进行了理性的耕作，并发明了加温栽培方法。在汉代就有蔬菜大棚种植技术，汉代还懂得人工种植，到了唐朝，就有了木耳、香菇等的种植。陈仁玉所著的《菌谱》是中国第一部关于食用真菌的专著。

在经济作物上，4000多年前的浙江钱山漾新石器时代遗址发现了苎麻布，这一事实表明，中国可能是苎麻的起源地。中国是世界上水果资源最丰富的国家之一，中国的水果资源主要集中在桃、李、柑橘、橙、龙眼、荔枝、银杏、猕猴桃等。中国最早发现了茶树，并开始了制茶的历史，而唐朝陆羽所著的《茶经》则是当时世界上首部关于茶的专著。中国是第一个桑蚕种植的国家，中国的蚕丝产品闻名于世。

2.农具

在漫长的生产实践过程中，人们创造出了一批品种丰富、性能优良的农具，这些农具对我国和世界都有很大的贡献。

铁犁与犁壁的使用是中国古代农业发展的里程碑，也是中国从原始农业向传统农业过渡的重要标志。春秋战国时期，是我国第一次农具大变革时期，从原始的锄头发展出来的铁犁被广泛地应用在农业上，再加上牛的耕作，形成了中国封建社会最基础的耕作方式。到了汉代，犁壁已成为一种重要的农具。使用后，可以将犁起的土向一侧翻转，形成一个整齐的垄坑，而不会出现阻塞，还可以增强耕犁的松土、碎土的能力，提高土壤耕作的质量。这是一种新型的耕作工具，它能把泥土犁出各种形状。欧洲直到11世纪才有犁壁的记载。中国的犁墙在17世纪被引入荷兰、英国，之后又经英格兰、荷兰分别传到苏格兰、美国和法国。

由于农具种类的增多和使用效率的提高，使得耕作工具不但得到了广泛的应用，而且还出现了耕作效率更高的农具。大约在汉代以前，中国已经有了一种"播种机"，一种由一头牛或一匹马拉动的马车，它能以一定的速率将种子均匀地播种到土地里。汉武帝时期，赵过在原始耧的基础上进行了改进，创造出更先进的能同时播种三行的三脚耧。三排播种机把开沟、播种、覆盖三道工序一气呵成，充分显示了我国人民在机器生产方面的突出才能。在元朝，它得到了进一步的发展。《农书》记述"粪耧"时说："近有创制下粪耧种，于耧斗后另置筛过细粪，或拌蚕沙，耩时随种下，复于种上，尤巧便也。"粪耧是在原本耧车上加了一道施肥程序，使其工作效率更高，可以和现代的播种机相媲美。

3.农业技术

中国古代社会在长期的农耕实践中，通过对农具的广泛使用，以及对农具的不断改良，形成了一套较为完善的农耕技术体系，并积累了丰富的农耕实践经验。

一是种子的选择与培养。在中国古代，人们很早就意识到要保持农作物纯种、防止混杂的重要性。据汉代《氾胜之书》中的"穗选"记载，要求选用大粒、饱满、纯净的籽粒。为保护优良品种，又建议采用药剂浸泡法。《齐民要术》还提出了较为完备的育种原则：选择的种子要单种、单收、单打、单藏，这样才能确保种子的纯度。《齐民要术》中也有记载，用水浸种，可以加快种子的萌发速度。在古代，我国的种植技术在当时也是世界领先的。早在公元前6世纪，我国就已经采用了分行栽培作物的技术。直到2200年以后，欧洲才出现了这样的种植方式。

二是土质的鉴定与改良。中国古代农民从春秋战国时期就开始寻找合适的农业生产方式，并对其进行了较为深入的研究。《禹贡》不但对九州的土质进行了详细的阐述，而且对其所处的地域特征进行了分类。《管子·地员》中曾把九州按照土地的肥沃分为上、中、下三级共十八种，并根据不同的土地区分不同的农作物。人们根据不同的土壤性质，想方设法改善土壤。到了春秋战国时期，实施了引水灌溉、冲刷盐碱地的措施，使原本寸草不生的盐碱地上作物长势喜人。汉代《氾胜之书》中还记载了"弱土强之""强土弱之"等方法。在《汉书·沟洫志》《吕氏春秋》中，魏襄王等人曾以漳河之水灌溉盐碱地，将其灌溉成肥沃的农田，这是我国首次有记载的盐碱土改良工程。明代，一种名为"水稗"的耐盐碱植物被人们用于改良土壤，使盐碱地变为丰产地。

三是精耕细作，以地养地。我国古代农民对土壤的科学使用，使"地力"的效用得到最大限度的发挥，使得土壤能够"常新壮"，经久不衰。弃耕制是农业生产中最重要的一种土地恢复方式。西周前后，我们的祖先发明了"三圃"制度。为了提高土壤的肥力，每年保留1/3的可耕地作为休耕。汉朝还实施了"区种法"，把农田分为上、中、下三个级别，并根据级别的高低采用了不同的耕种方式。这样既能节约人力、物力，又能增加单位面积产量。到了明朝，人们又研究出了一种新的耕种方式，叫作"亲田法"，将农田分成五块，每年轮换着对其中一块进行浇水施肥。合理利用时空，采取轮作方式，将作物生长周期前后衔接起来，最大限度地提高土地利用率，这也是我国农业的优良传统。

四是加强田间管理。中国农业高产的关键在于认真细致的田间管理。早在春秋战国时期，就有关于施肥能提高土地肥力的研究。《荀子·富国篇》中提道："刺草殖谷，多粪肥田，是农夫众庶之事也。"《韩非子》中也有记载："积力于田畴，必且粪灌。"到了汉朝，人们开始广泛使用腐熟的粪尿和谷草，之后又开始使用绿肥，再加上旧墙土、草木灰、骨汁、骨灰、石灰、豆饼等，根据土壤的特性，因地制宜地使用。另外，"锄不厌数"也是中国古代农民在长期耕作中总结出的宝贵经验。贾思勰在《齐民要术》中还提出了"因时制宜，因地制宜"的观点，并指出"勤耕"和"蓄水"的重要性。此外，中国古代的农民在与自然抗争中，敢于"制天命而用之"，创造了许多预防农业灾难的方法，比如药剂除虫、防寒的一些经验，至今仍在使用。

4.农学研究

中国自古以来就是一个农业大国，对农业的发展也是非常重视的。伴随着我国农业的不断进步，农学著作也越来越多，涵盖了农业生产的方方面面。其中，《齐民要术》《农书》《农政全书》被称为"三大农书"，是中国历史文化瑰宝中一颗璀璨的明珠，在我国古代农业著作中具有代表性。

《齐民要术》为北魏杰出农学家贾思勰所著。书中记载了农具的使用、作物的栽培、耕作技术、经济林木的生产、野生植物的利用、畜牧的医疗、食品的加工等各方面的内容，是一部农学百科全书。《齐民要术》是中国最早、最完整的一部农学著作，也是世界上的优秀农学著作之一。

《农书》为元朝著名农业学者王桢的一部经典之作。全书共分三个部分：《农桑通诀》《百谷谱》《农器图谱》。这本书不但对我国农业生产的由来、发展、种植技术进行了较为系统的论述，而且王桢对自己制作的农具、农业机械、日用器皿等进行了详细的介绍，绘制了306张图表，并配以文字解释，实用性很强。这本书可以说是继《齐民要术》后又一本内容丰富、完备的农业科学著作。

《农政全书》是明代末年著名的农学家徐光启所著，是一本对传统农业进行总结的巨作。该书共有60卷，总篇幅超过50万字，引用了200余篇文献。该书吸收了西方农业技术成果，归纳出了农本、田制、农时、水利、农器、数艺、蚕桑、种植、牧养、制造等农业生产技术方面的内容，并讨论了发展农业的政策、制度、措施等。《农政全书》体现了中国农学发展的光辉历程。

中国古代农书集中体现了中国传统农业的伟大成果，记载了一个源远流长的农业文明的形成和发展过程，同时也反映了与之密切相关的农学思想，是中国传统文化中不可或缺的重要组成部分。

（四）天文学

在古代中国，天文学是一门重要的自然科学，而且是最早出现的一门学科。中国古代天文学，无论是天文观测、天文仪器还是阴阳历法的研究，在很长一段时间里都居于世界前列，对中华古老文明的辉煌发展作出了杰出的贡献。

1.天象观测

中国从古至今就一直保存着丰富而又精确的天象记录，后世的天文学专家们认为，中国的天象记录是世界上最好的，也是人类文明的遗产。从商代甲骨文起，人们就对日月食现象进行了详细的记载，这也是世界上有关日月食的最早记载。根据《史记》和《清史稿》记载，自春秋至清朝同治十一年（1872年），在大约2600多年的时间里，一共发生了985次日食，而误差的次数仅有8次，错误率仅为0.81%，这说明准确率相当高。据统计，从殷代起到公元1943年，我国记录的月食达2000多次，这个数量是世界上其他国家远远达不到的。

公元前140年，《淮南子》中"日中有乌"第一次明确提到了太阳黑子。《汉书·五行志》中记载："河平元年（公元前28年）三月乙未，日出黄，有黑气如大钱，居有中。"这段文字将黑子产生的时间、形状和位置都叙述得十分清楚，是世界上最早、最完整的关于黑子的记录。欧洲直到17世纪初伽利略发明天文望远镜以后才得以观测到黑子。另外，我国天文学史工作者据记载加以统计，发现太阳黑子高峰周期为11.33年，这与现代科学的研究数据非常相近。

在中国古代，彗星又被称为孛、李星、长星、蓬星等。鲁文公十四年（公元前613年）秋七月，《春秋》中记载："有星孛入北斗"，这是世界上对哈雷彗星的最早记录，比西方的记录还要早670年。由此至辛亥革命（1911年），我国记录的彗星有500多次，其中哈雷彗星30多次，并对其形状、时间、运动轨迹等进行了详细的记录。1973年，长沙马王堆三号汉墓出土的帛书《天文云气杂占》中有一幅彗星图，上面描绘了29个形态各异的彗星，并对其进行了分门别类的描述。这是地球上第一张彗星地图，比欧洲还早了一个半世纪多。

中国古代关于"客星"即新星或超新星最早的记载，见于《汉书·天文志》。汉武帝元光年间（前134年）六月"客星见于房"，比西方的记录准确简明。据统计，从汉武帝到清康熙时共记录93颗新星，其中超新星10颗，这同样是世界之最的记录，西方没有任何关于新星和超新星的记录。中国在这方面的丰富记录是古代恒星观测史上的一项伟大成就，对现代天文学的探索具有重要意义。

2.天文仪器

中国古代为实现对天象的准确观察，发明了一系列精密的天文仪器，如圭表、浑仪、浑象和水运仪象台等。

圭表是第一个用来测量日影的天文仪器，它是通过太阳光照射一根直立木杆的投射方向和长度变化来观察天象。古人依据日影的长短、方位的变化，推测出日月方位，从而确定时间、节气和地域。《周礼·春官》中说："土圭……以致四时日月。"这要比希腊人用圭表测日影提前了100多年。由于人类的不断改良，圭表的准确度也在不断提高。由元朝郭守敬改良而成的"圭表"，根据中国天文学家测量，其精度甚至超过了16世纪西方人使用的最精密的天文观测仪。

浑仪是中国古代用来观察天象的仪器，主要有三部分：一是静止的赤道环，二是可绕极轴自由旋转的赤径环（也叫四游环），三是可在赤径环上绕四游环中心转动的窥管。"浑仪"是中国古代"浑天"学说所创立的一种仪器，主要用于测量天球面上的坐标位置。浑仪在历史上经历了从繁到简的演变，又逐渐向简单变化。郭守敬在元代进行了大胆的变革，对浑仪进行了再设计，将原浑仪分为观察与测量两部分，这两件仪器是现代"赤道"天文的鼻祖。在天文观测中，中国古代学者使用浑仪测量出一些重要的恒星座，并得出非常准确的数字。

浑象是古代天文学中用来展示星象的一种工具，是古代天文学教学和科研的一种工具。东汉初期，张衡发明了"水运浑象"（也叫"浑天仪"），可以自行运行，显示出与现实中一模一样的天文现象，它是世界上第一个天球仪。另外，北宋苏颂在公元1088年发明了一种集浑仪、浑象和计时器于一体的大型天文设备——水运仪象台，也是居于世界领先地位的观测仪器。

3.历法

日历是一种以年、月、日为代表的计时单位，按照某种规律组合起来，用以计算一段较长时期的制度。这一现象与观察天文现象、日出日落、月亮盈亏等有紧密联系。世界上有三种历法，一种是阴历，一种是阳历，还有一种是阴阳历。从整体上看，中国古代历法是以阴阳历为主的。

自商朝以来，我国采用的阴阳历有百余种。夏朝历书——《夏小正》是我国古老的历法，它记录了人类通过观测天气、物候来确定农时、四季等内容。汉武帝太初年间，司马迁和星官射姓者、历官邓平共同编撰了《太初历》，这是中国最早的一种历法。《太初历》以正月为年度的开始，不但确定了135个月的日食周期，而且首次将农时的二十四节气纳入历法，一改以往将闰月置于年底的做法，根据天气冷暖插入闰月。《授时历》是我国古代使用时间最长的一种历法，由天文学大师郭守敬与王恂于开元十七年（729年）所著。它的天文数据和计算方法日趋完美，可以说是古代历法的巅峰。

"二十四节气"是中国历史上农业和经济发展的一部重要历法。为满足农业生产的需求，我国古人根据太阳运行规律创造出二十四节气，以调节闰月影响四季寒暑燥湿不相适应的现象。随着时间的推移，二十四节气不但在我国普及开来，就连周边的国家也开始使用二十四节气。在我国古代，人们还发明了一种特殊的计时法，即用干支来计时。所谓干支，就是用天干的十个字（甲、乙、丙、丁、戊、己、庚、辛、壬、癸）和地支的十二个字（子、丑、寅、卯、辰、巳、午、未、申、酉、戌、亥）结合起来，推算出年、月、日。"干支"是我国古代的一种分支法，始于舜朝。殷墟出土的甲骨文中，已经使用了干支来记日，同时也发现了以骨、玉刻成的"甲子"表。

4.宇宙理论

中国古代影响最大的宇宙结构理论当推起源于先秦的谈天"三说"：盖天说、浑天说、宣夜说。盖天说历史悠久，说法多种，其共同点是认为天像一个圆圆的盖，如"天象盖笠，地法覆盘"。最早的一种说法是"天圆地方"说。浑天说以东汉张衡为代表，认为宇宙如同一个鸡蛋，天体像蛋壳，地体像蛋黄，整个宇宙间昏昏然。与盖天说相比，浑天说更进一步，成为古代天文学界最主要的理论。与前两种说法不同，宣夜说更具有一定的科学性，宣夜说道出了宇宙的无限性，认为日、月、星辰存在于虚空之中而无所根系。现代科学家对宣夜说予以高度评价："这种宇宙观的开明进步，同希腊的任何说法相比，的确都毫不逊色。亚里士多德和托勒密僵硬的同心水晶球概念，曾束缚欧洲天文学思想一千多年。中国这种在无限的空间中飘浮着稀疏的天体的看法，要比欧洲的水晶球概念先进得多。"

5.天文著作

（1）《周髀算经》：最古老的天文学著作

《周髀算经》约成书于公元前1世纪，原名《周髀》，是中国历史上最早的天文和数学作品。主要反映了当时的盖天说和四分历法。唐朝时，《周髀》曾被列为国子监明算科的一本教科书，因此，《周髀》也被称为《周牌算经》。

根据中国古代提出的宇宙模型，主要有三种天文学理论。《周髀算经》是"盖天说"的代表，主张天像盖笠，地法覆盆。《周髀算经》中也有关于周公与商鞅的对话，其中就有关于"勾三股四弦五"的记载，也就是所谓的商高定理。

《周髀算经》用了最简单也是最有效的方法来计算日月星辰的运转规律，包括了春夏秋冬，四季更替。《周髀算经》反映了中国人民的劳动与智慧，堪称古代科学与技术的一块不朽的纪念碑。

（2）《开元占经》：大型星占与历法著作

《开元占经》是唐代收集整理古代天文文献资料的一大成就，主编为瞿昙悉达，其祖父原是天竺（今印度）婆罗门僧人，于隋代携全家来中国定居。大约在开元二年（714年），他主持《开元占经》的编撰工作，用了十年时间，才写完了这本书，共一百二十卷之多。《开元占经》的第一卷和第二卷是古代天文学家的宇宙论，第三卷到九十卷是天象的占卜之术，第九十一卷到第一百零二卷是气象占卜，第一百零三卷是《麟德历经》，第一百零四卷是《九执历》，第一百零五卷是从先秦到开元年间二十九个历法的基础资料，一百零六卷到一百一十卷是星图中的星位，最后十卷是杂占。

《开元占经》中收集了七八十种天文占卜类的典籍，明朝的程明善曾经夸奖过这本书收录得很全面。其使用的办法是首先制定一个目录大纲，以对天地的认识、日月五星和二十八宿及与之相关的占语、星占理论基础（分野和星官）、偶见天体及相关的占语、历法、杂占等的顺序为依据，将各家相关的论述收进了相应的章节，从而使这部书变成了一本经过系统编辑的天文星占资料精粹汇编。《开元占经》是从原版中摘录下来的，没有经过编辑修改，所以才能保存和流传下来，其中有很多珍贵的材料都是在这本书中发现的，这是这本书最大的特点。《开元占经》中所记载的中国古代天象记录，恒星观测记录，甘、石、巫三家星表的星名和星数，前人历法的主要天文数据，《麟德历》全部内容，《九执历》，历代天文学家关于宇宙结构与天体运行的讨论，以及各类天文典籍等，都有很高的学术价值。

（3）《新仪象法要》：天文仪器专著

《新仪象法要》是北宋时期著名学者苏颂所著，以图文并茂的形式描述了中国古代天文仪器的制造过程，可以说是中国古代天文仪器方面的一部重要著作。

该书卷首有苏颂《进仪象状》一篇，报告造水运仪象台的缘起、经过和它与前代类似仪器相比的特点等。据记载，水运仪象台高12米，宽约7米，外形上窄下宽，水运仪象台共有三层，由扶梯升降。最下面一层是液压传动系统和钟表系统。以枢轮和天柱为核心，以水力为动力，带动浑仪、浑象和报时装置。当每个特定的时刻到来时，在报时装置里的木头人就会敲响鼓声来显示时间。第二层的水运仪象台是用来放置浑象的。浑象是一种用于演示的展示工具，上面雕刻着星星和它们的位置。浑象中央的赤道上有一对锯齿状的齿牙，连接着天柱上的天轮，推动着浑象转动。第三层建造了一座木板屋，里面放置了一架浑仪。浑仪还与天柱上的天轮相连，由天柱提供转动的力量。其中，屋里的顶板是可移动的，在观察过程中还能被取下，这一设计可以说是当代天文望远镜可移动屋顶的开拓者。

水运仪象台建成约40年后，北宋灭亡，都城汴梁被金兵攻陷，水运仪象台也随之被毁。南宋时期，曾多次试图重建，但均以失败告终。目前，国内外已有一些机构和博物馆根据历史文献复原出了水运仪象台模型或等大的复制品，但都未能重现它的所有功能。水运仪象台是中国古代科技史上的一项非凡创举，它的驱动系统中的天衡装置与欧洲17世纪出现的错状擒纵器在设计原理上非常相似，以至于著名学者李约瑟（1900—1995年）认为水运仪象台"可能就是欧洲中世纪天文钟的直接祖先"。

（五）数学

中国是世界上数学历史最悠久的国家。中国传统数学是随着中国社会生产、生活的不断进步而发展起来的。中国传统的数理体系是在春秋战国时代建立起来的，受传统儒学的影响，它重视实践，从大量的生产实践和现实生活中寻找问题、解决问题，不但在代数研究上一直走在世界前列，还创立了以勾股法为核心、具有我国特色的几何体系。我国古代数学有自己独特的理论体系，有大量的数学理论著作，为我国数学研究留下了宝贵的遗产。

1.算术学

中国古人在长期的生产、生活实践中，积累并发展出了"数"以及"数的多少"等概念，并用数字来进行计算。比如，"一只石球""两把石刀"等描述都是我国古代与特定数字有关的物件。在中国，最早的记录方式为结绳与刻符。在"山顶洞人"的遗址中，发现了4个刻有刻符的骨头制成的器皿。基于结绳与刻符，我们的先民又创造了数字符号。史书上记载："黄帝历法，数有十等。"商代的甲骨文中，也有关于十进制的数字记录，说明那时已经使用了十进制。十进位计数法是我们国家的一项伟大的创造，在古代世界中，它是最先进和最科学的一种计数方法。

由于生产劳动的不断发展和科技的不断进步，产生了许多较为复杂的数字运算问题，从而产生了筹算、珠算等统计方法。筹算是将算筹由左至右的横、纵排列，并按十进位制进行加、减、乘、除以及开方、平方等运算。算术可以说是最早期的数学机械化，对社会发展的影响仍然很大。中国于东汉末年首次以筹算为基本原理，发展出了珠算盘这一计算工具。中国的珠算和珠算盘在明初被引进日本，后来被传到朝鲜、越南、泰国，在他们的算术方法上都发挥着巨大的影响。有外国学者认为，珠算在功能上可以与中国的火药、造纸、印刷术、罗盘等四大发明并列，称其为"第五大发明"。

汉代的《九章算术》对分数运算作了最早而系统的叙述，其中提到了最小公倍数、约分、通分，比其他国家早得多，还明确提出了负数的概念及其加减法则；之后，元代朱世杰在《算学启蒙》中提出了正负数的乘法法则。《九章算术》中的"今有术"，即从三个已知数求出第四个数的比例算法，乃是当时独创的比例算法。

此外，隋代刘焯创立的"等间距二次内插法"，唐代僧一行创立的"不等间距二次内插法"等成果，也都处于当时的领先地位。

2.代数学

中国古代是用文字来表示代数学的一般化的量和运算的。这种方法是以数学图式体系为基础，通过运算得到一个完整的十进位制法，所以不需要太多的基础符号。在中国古代，人们常把代数应用于解决几何学难题，这是我们国家在数学发展上的一大特色。代数学是我国最先发明并提出的，16世纪之前，除了阿拉伯的一些成果，我们的代数可以说是在全世界独占魁首，远远超过了其他任何一个国家。

中国古代很早就会用方程式来计算了。古代的"方程"是指现在使用的方程式，并在之后演化为各种等式的通称。所谓"开方术"，就是找一个方程式的根法，《九章算术》的"少广章"有详细的解法，也有开平方、开立方的解法。北宋时期，贾宪利用"贾宪三角"，将千百年来使用的开平方和开立方的计算方法扩展为任意高次正方，并创立了一种在世界上处于领先地位的增乘开方法。解高次数值方程式根的近似值被誉为中国数学史上最具代表性的一种数学成果。

3.几何学

虽然中国数学的贡献主要是代数方面，代数学是我国数学发展的主流。然而事实上，中国不但有理论几何学，而且其年代可以追溯到上古时期。墨翟（约公元前480年—前420年）所著《墨经》被认为是当今最早的一部几何著作。书中所提及的点、线、面、圆、立方体、平行等概念和思想，可以充分地说明，我国理论几何学在公元前400多年左右就已经有了萌芽，并且在证题方法和推理形式方面，具有与西方完全不同的独立特点。《周髀算经》在第一章中首次提出了"勾股定理"与直角三角"勾股测量"的问题。另外，《九章算术》中提到了很多几何问题的解决，且与欧几里得《原本》中将代数问题几何化的做法相反，是将几何问题算术化和代数化。刘徽以及后来的宋元时期的数学家们对此进行了继承，使之形成了中国古代数学界的一个重要特征。

三国时期，魏国著名数学家刘徽提出了"割圆术"，运用内接正方形法求出了周长的近似值，对其进行了较为系统、严谨的研究。刘徽将"极限"的概念运用到了"圆周率"的计算中，得出了"$\pi = 3927/1250$"的结论，这一结论是当时世界上最精确的圆周率数据。"割圆术"是研究圆周率的一个重要理论依据，是我国古代几何学的特色之一，也是我国古代几何学中的一个重要理论成果。在刘徽之后，南宋又有一位杰出的数学家、天文学家和工程师祖冲之，计算出了一个更为精确的圆周率，这个数字远远领先于其他国家，表明了我们国家在数学上的高度发达。

另外，刘徽所著的《海岛算经》也是中国首本度量算书，"重差术"的度量方式在当时已达到相当高的水平，它用到的是直角三角，与西方人所用的相似三角不同。至元代初期，数学家李冶、朱世杰等人运用天元术和四元术解决有关勾股形的复杂应用问题，最终建立了一套比较完整的代数公式来求解各种勾股形的问题。我们国家对负数的处理已经很成熟了，受到了国外数学家的高度赞扬。

4.数学著作

中国古代数学形成了独具特色的数学体系，有大量的数理著作，记录了各朝代的数理成果，其中最具代表性的是《周髀算经》《九章算术》《算经十书》。

《周髀算经》是我国目前所见最早的一部算术著作，写于西汉前期（公元前1世纪）。这本书概括了春秋战国时期在分数运算、等差数列计算、勾股运算、复数运算等数学成果。其中关于勾股术的论述最为突出，比古希腊毕达哥拉斯发现的勾股定理早500多年。

《九章算术》大约成书于东汉初期（公元1世纪中期），对前人所积累的数理知识进行了较为系统的归纳与总结，标志着以"算筹"为主要计算工具的中国古代数理体系的初步建立，是中国古代数理中的一部巨著。这本书以问卷调查的方式，总共有246个现实生活中的算术问题，分为九章，分别是方田、粟米、衰分、少广、商功、均输、盈不足、方程、勾股。该书着眼于解决现实问题，强调将理论与实践相结合，其思想对后来的数学研究有很大的影响。《九章算术》中的一些部分（例如"盈不足"）也通过印度和阿拉伯传入欧洲，对欧洲代数的复兴起到了推动作用。

《算经十书》是唐代国子监算学馆中规定的十部算学教科书，由《周髀算经》《九章算术》《海岛算经》《孙子算经》《张丘建算经》《五经算术》《五曹算术》《辑古算术》《夏侯阳算经》《缀术》组成。这十部著作收录了从秦汉至汉唐时期的数理经典，为我们研究古代数理发展史提供了宝贵的资料。

在宋元时期，有四位"宋元算术四大家"，他们在算术上的造诣极大地促进了算术尤其是代数的发展。《数书九章》是南宋秦九韶所作，它和《九章算术》被称为"双九章"。这本书在理论上有着很高的成就，尤其是对大衍求一术和正负开方术进行了改进，而大衍求一术的发明更是被康托誉为"最幸运的天才"。金元李冶著有《测圆海镜》《益古演段》，继承前人之长，对"天元术"加以改进，并展示了怎样构造方程、怎样求解，开创了中国式的代数学。南宋杨辉所著《详解九章算法》《杨辉算法》《日用算法》，着重于改善运算技巧，加快乘除运算的速度，进而推算出不同跺的"跺积术"（高阶等差级数求和）公式，并首次提出"纵横图"（幻方）的研究。朱世杰在元初所写的《算学启蒙》与《四元玉鉴》中，所提出的多元高次方程组的数值解法、高阶等差级数的求和、高次内插法等，在当时的国际上都是首屈一指的。

中国数学的成功是因为它来自实践，应用于实践，强调行数的联系，代数与几何学的思想与方法互相渗透、互相促进，重视数学与其他学科的互相促进、互相发展，而这一切的根源都是因为中国自身的社会生产与生活，以及中国的社会经济都是比较发达的。

二、传统科技的基本特征与现代启迪

中国传统科技积淀了许多产生近代科技的必要因素，但是中国的经济与社会没有提供让它充分发展的土壤。探讨中国传统科技的总体特征有利于我们了解为什么中国传统科技曾一度繁荣而又未充分地成长起来。

（一）直观性

中国古代科学的实用功利性造成了一个必然结果，即中国古代科学的经验直观性。经验直观性是所有古代科学的一个普遍特点，这种特点贯穿始终，直到现代科学的出现。直观性即人们习惯于直接记载自己的实际经历，并以直觉的方式来描绘自己所看到的事物。它更多的是依赖于自己的经验和直觉，只是一种逻辑上的推断，并没有进行仔细的观察和分析。正如道教所说的，外部世界是一个完整的整体，无法解析，无法证实，只能去感受，去经历，去反省，去理解。因为道的活动是自然自发地发生的，所以人的活动也应当是由直观的智慧自发地与自然相结合的。这就是一种直觉，在中医中，人们只能用辨证的方法来描述一个质的整体，比如，把人的脉象分为浮、沉、迟、缓、弱等十几种，但是没有用量化的方法来进行分析，所以，中医资历最老的是最好的，因为老的中医是根据自己的诊断和治疗经验来判断的，这样他们能更好地理解整个人体。因此，在中医上，如果没有毕生的实践积累，仅凭教授知识，是无法成为一名合格的医生的。

我国古代数学一直是受重视的领域，然而传统数学存在着重结果轻过程的弊病，以具体的计算为主，忽略了原理。对西方人所提倡的基于数字化语言的公式和公理的逻辑性推理，以及相应的论证技巧都置之不理。这阻碍了数学的进一步抽象，阻碍了它向理论层面的升华。因此，我国古代数学没有能够形成一个以公理、定理为基础的逻辑演绎体系，这与西方数学中所坚持的清晰定义、严密论证和演绎形成了鲜明的对比。

现代科学是建立在数学方法与实验方法相结合的基础之上的，也就是说，现代科学是利用定量分析和实验分析超过使用定性分析和经验直观的结果。而且，中国古代的科学总是忽略了数理方法与试验方法的联系，也就是说，中国古代的科学主要是用解决现实问题而总结的经验所创造的理论，缺乏以实践为基础的纯概念、纯理论体系建构的逻辑冲动，它不是为了创造理论而发展起来的，所以，它的发展潜力很小。

从哲学的角度来看，中国古代科技的整体特点其各个方面既相互联系，又相互独立。实用功利性是中国古代人研究自然界时的一种思维模式，它反映在他们构建的科学技术理论体系中，由于过于贴近现实生活，因而没有形成一种理论上的升华。这使得中国古代各学科间缺少没有普适性很强的理论，也使得中国古代科学在对自然法则的描述上缺少对事物本质的理性分析，而在表述上则缺少量化，且模棱两可，只是把辩证的整体性（缺少经验的分析）贯穿于中国古代科学的始终。从本质上讲，中国古代科技最本质的特点就是实用和功利，这就限制了从辩证整体到实证分析再到辩证整体的辩证发展进程，也限制了从经验直观到定量再到普遍性的转变。

在过去的一百多年里，通过对西方的学习，中国的科学技术和这种思想方法的不足都已经被弥补了。未来，我们需要面对的问题就是在向西方学习的过程中，怎样发挥我国传统科学技术的长处，克服其不足。

（二）实用性

中华民族是一个注重实践的民族，中国历史上的科学形态属实用型而非理论型，注重于实用效果，充满了务实精神，这一特点在中国古代科技中是比较显著的。这一特点来自中国古代人对自然的认识，这一认识体现在科技的形式上，即过分强调能够直接运用到生产中去的知识，却忽视了对理论的研究。事实上，一切科学的终极目标都是为了人类的生产实践，而一切科学又都是从生产实践中产生的。

中国古代科技发展的历史给我们的启示是：重视应用性和实用性，可以在早期推动科学的发展；但是，如果过于强调直接的应用而忽略了理论的独立性和系统性，则会在某种程度上限制科学的发展。科学是脑力劳动的产物，因此，科学发展与从事脑力劳动的人——知识分子是紧密相关的。在中国，古代人把读书人叫作"士大夫"。早在先秦时期，就已经有了士、农、工、商的划分。士人的职责是辅佐行政，管理国家。国事涉及政治，军事、经济、文化、教育等，而科技又是国计民生所必需的，因此，政府理所当然地要任命一批官员来处理科技事务。所以，纵观中国古代社会，凡涉及国事的科技活动都有专门的政府机关来组织和管理，并委派官员来处理这些活动。这在中国的科技发展过程中，构成了一个独特的现象。著名的科学家大多都是当官的，或者曾经当官，其中不乏显要人物。而且，他们从事科技工作更多的是以治国为出发点，具有消极的性质，并非有意识地去探索自然之谜。这就造成了中国科技发展史上另外一个奇特的现象：那些与国事紧密相关的学科在科技领域得到了长足的进步，而那些远离国事的学科则发展得很慢。例如，中国古代的农业、天文、数学、地理、医学等学科呈现出前所未有的兴盛景象。

（三）整体性

中国古代的学者重视综合性，他们的观察和思考方式都是以一个整体为中心，以一个大系统为起点，然后以局部为出发点，最后才是具体的细节，他们将这一件事情与另一件事情进行对比，从而获得对此事情的理解和认识。这种思考方法是建立在自然观上的，在中国古代，人们相信人和自然是一体的，在后来逐步完善的元气论中，人们相信，天地的本源就是元气，它充斥着整个宇宙，它的运转有条不紊却又千变万化，它的存在是一个有目的性和生命力的整体，所以对于一个实体来说，它的整体是由各个部分组成的，并且各个部分之间关系的重要性甚至超过了它的本体，只有把事物放入整体，从事物间相互的联系之中才能认识其本质。

中国古代医药学反映了中医辨证整体的特点。中医理论以中国古代流行的阴阳五行理论为依据，阐述了人体各种生理病理变化，对它们之间的联系进行了阐述，把生理、病理、诊断、用药、治疗、预防等有机地结合起来，发展出一套以中医理论为依据的整体性、辨证性的思想方法。与西医注重局部、体表的治法不同，中医注重整体，不仅注重体表疾病的局部表征，而且注重病人身体内部的变化。在临床治疗过程中，它反对单纯的头痛医头、脚痛医脚，强调"治病必求于本"的原则，也就是要抓住疾病的根源和实质，根据不同的情况，进行辨证施治，即使是同种症状，也有可能是由不同的病因造成的，所以应该区别对待。中医的脉诊，特别能反映出中医的这个特点。根据《史记》的记载，在战国时期，扁鹊就已经可以根据患者的脉象判断患者的病情，并根据患者的症状采取相应的治疗措施，这说明他已经掌握了一定的脉象诊断方法。脉诊的应用说明，人们对人的整体意识已经有了一定程度的了解。

在外科方面，中医不但将人体视为一个整体，更将人与自然视为一个整体。《黄帝内经》中说："人以天地之气生四时之法成。"中医对人体五脏六腑、五官等与自然界五行、四季、五气、颜色、味道等进行了详细的分析，并在此基础上提出了一套较为完善的中医理论。

所以，中医把人体与环境的平衡和谐看作健康的基础。中医学的职责就是防止人体出现失调。在西医里，医生都是对人体某一特定部位有详细知识的专家，而中国的中医则是一位哲学家，他们了解人体各个部位之间的联系，所以他们给患者治病，是以人的整体而非以身体的局部病位来判断患者的病情的。

中国科学技术的辩证整体性是可贵的，这一点值得我们借鉴。但由于事物极为复杂，若不能将每个体系从整体上拆分成若干个局部来加以分析和研究，则对整体的研究也就变得模糊不清了。尽管西方近代的机械的形而上学方法与事物的辩证整体性相违背，但这是科学发展过程中无法逾越的一个阶段。所以，与中西医结合一样，中西科学的思维模式也需要进行有机结合。

三、中国传统科学技术教育思想

随着农、医、天、算等科学体系的逐渐形成，以及在技术方面取得的重大进步，科技教育变得更加活跃，科技教育思想也逐渐走向成熟，其中以医学、算学最为突出。

（一）医学教育思想的重大成就

宋、元、明、清四朝，在医德培养、医智训练、医案教学等方面，积累了许多宝贵的经验，医者的道德素质得到全面提升。

（1）全面提高了医德修养。为强化医学生的道德品质，医学大师不仅言正身范、情操高尚，还将医德思想融入医学教育的内容中。例如，明朝著名的医师徐春甫创立了"宅仁医会"，要求学生"精益求精"，不要为了利益而不择手段；另外，医者还需要有一颗高尚的心，应当不秘已长，不掩已短。《对山医话》是由清朝著名医师毛对山所著，运用名医自身治病阅历，现身说法，语言通俗，与事例相结合，有理有据，深受医学生的喜爱。

（2）重视学生医术智能训练。著名医师徐大椿曾提出"用药如用兵"的观点，用将兵之道来比喻用药治病之法，强调医者慎思、精思，有良好的思维方式。他主张医学理论与技术相结合，反对"恃书以为用"的理论，主张将医学理论应用于实践，并在实践中加以检验和发展。另外，要注意灵活和原则的辩证关系，主张"应变"而"反中"。朱震亨的《局方发挥》强调医生应当具备随机处理、临床善治的应变能力。

（3）卓有成效的医案教学。医学道德的培养和医学技能的形成密切相关。宋朝创设的医学案例教学被证明是一种非常有效的教学方式。西汉时，淳于意用"诊籍"开创了医案的先河，此后，医案迅速增多，到了宋朝，医家们开始创制医案，这使得医案在数量和质量上都有了很大的提高，从而奠定了医案教学的基础。医案教学的显著优势在于：一是有利于医者"博涉知病"，通过借鉴别人的临床经验，增长知识；二是帮助医学者学有证验，理论联系实际。医理虽然重要，但医理也是为了治病救人，最终要运用到实践中去，医案教学不仅能使医者更好地理解医学，也能更好地锻炼自己的实践技能；三是引导学生穷则思变。让学生去对比不同的医案，去思考，去理解，去运用，这才是医学教育的精髓。

（4）先进的直观教学法。在医学教学中，直观性教学方法具有独创性、先进性。王惟一是宋朝著名的医术教育家，他在教学中运用了彩色挂图和模型。他将《明堂孔穴图》贴在教室里，给学生们讲了一遍，然后用银针刺入相关的穴位，详细地介绍了穴位的相关知识、针灸的操作方法，以及注意事项。他制作了两个医学铜人模型，并以此为基础进行了教学和考核。测验时，先将灌水的穴道填满，然后用黄色的蜡油将其密封起来，再要求学员进行针灸。如果刺准了，蜡质就会穿过，水就会从里面流出来，反之就碰壁无水流出。该方法具有生动、形象、易学、易懂等特点，在医学教学中具有重要意义，开创了医界模型直观教学的先例。

（二）数学教育思想

宋元时期是我国数学发展至顶峰的时代，代表了当时世界数学最高水平的秦九韶、李冶、杨辉、朱世杰等大数学家的数学教育实践为科技教育增添了极为光辉的一页。

一是正确认识到数学的科学性和实用性，反对神秘主义数学观。在传统的"德成而上，艺成而下"的观念中，很多人把数学视为末流小技。所以，在数学教学中，首先要确立正确的数学观。数学有经世务、类万物之用，客观的数理是存在的，客观的数理虽然高深，但都能被人所认知。李冶曾说过，"谓数为难穷，斯可，谓数为不可穷，斯不可"，这就是为什么他要让后来者"力强穷之"，从而达到"推自然之理""明自然之数"的原因。

二是制定一套数学教学计划。杨辉所著的《习算纲目》是目前已知最早的一部数学教学方案，该方案包含了教学内容、基本要求、教学进度、教材、参考书目等内容，体现了循序渐进、熟读深思、启发自觉、深入研究的教学理念。教学计划的制定标志着数学教育观念的日趋成熟。

三是在数学教学过程中，要注意对学生的基本素质的培养。数学课的教学一般是先教授基本的数学基础知识，然后再教授应用方法。杨辉在《详解九章算法》一书中，多次开篇直述基本知识，之后才详细论述应用；朱世杰更是自己编写了一本《算学启蒙》，是一本数学入门教材。可见，这一时期的数学教学十分注重学生的基础知识。

四是要注重学生的数学学习能力。宋元数学家继承古代重数学实用的传统，注重数学的经世致用。秦九韶的《数书九章》就是"设为问答以拟于用"，里面有很多关系民用治事的问题，比如土地类、测量类、赋役类、钱谷类、市场类等等。

五是在实施数学案例教学时，注意创新教学方式。例如，在课堂上引进了一些通俗形象的数学口诀和口头禅等技巧；而一些比较复杂的应用项目，如《数书九章》中的国田计算问题，也可以通过个案的方式加以解决，此类事例的典型性和全面性较强，有利于提高学生在实际工作中应用所学知识的综合能力。

上述中国古代科学教育的发展沿革，我们可简略概括如下：

第一，许多历史事实证明，科技是一种革命性的力量，它在社会发展中起着推动力的作用。当然，要想发展科学技术，必须有一定的社会环境。通常情况下，社会生产对科学技术提出什么样的要求，科技发展是否具备相应经济基础，政治上是否重视，是否具备思想解放、研究自由的学术氛围等这些都是科技发展必不可少的社会条件。

第二，科技教育是科技进步的结果，科技教育的内涵也在不断地丰富着。在先秦、汉唐时期，科技教育以掌握基本科学知识和解决现实生活中的问题为目的。但是，到了宋明时期，科学技术教育不但要让被教育者学会科学知识，解决现实生活中的问题，还要让他们在学习科学知识、掌握科学方法的过程中树立科学精神和正确的科学价值观。

第三，中国古代早期的科技教育，主要讲授的是与生产实践、与社会生活相关的知识，其中所讲授的知识还带有相当感性的色彩。在古代末期，科技教育不仅强调对自然界的认识，而且重视对科学方法的掌握以及对科学精神的培养。科技教育在内涵上得到了丰富和拓展，在"质"和"量"上不断提升。从总体上看，我国的科技教育向"科学化"方向发展。

第四，中国古代末期的科学技术教育具有多元化的特点。其中，官学的科学技术教育与民间私学的科学技术教育并存；既有在职的职官科技教育、艺徒科技教育，又有学校科技教育；既有高等科技专门学校科技教育，又有蒙学普及性科技教育。科学技术教育的多元化使科学技术遍及整个社会，并有了广泛发展的社会基础。

第五，中国古代的科学技术教育十分注重教学方式的创新，比如"法式"教学、挂图教学、模型教学等，都具有一定的创新性。与此同时，教学具有很强的直观性，重视观察、训练、演示和实践等环节，如天文观测、医模演示、数学围田计算等，与现代直观教学的理念非常相似。

总之，中国古代的科学技术教育有着更为广阔的社会背景、丰富的思想内容和许多独特的观点，是中国古代科学技术教育成就的集中体现。

四、中国传统科学技术对德育教育的现实意义

中国传统的科技文化在今天的道德教育中仍有其存在的价值。

首先，科技可以锤炼人的意志、锻炼人的思想、培养人的道德品质。我国传统的科学技术与劳动实践证明：科学技术与劳动具有"治心"的功能，可以达到"心存"而"修身"的目的；通过科学技术和劳动实践，可以消除人们的种种不良思想，促使人们努力工作，克服懒惰和懈怠；同时，会在实际工作中对自己所学的知识进行测试，还能锻炼自己的动手能力，养成良好的行为习惯，这对培养一个人的道德品质有很大的帮助。如今，随着市场经济的不断发展，人民的生活发生了翻天覆地的变化，但我们也应该认识到：由于法律、法规、政策的不健

全，有些人非法生产、销售有毒食品、有害药品，不讲诚信，不择手段，失去了人的基本道德和良心，严重威胁着人民群众的人身安全，影响着社会的和谐与安定，严重损害着党和政府的形象与权威。在这样的背景下，我们需要改变过去那种单纯的说教式的教学方式，让学生多参与一些有意义的社会实践，让他们对当今工人、农民的生产生活状况以及他们的需要有更多的了解。

其次，科技能增强人的体质，是保持身体健康的重要途径。我国传统的科学技术与劳动实践也证明：长期从事科学技术与劳动，能增强体质，延长寿命，增强体质。如今学校都设有"综合实践活动"，并将其列为一门必修课。这是一种新的课程形式，它包含了信息技术教育、研究性学习、社区服务、社会实践以及劳动技术教育等方面，它注重让学生在实践中加强他们的探索和创新意识，让他们学会科学的研究方法，培养他们对知识的综合运用能力。教育实践证明：让学生走出学校，走进社会，多参与一些社会实践活动，既能锻炼他们的身体，提高他们的体质，又能验证他们在书中所学到的知识，还能增长他们的能力，拓宽他们的眼界。

最后，科技还能促进校际交流，提高学生的能力，发展其智慧，培养其对社会的责任感。如今，综合实践活动课程中包含了研究性学习、社区服务、社会实践和劳动技术教育等内容，这就需要我们引导学生走出象牙塔，走向社会，进行诸如人口普查、农民工子女调查、失学儿童生存现状调查、农村留守儿童现状调查等社会调查活动。在这些活动中，学生不仅可以检验自己所学的东西，还可以锻炼他们的实践技能，提高他们为社会服务的责任感，使他们得到全面的发展。

总之，我国古代传统科学技术和理论在当时虽然不受儒家主流教育理论的重视和提倡，却是独具一格、独放异彩的，有许多弥足珍贵之处，值得我们进一步研究和弘扬。

参考文献

[1]冯志英.中国传统文化德育思想研究[M].西安：西安交通大学出版社，2021.

[2]王瑞文，柳松，黄凤芝.中国传统文化概论[M].北京：北京工业大学出版社，2019.

[3]皮晓燕.中国传统文化与当代教育研究[M].延吉：延边大学出版社，2022.

[4]刘新科.中国传统文化与教育[M].长春：东北师范大学出版社，2016.

[5]郑希斌.中国梦德育读本[M].济南：济南出版社，2019.

[6]杨福荣，邰蕾芳.中国传统文化与大学生德育教育研究[M].西安：西安交通大学出版社，2017.

[7]陈守聪，王珍喜.中国传统文化的价值与现代德育构建[M].北京：光明日报出版社，2013.

[8]徐仲林.中国传统文化与教育[M].重庆：西南师范大学出版社，2015.

[9]宋元林，余杰，谭长富，等.中国传统文化与思想政治教育研究[M].长沙：湖南大学出版社，2012.

[10]伍韬.传统文化视角下的高校德育创新路径探究[M].北京：北京工业大学出版社，2022.

[11]邹娟.多元文化视角下大学生德育的创新发展[M].长春：吉林大学出版社，2021.

[12]柯玲，邵荣.民俗文化的现代德育价值与实践[M].上海：上海人民出版社，2016.

[13]孟庆吉."优良家风"入法——《民法典》婚姻家庭编的中国底色及其价值[J].学术探索，2023（2）.

[14]张子秀，周晓波.董仲舒的德育目标思想及其当代价值探析[J].现代交际，2021（2）.

[15]王伟欣.论"因材施教"思想对高校思想政治教育的启示[J].科技视界，2015（15）.

[16]孙征.老子"道纪之人"的思想内涵及其当代启示——基于对《道德经》的解读[J].许昌学院学报，2014，33（1）.

[17]米礼宾.浅谈墨子的"兼爱"思想[J].文史博览（理论），2012（4）.

[18]颜珺.高校礼仪教育"课程思政"的路径探索[J].陕西教育（高教），2021（7）.

[19]崔素文.礼仪教育在大学生德育中的作用研究[J].文化月刊，2022（5）.

[20]汤媛，傅琼.礼仪文化在大学生德育中的价值及路径研究[J].长沙航空职业技术学院学报，2020，20（4）.

[21]陈小华.谈"思想道德与法治"课程教学价值利导因子[J].许昌学院学报，2022，41（6）.

[22]钱磊.中国传统文化融入高职英语教学的实施策略研究[J].甘肃教育研究，2023（1）.

[23]张宇.中华优秀传统文化教育与高职思政教育的融合创新[J].学园，2022，15（33）.

[24]余招文.民族地区高校艺术设计类专业应用型人才培养模式研究——以百色学院为例[J].百色学院学报，2022，35（6）.

[25]高瑞芹，刘龙海，胡鹏.社会主义核心价值观在大学校园中的传播与应用研究[J].中国成人教育，2014（23）.

[26]梁冬梅.以戏曲艺术强化高校思想道德教育[J].电影文学，2011（9）.

[27]周杨.文学德育功能的人性化建构[J].语文建设，2016（8）.

[28]贺润坤.中国优秀传统文化的当代价值[J].陕西广播电视大学学报，2014，16（4）.

[29]孟宝跃.在书法教育中进行德育渗透的方式解析[J].美术大观，2011（7）.

[30]杨振华，陈强.新时代精神富有的逻辑理路、内涵特征及实现路径[J].湖州师范学院学报，2023，45（3）.

[31]陈迪立.书法艺术在高校思想政治教育中的价值与意义探析[J].福建师大福清分校学报，2015（6）.

[32]赵国华.浅谈少儿书法教育中的德育渗透[J].科普童话，2018（20）.

[33]苏灵海.在书法教学中渗透德育教育的有效措施分析[J].作家天地，2021（19）.

[34]肖贵清，张鉴洲.新时代新征程中国共产党把握历史主动的路径论析[J].河北学刊，2023，43（1）.

[35]高丽英，郝端勇.略谈戏曲艺术德育功能的特点[J].大舞台，2011（4）.

[36]周乐.浅谈戏曲艺术与校园德育的交融[J].戏剧之家，2021（25）.

[37]贾源."双减"背景下戏曲深入"五育融合"教育体系的价值及策略[J].中国京剧，2022（7）.